用 語 解 説

解説　ハードウェア・ソフトウェアに関する知識

■■1■　ハードウェアの構成

OCR(Optical Character Reader：光学式文字読み取り装置)

手書きや印刷された文字などを光学的に読み取り，テキストデータとして入力する装置。

OMR(Optical Mark Reader：光学式マーク読み取り装置)

マークシートなど専用の用紙に，筆記用具で塗りつぶしたマークの位置を光学的に読み取る装置。

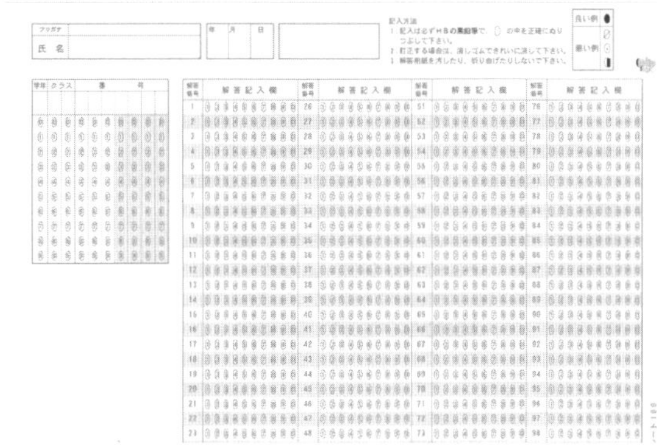

マークシート(写真提供：株式会社教育ソフトウェア)

磁気ディスク装置　補助記憶装置の一つで，金属やガラスを使用したディスク(円盤：プラッタ)の表面に磁性体を塗り，ディスクを高速回転させてデータを読み書きする装置。一般にハードディスク装置という。

- **磁気ヘッド**　磁気ディスク装置において，ディスク上のデータの読み書きを直接行う部分。
- **アクセスアーム**　磁気ディスク装置において，データを読み書きするために，磁気ヘッドをディスク上の所定の位置(トラック)に移動させるための部品。
- **シリンダ**　磁気ディスク装置において，同心円状の複数のトラックが，論理的な円筒状になっている記録単位。アクセスアームを動かさずに読み書きができる。
- **トラック**　磁気ディスク装置の記憶領域であり，同心円状の１周分の記録領域。
- **セクタ**　磁気ディスク装置において，データを読み書きする際の最小単位。

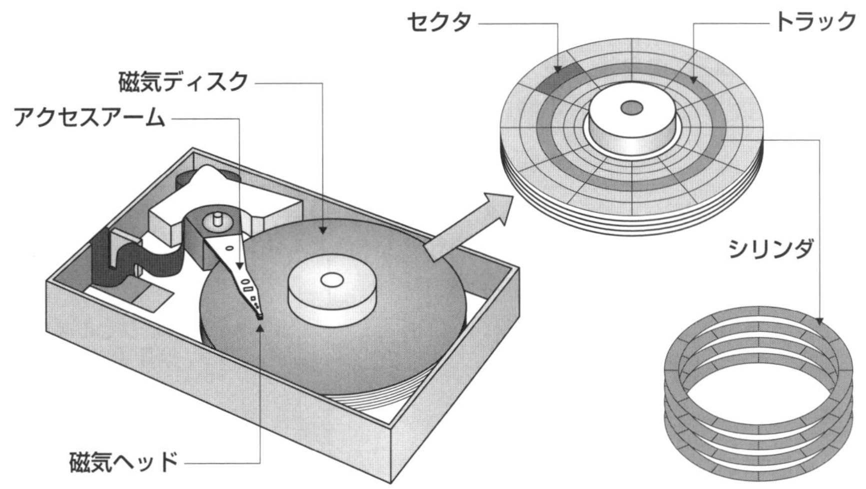

UPS(Uninterruptible Power Supply)「ユーピーエス」

大容量のバッテリを内蔵し，自然災害などにより停電などの電力トラブルが発生した際，一定時間コンピュータシステムが稼働できるように，電力を供給する装置。無停電電源装置ともいう。

■■2■ ソフトウェアに関する知識

ドット(dot) ディスプレイやプリンタなどで出力された文字や写真などのデジタルデータを構成する最小単位の点のことで，色情報(色調や階調)を持たない。

ピクセル(pixel：画素) 写真などのデジタル画像を構成する最小単位の点のことで，色情報を持つ。

解像度 ディスプレイの表示能力やプリンタの印刷能力，写真などのデジタル画像の画質の滑らかさや，きめ細やかさを表す尺度。

・ｄｐｉ(dot per inch)「ディーピーアイ」

解像度の単位で，画像のドット(点)の密度を表す。1インチ(約2.54cm)の中に何個のドットを表現できるかを示す。プリンタやイメージスキャナの性能を示す単位として用いられている。一般にこの値が高いほどより鮮明な画像の表現が可能となる。

・ｐｐｉ(pixel per inch)「ピーピーアイ」

解像度の単位で，画像上のピクセルの密度を表す。1インチの中に何個のピクセルが並んでいるかを示す。一般にppiが高いほどデータ量は大きくなるが，ピクセルの大きさが小さくなり，ギザギザの少ない滑らかな画像となる。

■■3■ 画像容量の計算

■ 色の情報量

1ピクセル(画素)が，画像を白黒やカラーで表現するために必要とする色の情報量(ビット数)は，次のとおりである。

色　数		情報量(ビット数)	カラーモード
2色	2^1	1ビット	白か黒の2色
⋮	⋮	⋮	
256色	2^8	8ビット	インデックスカラー(indexed color)
⋮	⋮	⋮	
65,536色	2^{16}	16ビット	ハイカラー(High Color)
16,777,216色	2^{24}	24ビット	フルカラー(Full Color)

■ 画像容量

画像の横・縦の大きさから総ピクセル(画素)数を求め，それに1ピクセル(画素)あたりに必要な情報量(ビット数)を掛けて求める。求めた値は，ビット(b)から記憶容量の単位のバイト(B)への単位の換算を行う。

【例題1】

デジタルカメラで，横1,600ピクセル，縦1,200ピクセル，フルカラー(24ビットカラー)で撮影した画像の記憶容量(MB)を求めなさい。ただし，1MBは10^6Bとし，画像の圧縮は行わないものとする。

〈解答例〉

(式) 1,600 × 1,200 ＝ 1,920,000

記憶容量のB(バイト)に単位を揃える。

8ビット ＝ 1B

1,920,000 × 24 ÷ 8 ＝ 5,760,000B

＝ 5.76MB

答え：5.76MB

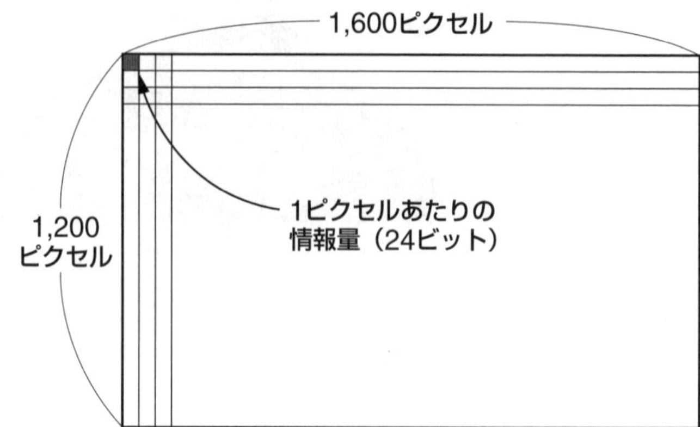

ハード・ソフト

【例題2】

横3cm，縦4cmのカラー写真を，解像度600dpiのイメージスキャナで，24ビットカラーで取り込んだときの記憶容量(MB)を求めなさい。ただし，1インチ＝2.5cm，1MB＝10^6Bとし，圧縮は行わないものとする。

〈解答例〉

（式）　3cm ＝ 1.2インチ　4cm ＝ 1.6インチ

1.2 × 600 × 1.6 × 600 ＝ 691,200

記憶容量のB(バイト)に単位を揃える。

8ビット ＝ 1B

691,200 × 24 ÷ 8 ＝ 2,073,600B ＝ 約2.1MB

答え：約2.1MB

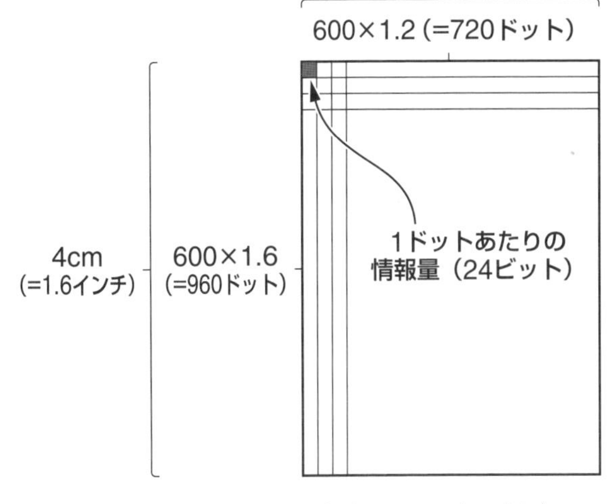

RGB　ディスプレイ表示などで利用される色の表現方法の一つで，赤(R：Red)，緑(G：Green)，青(B：Blue)の光の三原色を組み合わせて色を表現する方法。

CMYK　プリンタなどに用いられる色の表現方法で，シアン(C：Cyan)，マゼンタ(M：Magenta)，イエロー(Y：Yellow)の色の三原色に，ブラック(K：Keyplate)の混合比率を変化させてさまざまな色を表現する方法。

圧縮・解凍　データの意味をまったく変えずに，内容を保ったまま，データ容量を小さく変換することを圧縮といい，これを元に戻すことを解凍という。

アーカイバ　複数のファイルを一つのファイルにまとめたり，まとめたファイルを元に戻したりするソフトウェア。

プラグアンドプレイ　コンピュータにデジタルカメラやプリンタなどの周辺装置やインターネットに接続する際，ユーザが手動で設定を行わなくても，OSが最適な設定を自動的に行う機能。

■■4■　ディレクトリとファイル

ディレクトリ　ハードディスクなどの記憶装置で，ファイルを分類・整理するための保管場所。Windows や Mac OS では「フォルダ」と呼んでいる。

・ルートディレクトリ　ファイルを階層構造で管理する場合，階層の最上位にあるディレクトリ。

・サブディレクトリ　ファイルを階層構造で管理する場合，ルートディレクトリより下位で管理されるすべてのディレクトリ。

拡張子　ファイルの種類を識別する目的で使われる，ファイル名の後ろに付ける文字列。

テキストファイル　文字コードのみで構成されたファイル。OSやコンピュータの機種に依存しない文書ファイル。

バイナリファイル　実行可能形式のプログラムファイルなど，文字として読み込むことのできない形式のファイル。画像や音楽のファイル，Excelのファイルなど，テキストファイル以外のすべてのファイル。

ファイル形式

・BMP(Bit Map)「ビーエムピー」

静止画像を点の集まりとして，圧縮せずに記録するファイル形式。

・JPEG(Joint Photographic Experts Group)「ジェイペグ」

フルカラーで扱うことのできる，静止画像を圧縮して記録するファイル形式。

・GIF(Graphic Interchange Format)「ジフ」

256色までの画像を保存することができ，インターネット上のイラストやアイコンなどの保存に使われているファイル形式。

・PNG(Portable Network Graphics)「ピング」
透明度などの情報を持ち，フルカラーの静止画像を劣化することなく圧縮することができるファイル形式。

・MPEG(Moving Picture Experts Group)「エムペグ」
動画や音声データを圧縮して記憶するファイル形式。CD などで使われる MPEG1，DVD などで使われる MPEG2，携帯電話などで使われる高圧縮の MPEG4，コンテンツ検索などでアクセスしやすいデータ形式の MPEG7 など，用途により数種類の規格がある。

・MIDI(Musical Instruments Digital Interface)「ミディ」
電子楽器を制御するための規格で，音楽の再生に必要な音程，音の長さ，強弱，音色などの演奏情報を記録するファイル形式。

・MP3(MPEG Audio Layer 3)「エムピースリー」
高圧縮率で高音質なデータ圧縮技術により，音声･音楽データを記録するファイル形式。

・CSV(Comma Separated Values)「シーエスブイ」
データをコンマ(",")で区切って並べたファイル形式。表計算ソフトやデータベースソフトでデータを保存するときに用いられる。テキストファイルとして扱われる。

・PDF(Portable Document Format)「ピーディーエフ」
専用のソフトウェアを利用することで，コンピュータの機種や使用環境に依存せずに閲覧や印刷ができる電子文書のファイル形式。

・ZIP「ジップ」　世界的に広く使われているファイル圧縮形式の一つ。複数のファイルを含むディレクトリ(フォルダ)を圧縮することが可能で，インターネット上でのデータのやり取りなどで利便性が高い。

■■5■　関連知識

2進数の計算

① 10進数を2進数に変換(3級の復習)

10 進数を 2 で割り，商と余りを求めることを繰り返す。
最後に余りを逆に並べる。

〈例〉10 進数の 1 3

```
2)13
2) 6 ・・・1      13 ÷ 2 =⑥あまり 1
2) 3 ・・・0      ⑥ ÷ 2 =③あまり 0
2) 1 ・・・1      ③ ÷ 2 =①あまり 1
   0 ・・・1      ① ÷ 2 = 0 あまり 1
```

10 進数(1 3)→2 進数(1 1 0 1)

②2進数を 10 進数に変換(3級の復習)

2 進数の各桁に，桁の重みを掛けて，その和を求める。

〈例〉2 進数の 1 1 0 1

$$\begin{array}{cccc} 1 & 1 & 0 & 1 \\ \times & \times & \times & \times \\ 2^3 & 2^2 & 2^1 & 2^0 \\ \| & \| & \| & \| \\ ⑧ + & ④ + & 0 + & ① = 13 \end{array}$$

2 進数(1 1 0 1)→10 進数(1 3)

◆ 10 進数と2進数の対応

10 進数	2進数
0	0
1	1
2	10
3	11
4	100
5	101
6	110
7	111
8	1000
9	1001
10	1010
11	1011
12	1100
13	1101
14	1110
15	1111

Point
$a \neq 0$ のとき $a^0 = 1$

③2進数の加算

【例題】2進数１０１１と2進数１１１０の和を 10 進数で答えなさい。

加算の基本式

```
  0     0     1     1
+ 0   + 1   + 0   + 1
  0     1     1    10
                   └ 桁上がり（キャリー）
```

```
   1 1 1      ←桁上がり
    1011
+   1110
   11001
```

和は２進数の１１００１となるので，これを 10 進数に変換すると２５になる。なお，このように，答えを最終的に 10 進数で求めるような演算の場合には，先に２進数を 10 進数に変換してから，「11 + 14」の 10 進数どうしの演算として計算してもよい。

```
                                  (10進数)
      1   0   1   1   ····▶   8＋2＋1   ＝11
+     1   1   1   0   ····▶   8＋4＋2   ＝14
  1   1   0   0   1   ······  16＋8＋1  ＝25
  ↓   ↓   ↓   ↓   ↓
  2^4 2^3 2^2 2^1 2^0
  ‖   ‖   ‖   ‖   ‖
  16  8   4   2   1   ← 各桁の「重み」
```

答え：２５

④2進数の減算

【例題】2進数１０１０１と2進数１０１１の差を 10 進数で答えなさい。

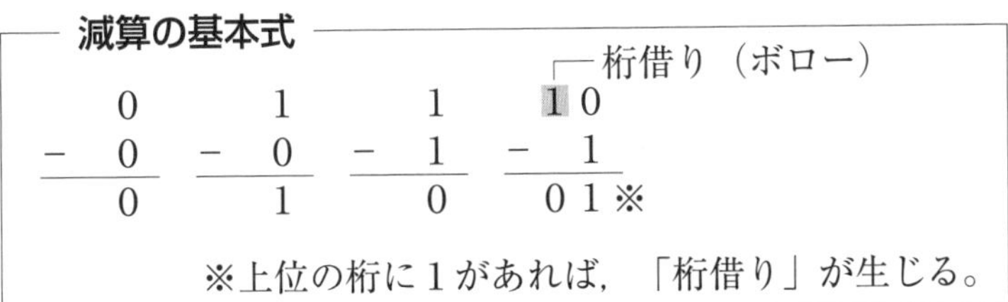


```
  10101   ←桁借り
−  1011
   1010
```

```
                                  (10進数)
  1   0   1   0   1   ····▶  16＋4＋1  ＝21
−     1   0   1   1   ····▶   8＋2＋1  ＝11
      1   0   1   0   ······  8＋2      ＝10
  ↓   ↓   ↓   ↓   ↓
  2^4 2^3 2^2 2^1 2^0
  ‖   ‖   ‖   ‖   ‖
  16  8   4   2   1   ← 各桁の「重み」
```

答え：１０

⑤2進数の乗算

【例題】2進数１１０１と2進数１１０の積を 10 進数で答えなさい。

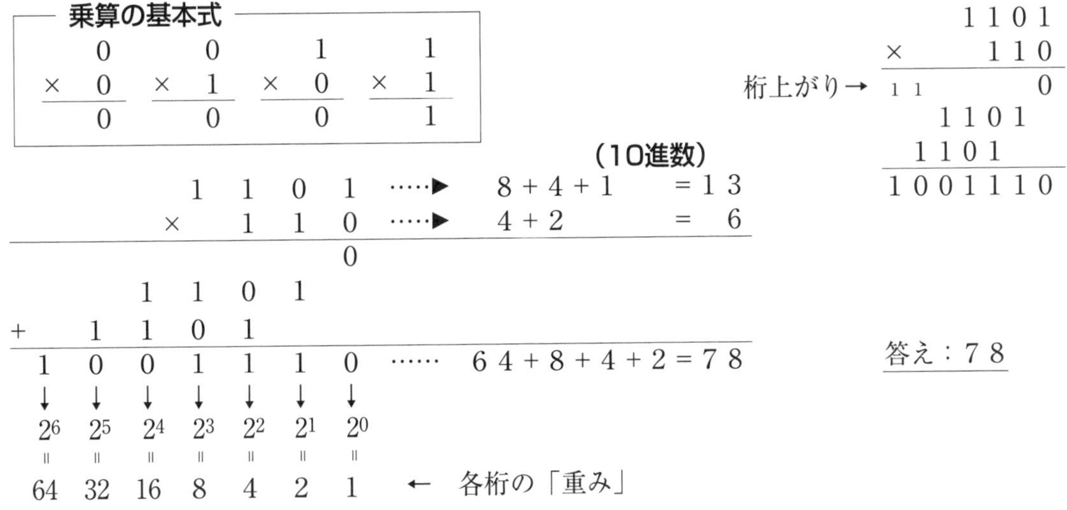

ＩＳＯ(International Organization for Standardization)「アイエスオー」

国際標準化機構。情報処理システムや工業製品における技術の発展，標準化を進めることを目的として設立された。

ＪＩＳ(Japanese Industrial Standards)「ジス」

日本産業規格。日本国内における工業製品や情報処理に関する規定などの標準化を目的とした規格。

ＡＮＳＩ(American National Standards Institute)「アンシ」

アメリカ規格協会。工業製品の標準化・規格化を行うアメリカの非営利団体。日本におけるJISに相当する。

ＩＥＥＥ(Institute of Electrical and Electronics Engineers)「アイトリプルイー」

米国に本部を置く電気電子学会。LANの標準規格を定めるなど，電気・電子分野における世界規模の研究組織。

文字コード

・ＪＩＳコード「ジスコード」

JIS規格によって規定されている日本語の文字コードの体系。英数字，カタカナ，記号を８ビット，漢字，ひらがなを16ビット(２バイト)のコードで表す。

・ＡＳＣＩＩコード(American Standard Code for Information Interchange code)「アスキーコード」

半角の英数字などの文字を７ビットで表現するアメリカ規格協会が制定した文字コード。

・Ｕｎｉｃｏｄｅ「ユニコード」

世界中で使われている多くの文字を，コンピュータの機種などに依存せずに，共通して利用するために定められた国際標準の文字コード。主な文字を16ビット(２バイト)のコードで表す。

〈ASCIIコード〉

上位3ビット＼下位4ビット	0000	0001	0010	0011	0100	0101	0110	0111	1000	1001	1010	1011	1100	1101	1110	1111
000	NUL	SOH	STX	ETX	EOT	ENQ	ACK	BEL	BS	HT	LF	VT	FF	CR	SO	SI
001	DLE	DC1	DS2	DC3	DC4	NAK	SYN	ETB	CAN	EM	SUB	ESC	FS	GS	RS	US
010	SP	!	"	#	$	%	&	'	(	)	*	+	,	-	.	/
011	0	1	2	3	4	5	6	7	8	9	:	;	<	=	>	?
100	@	A	B	C	D	E	F	G	H	I	J	K	L	M	N	O
101	P	Q	R	S	T	U	V	W	X	Y	Z	[	＼	]	^	_
110	`	a	b	c	d	e	f	g	h	i	j	k	l	m	n	o
111	p	q	r	s	t	u	v	w	x	y	z	{	|	}	~	DEL

※「A」は２進数1000001（10進数65），「z」は２進数1111010（10進数122）に対応している。

ＴＣＯ(Total Cost of Ownership：総保有コスト)

コンピュータやシステムなどの設備の導入から運用，保守，廃棄までの費用総額のこと。

・イニシャルコスト　新しくコンピュータやシステムなどの設備を導入する際にかかる，初期投資額のこと。設置費用や導入費用ともいう。

・ランニングコスト　電気代をはじめ，プリンタの印刷用紙やインク等の消耗品など，コンピュータやシステムなどの設備を運用，保守，管理するために必要となる費用。運転費用ともいう。

ワイルドカード(＊　？)

ファイルを検索する際に，任意の文字列や一つの文字の代用として使うことができる特殊文字。

＊…任意の文字列(０文字以上)　　？…１文字

問題　ハードウェア・ソフトウェアに関する知識

【1】 次の説明文に最も適した答えを解答群から選び，記号で答えなさい。

1．用紙の所定の位置に鉛筆などで記入されたマークを光学的に読み取る装置。
2．磁気ディスク上にデータを記録する際の最小単位。
3．ハードディスク装置において，磁気ヘッドを読み書きする位置に移動させるための部品。
4．無停電電源装置ともいい，停電などのトラブルが発生した際，一定時間電力を供給する装置。
5．磁気ディスクの記録面上の同心円状に分割された円一周分の記録領域。

解答群

ア．OCR	**イ**．OMR	**ウ**．磁気ヘッド	**エ**．アクセスアーム
オ．シリンダ	**カ**．トラック	**キ**．セクタ	**ク**．UPS

1		2		3		4		5	

【2】 次の説明文に最も適した答えを解答群から選び，記号で答えなさい。

1．ディスプレイ装置に表示される画像の色彩を，赤，緑，青の色光の三原色によって表現するしくみ。
2．ディスプレイ装置で，絵や写真などのカラー画像を構成している点。画像の最小単位で，点の一つひとつが色の情報を持つ。
3．複数のファイルを一つのファイルにまとめたり，まとめたファイルを元に戻したりするソフトウェア。
4．ディスプレイの表示能力やプリンタの印刷性能など，画質のきめ細かさやなめらかさを表す尺度。
5．データの内容を保ったまま，ファイルの記憶容量を小さくすること。

解答群

ア．解像度	**イ**．アーカイバ	**ウ**．ドット	**エ**．ピクセル
オ．RGB	**カ**．CMYK	**キ**．圧縮	**ク**．解凍

1		2		3		4		5	

【3】 次の説明文に最も適した答えを解答群から選び，記号で答えなさい。

1．OSやコンピュータの機種に依存しない，文字コードと改行やタブだけで構成された文書のファイル。
2．画質は低下するが圧縮率が高い，写真などに適した静止画像のファイル形式。
3．電子文書のファイル形式。受信者はコンピュータの機種や環境に影響されず，画面上で文書を再現できる。
4．ファイルを階層構造で管理するとき，最上位にあるディレクトリ。
5．インターネット上でイラストやアイコンなどの画像形式として利用され，256色まで扱うことができる。

解答群

ア．BMP	**イ**．JPEG	**ウ**．GIF	**エ**．MPEG
オ．CSV	**カ**．PDF	**キ**．テキストファイル	**ク**．バイナリファイル
ケ．拡張子	**コ**．サブディレクトリ	**サ**．ルートディレクトリ	

1		2		3		4		5	

【4】 次の説明文に最も適した答えを解答群から選び，記号で答えなさい。

1．日本語の文字コードの体系で，8ビットにアルファベットやカタカナなどの半角文字が定義されている。
2．プリンタの印刷用紙代やインク代など，コンピュータシステムの運用にかかる費用。
3．アメリカ規格協会が制定した文字コード。1文字は7ビットで表現される。
4．世界各国の標準化団体の代表で構成され，工業関連分野の国際標準規格を定める機関。
5．米国に本部を置く電気電子学会。電気・電子分野における世界最大の研究組織で，規格の標準化に大きな役割を果たしている。

解答群

ア．ISO	**イ**．JIS	**ウ**．ANSI	**エ**．IEEE
オ．JISコード	**カ**．ASCIIコード	**キ**．Unicode	**ク**．TCO
ケ．イニシャルコスト	**コ**．ランニングコスト		

1		2		3		4		5	

【5】 次の説明文に最も適した答えを解答群から選び，記号で答えなさい。

1．シアン・マゼンタ・イエロー・ブラックの4色のインクを刷り重ねてカラー印刷を行うしくみ。
2．文字として読み出すことができない2進数形式のファイル。
3．コンピュータやシステムなどの設備の導入から運用・保守，廃棄までの費用の総額のこと。
4．静止画を点の集まりとして，圧縮せずに記録するファイル形式。
5．手書きの文字や印刷された文字を光学的に読み取る装置。

解答群

ア．BMP	**イ**．イニシャルコスト	**ウ**．OMR	**エ**．CMYK
オ．RGB	**カ**．OCR	**キ**．テキストファイル	**ク**．MPEG
ケ．TCO	**コ**．バイナリファイル		

1		2		3		4		5	

【6】 次の画像の記憶容量に関する問いに答えなさい。ただし，1KBは10^3B，1MBは10^6Bとする。

1．1画面が，横800ピクセル，縦600ピクセルのディスプレイ装置に，ハイカラー(16ビットカラー)で画像を表示させるために必要な記憶容量(KB)を求めなさい。
2．解像度200dpiのイメージスキャナで，横12.5cm，縦10.0cmの写真を，フルカラー(24ビットカラー)で取り込んだときの記憶容量(MB)を求めなさい。ただし，1インチ ＝ 2.5cmとし，画像は圧縮しないものとする。

1	KB	2	MB

【7】 次の数値を求めなさい。

1．2進数10111と2進数1101の和を表す10進数。
2．2進数110100と2進数11101の差を表す2進数。
3．2進数10111と2進数1110の積を表す10進数。
4．10進数9と2進数11011の和を表す2進数。
5．10進数85と2進数101100の差を表す10進数。
6．10進数7と2進数1010の積を表す2進数。

1		2		3	
4		5		6	

解説　通信ネットワークに関する知識

1　ネットワークの構成

アナログ回線　音声などの情報を符号化しないで，連続的に変化する信号としてデータを送受信する通信回線。

デジタル回線　文字や音声，画像などのデータを，電気信号の０と１の２種類で表し，データの送受信を行う通信回線。

パケット　データを送受信する際の単位で，データを一定の容量に分割したもの。送信先アドレス，誤りの検出や訂正をするための情報を付加しており，インターネットや携帯電話の通信に用いられている。

ＬＡＮ(Local Area Network)
企業や学校など，同じ建物内や敷地内の限られた範囲において，コンピュータやプリンタなどを通信回線で接続した，比較的小規模な情報通信ネットワーク。

・有線ＬＡＮ　コンピュータやプリンタなどを，通信ケーブルを用いて接続したLANシステム。壁などの障害物や電子レンジなどの電波の影響を受けることなく，安定的に通信が可能。

・無線ＬＡＮ　コンピュータネットワークにおいて，通信ケーブルを使わずに，無線通信を利用してデータの送受信を行うLANシステム。

アクセスポイントと呼ばれる通信中継機器を中心に，無線通信機能を持ったコンピュータが相互に接続されてネットワークを構成する。

・Ｗｉ-Ｆｉ　無線LANについての業界団体であるWi-Fi Allianceが，無線LANにおいて，通信機器のメーカーや機種の違いを問わず，相互接続を保証した機器に与える名称。

・ＳＳＩＤ　無線LANを利用するときに，アクセスポイントに付ける混信を避けるための識別子。最大32文字までの英数字を任意に設定できる。

テザリング　パソコンや携帯ゲーム機などで手軽にインターネットを利用できるように，通信が可能なモバイル端末をアクセスポイントとして設定し，他のコンピュータなどをインターネットに接続すること。

2　ネットワークの活用

ピアツーピア　サーバ専用のコンピュータを置かないネットワーク形態のこと。接続された各コンピュータが互いに対等な関係であり，プリンタの共有などを目的としたコンピュータ数台による小規模なLANに向いている。

クライアントサーバシステム
サーバ専用のコンピュータを置くネットワーク形態のこと。プリンタなどのハードウェアとアプリケーションなどのソフトウェアを一括管理して，サービスを提供するための専用のサーバと，そのサービスを利用するクライアントで構成されている。サーバとクライアントが互いに処理を分担して運用している。

ストリーミング　インターネット上の動画や音楽のデータを視聴する際，すべてのデータをダウンロードしてから再生するのではなく，ダウンロードしながら順次再生する方式。

グループウェア　組織内の業務の効率化を目指し，LANやインターネットを活用して，メールやスケジュール管理など，情報共有やコミュニケーションを効率的に行うためのソフトウェア。

問題 通信ネットワークに関する知識

【1】 次の説明文に最も適した答えを解答群から選び，記号で答えなさい。

1．スマートフォンなどをアクセスポイントとして設定し，他のコンピュータなどをインターネットに接続すること。
2．通常の電話回線のように，音声信号等の連続的に変化するデータを伝送するのに用いる通信回線。
3．コンピュータネットワークにおいて，通信ケーブルを使わずに，無線通信を利用してデータの送受信を行う LAN システムのこと。
4．無線 LAN を利用するときに，アクセスポイントに付ける混信を避けるための識別子。
5．デジタル通信において，データを送受信する際に，データを一定のサイズに分割したもの。
6．同じ建物内など小規模のコンピュータや周辺装置を接続したネットワーク。
7．文字や音声，画像などのデータを，2 種類の電気信号の 0 と 1 で表し，データの送受信を行う通信回線。

解答群

ア．アナログ回線　**イ**．デジタル回線　**ウ**．LAN　**エ**．パケット
オ．有線 LAN　**カ**．無線 LAN　**キ**．Wi-Fi　**ク**．SSID
ケ．テザリング

1		2		3		4		5		6		7	

【2】 次の説明文に最も適した答えを解答群から選び，記号で答えなさい。

1．企業内のネットワークを活用して，組織内での情報の共有やコミュニケーションを図るために共同で使うソフトウェア。
2．インターネット上の動画や音楽のデータを，すべてダウンロードする前に，受信しながら再生する方式。
3．接続されたコンピュータ間において，対等な関係のネットワーク形態。
4．ハードウェアやソフトウェアなどを集中管理する側のコンピュータと，管理された資源を利用する側のコンピュータが接続されたネットワーク形態。

解答群

ア．ピアツーピア　**イ**．クライアントサーバシステム　**ウ**．ストリーミング
エ．グループウェア

1		2		3		4	

解説　情報モラルとセキュリティに関する知識

1 権利の保護と管理

知的財産権　知的創作活動の成果について，創作した人の財産として保護し，その創作者に対して一定期間の独占権を与えるもの。

・産業財産権　知的財産権のうち，特許庁が所管する特許権，実用新案権，意匠権および，商標権の4つの総称。新しい技術やデザイン，ネーミングなどが模倣防止のために保護され，特許庁に出願し登録されることによって，一定期間独占的に利用できる権利。

・著作権　芸術作品やコンピュータプログラムなどの作者の人格的な利益と財産的な利益を保護する権利。財産的な権利は譲渡することができる。創作すると自動的に権利は発生する。

肖像権　自分の顔や姿の写真，動画などを，他人が無断で撮影したり，公表したり，使用したりしないように主張できる権利。

著作権法　芸術作品やコンピュータプログラムなどのように，思想や論理的思考を創作的に表現した人に認められる権利と，これに隣接する権利を定め，その保護を目的とする法律。

個人情報保護法　個人情報を取り扱う事業者に，安全管理措置を行うことを義務づけ，個人の権利や利益を保護することなどを目的とする法律。

不正アクセス禁止法　他人のユーザIDやパスワードを無断で使用し，ネットワーク上のコンピュータにアクセスすることを禁止した法律。

フリーウェア　試用期間などの制限がなく，無償で利用することができるが，著作権は放棄されていないソフトウェア。

シェアウェア　一定期間無償で試用し，その後も継続して使用する場合は，料金を支払うソフトウェア。

サイトライセンス　学校や企業などがソフトウェアを導入する際に，複数のコンピュータで同時利用が可能になるように必要数の利用許諾を得る契約形態。

OSS(Open Source Software)
ソフトウェアのソースコードをインターネットなどを通じて無償で公開して，誰でも自由に改良や再配布が行えるようにしたソフトウェア。Linux(リナックス)などが代表例である。

2 セキュリティ管理

多要素認証　セキュリティレベルを高めて「なりすまし」などの不正アクセスを防ぐため，SNSやアプリなどにログインする際に，ユーザIDやパスワードという「知識」の要素だけでなく，学生証などの身分証明書の「所有」の要素や，指紋や顔などの「生体」の要素を組み合わせる認証方式。

多段階認証　SNSやアプリなどにログインする際に，ユーザIDやパスワードで認証した後に，「秘密の質問」などで，もう一度認証するという認証を複数回行う認証方式。

ワンタイムパスワード　有効期間の短い一度しか使用できないパスワード。セキュリティレベルを高めるために，ネットバンキングによる送金やオンラインゲームなどの各種サービスなどで利用されている。トークンと呼ばれる専用端末やアプリで生成したり，ログインしたりする際に，あらかじめ登録されているメールアドレスなどに送信される。多要素認証では「所持」要素となる。

シングルサインオン(SSO：Single Sign On)
ユーザIDやパスワードの管理や認証の手間を省略したり，セキュリティレベルを高めたりするために，1組のユーザIDとパスワードによる認証を一度行うだけで，複数のWebサービスやクラウドサービス，アプリケーションにログインできる仕組み。

アクセス許可　ファイルに対してのアクセス権限は，ネットワーク管理者と一般ユーザで区別する。次のようなアクセス権限がある。

・フルコントロール　すべてのアクセス権限のことで，ファイルやディレクトリ(フォルダ)の「更新」，「読み取り」，「実行」，「書き込み」，「削除」などのすべての操作が許可された権限。ネットワーク管理者などに与えられるアクセス権限である。

・読み取り　ファイルやディレクトリ(フォルダ)への，データの参照のみを許可された権限。

・書き込み　ファイルやディレクトリ(フォルダ)へデータの追加，書き込みを許可された権限。

ファイアウォール　インターネットに接続しているコンピュータに対して，外部からの攻撃や不正な侵入を制御し，組織内部のネットワークを保護するためのシステム。

セキュリティホール　プログラムの設計ミスや不具合などにより発生する，ネットワークやコンピュータシステムにおける安全機能上の欠陥のこと。

キーロガー　キーボードからの入力情報を記録するためのソフトウェアあるいはハードウェアのこと。本来はソフトウェア開発のデバッグ作業などで利用されるものであったが，ネット通販やネットバンキングなどで使用するパスワードなどの，キーボードからの入力情報をユーザに気付かれないように盗み取るスパイウェア。

ランサムウェア　ファイルを勝手に暗号化したりパスワードを設定したりして，正常にコンピュータを利用できない状態にするコンピュータウイルス。正常に利用できるように復元するための対価として，ユーザに金銭の支払いを要求する。「ransom(ランサム)」とは，「身代金」の意味。

ガンブラー　企業などのWebサイトを改ざんすることにより，そのWebサイトの閲覧者を自動的に他の有害サイトに誘導して，閲覧者のパソコンにマルウェアを感染させようとする一連の攻撃手法。

暗号化　データをある一定の規則にもとづいて変換し，第三者に内容が判読できないようにすること。

復号　第三者に内容が判読できないように，ある一定の規則にもとづいて変換されたデータを，元のデータに戻すこと。

バックアップ　ハードウェアの故障などによりデータが破壊されたときに備え，別の記憶媒体にデータの複製を作り，保存しておくこと。

問題 情報モラルとセキュリティに関する知識

【1】 次の説明文に最も適した答えを解答群から選び，記号で答えなさい。

1．他人のユーザ ID やパスワードを無断で使用し，利用権限のないコンピュータへの侵入および利用などを禁止する法律。
2．自分の姿の写真やイラストなどが，他人に無断で利用されることなどがないように主張できる権利。
3．学校や企業といった特定の場所において，一つのソフトウェアを複数のコンピュータで使用するために，一括購入するときの契約方法。
4．ネットワークから自由にダウンロードして無料で使用できるが，著作権は放棄されていないソフトウェア。
5．発明や商品名などの産業上の創作物について，登録者が持つ権利。
6．一定の期間は無料で試用できるが，その後も継続して使用する場合は代金を支払うソフトウェア。
7．小説，音楽，美術，映画などの創作者の利益を，登録に関係なく保護する権利。

解答群

ア．産業財産権　**イ**．著作権　**ウ**．肖像権　**エ**．不正アクセス禁止法
オ．個人情報保護法　**カ**．フリーウェア　**キ**．シェアウェア　**ク**．サイトライセンス
ケ．OSS

1		2		3		4		5		6		7	

【2】 次の説明文に最も適した答えを解答群から選び，記号で答えなさい。

1．ログインする際に，パスワードと指紋など，複数の要素で認証する方式。
2．暗号化されたデータを，正規の受信者が元のデータに変換すること。
3．組織内のコンピュータネットワークに対する外部からの不正な侵入を防ぐシステム。
4．ソフトウェアの設計不良などによるコンピュータシステムの安全機能上の欠陥。
5．ファイルやディレクトリの「更新」や「削除」などすべての操作が許可されたアクセス権限。
6．有効期間の短い一度しか使用できないパスワード。
7．ユーザに気づかれないように，キーボードからの入力情報を盗み取るスパイウェア。
8．他人に見られたくないデータを，ある一定の規則にしたがって一見無意味なデータに変換する処理。
9．不測の事態によるデータ消失に備え，写しを取って別の記憶媒体に保存すること。
10．ファイルを暗号化したりパスワードを設定したりして，正常にコンピュータを利用できない状態にした上で，復元するための「身代金」を要求するコンピュータウイルス。

解答群

ア．多要素認証　**イ**．多段階認証　**ウ**．フルコントロール　**エ**．ワンタイムパスワード
オ．書き込み　**カ**．ファイアウォール　**キ**．ランサムウェア　**ク**．セキュリティホール
ケ．キーロガー　**コ**．ガンブラー　**サ**．暗号化　**シ**．復号
ス．バックアップ　**セ**．シングルサインオン　**ソ**．読み取り

1		2		3		4		5	
6		7		8		9		10	

情報モラル

【3】 次のA群の語句に最も関係の深い説明文をB群から選び，記号で答えなさい。

＜A群＞ 1．OSS　2．多段階認証　3．シングルサインオン
4．個人情報保護法　5．読み取り　6．ガンブラー

＜B群＞

ア．改ざんされた企業などのWebサイトから閲覧者を有害サイトへ誘導し，閲覧者のコンピュータにマルウェアを感染させせようとする一連の攻撃手法。
イ．ソフトウェアのソースコードを無償で公開し，誰でも自由に改良や再配布を行えるようにしたソフトウェア。
ウ．ファイルやディレクトリへの，データの更新が許可された権限。
エ．ログインの際に，有効期間が短く一度しか使用できない文字列をパスワードとして用いる方式。
オ．感染したコンピュータを正常に利用できない状態にしたうえで，復元するためにユーザに金品などを要求するコンピュータウイルス。
カ．個人の権利や利益を保護することなどを目的とし，取扱事業者に安全管理措置を義務づけた法律。
キ．ユーザIDやパスワードで認証した後，質問事項などで要素の数を問わず複数回の認証を行う方式。
ク．無断で入手したユーザIDやパスワードを使用し，コンピュータなどにアクセスすることを禁止した法律。
ケ．試用期間などの制限がなく無償で利用できるが，著作権は放棄されていないソフトウェア。
コ．ファイルやディレクトリへの，データ参照のみを許可された権限。
サ．一度の認証を行うだけで，同様の認証を行う複数のWebサービスやアプリケーションも利用できる方式。
シ．知的創作活動の成果について，創作者の財産として保護し，一定期間の独占権を与えるもの。

1		2		3		4		5		6	

情報モラル

解説　プログラミング部門関連知識

■■1■　プログラミング

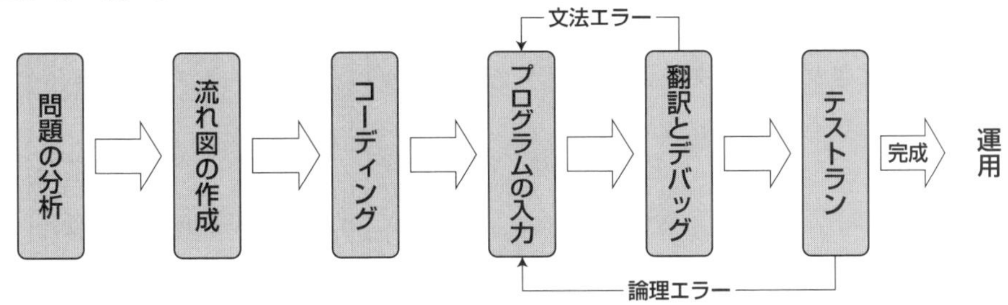

プログラミングの手順

翻訳(コンパイル)　プログラム言語で記述されたプログラムを，コンピュータが理解できる**機械語**のプログラムに変換する作業をいう。翻訳(コンパイル)時の誤りを**文法エラー**といい，**デバッグ**(誤っている部分を修正する作業)を行う。

テストラン　テスト用データを使って，プログラムを実行(ラン)し，正しい処理が行われるかを確認する作業をいう。テストランで正しい処理結果が得られない場合の誤りを**論理エラー**という。

■■2■　プログラム言語

C言語　UNIX という OS の記述用に開発された言語で，汎用性・移植性が高い。

Java　オブジェクト指向のプログラミングに適しており，特定の OS や機種に依存しない。

アセンブリ言語　コンピュータが直接理解できる機械語の命令と 1 対 1 に対応したプログラム言語。

簡易言語　命令や機能を限定し，簡単に開発・実行できるようにしたプログラム言語。アプリケーションや Web ページ，ブラウザ上で動作するものなどがある。代表的な簡易言語としては，Microsoft 社の VBA などのマクロ言語や，JavaScript などがある。

■■3■　言語プロセッサ

コンパイラ　C 言語，Java などで作成された原始プログラムを一括して機械語に翻訳する。

インタプリタ　プログラム言語で記述された命令文を，1 つの命令ごとに機械語に翻訳し，実行させる。

アセンブラ　アセンブリ言語を機械語に翻訳(アセンブル)する。

■■4■　データチェック

シーケンスチェック　データが特定の項目で順番に並んでいるか調べる。

リミットチェック　項目の値が，定められた範囲内にあるか調べる。

トータルチェック　コンピュータで求めた合計と手計算による合計が一致しているか調べる。

ニューメリックチェック　項目の内容が数値かどうか調べる。

チェックディジットチェック
本来のコードの末尾に，コードを元に算出した検査用数字(チェックディジット)を付加し，コードと検査用数字を比べることにより，そのコードが正しいかどうか調べる。

5　変数

データを一時的に記憶しておく領域を変数という。

グローバル変数　プログラムの最も外側で宣言され，どこからでも参照・更新することができる変数をいう。

ローカル変数　宣言されたプログラムの一部分だけで有効となる変数をいう。

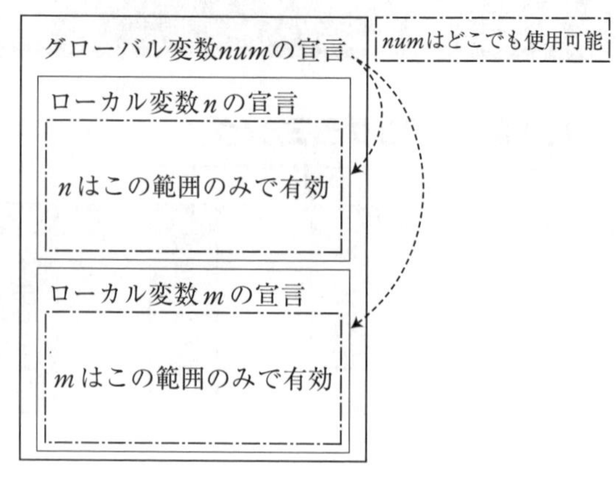

問題　プログラミング部門関連知識

【1】 次の説明文に最も適した答えを解答群から選び，記号で答えなさい。

1．テスト用のデータを使って，プログラムを実行し検証すること。
2．プログラムを実行する前に，入力されるデータが正しいものか確かめること。
3．プログラム言語で記述したプログラムを，コンピュータが理解できる機械語のプログラムに変換すること。
4．プログラムの翻訳時に見つかる，プログラム記述上の間違い。
5．プログラムの誤っている部分を修正する作業のこと。
6．テストランで正しい結果が得られない場合の誤りのこと。
7．コンピュータに命令を与える，プログラムを記述するための言語。
8．コンピュータが直接理解できる，「0」と「1」で表される言語。

解答群

ア．コンパイル	**イ**．テストラン	**ウ**．デバッグ
エ．論理エラー	**オ**．データチェック	**カ**．文法エラー
キ．プログラム言語	**ク**．機械語	**ケ**．簡易言語

1		2		3		4		5		6		7		8	

【2】 次の説明文に最も適した答えを解答群から選び，記号で答えなさい。

1．プログラム言語で記述された命令文を，１文ずつ翻訳し実行する言語プロセッサ。
2．特定の項目が指定された範囲内にあるか調べること。
3．Ｃ言語，Java などで作成された原始プログラムを一括して機械語に翻訳する言語プロセッサ。
4．検査用の数字を付加することにより，コードの正しさを調べる。
5．コンピュータによる合計結果と手計算による合計結果が一致しているか調べる。
6．アセンブリ言語を機械語に変換する言語プロセッサ。
7．項目の値が数値かを調べる。
8．コンピュータが直接理解できる機械語の命令と１対１に対応したプログラム言語。

解答群

ア．トータルチェック	**イ**．アセンブラ	**ウ**．リミットチェック
エ．コンパイラ	**オ**．ニューメリックチェック	**カ**．シーケンスチェック
キ．インタプリタ	**ク**．チェックディジットチェック	**ケ**．アセンブリ言語

1		2		3		4		5		6		7		8	

【3】 次の説明文に最も適した答えを解答群から選び，記号で答えなさい。

1．ＯＳの記述用に開発された言語で，汎用性・移植性にすぐれたプログラム言語。
2．ファイル内のデータが特定の順番に記録されているか調べること。
3．スクリプト言語ともよばれ，特定の実行環境で動作するために簡素化されたプログラム言語。
4．プログラムの最も外側で宣言され，どこからでも参照・更新することができる変数。
5．オブジェクト指向プログラミングに適しており，特定のＯＳや機種に依存せず実行できるプログラム言語。
6．宣言されたプログラムの一部分の中でしか有効でない変数。
7．原始プログラムともよばれるプログラム言語で記述されたプログラムを，目的プログラムとよばれるコンピュータが実行可能な状態に変換するためのアプリケーション。

解答群

ア．トータルチェック	**イ**．Ｃ言語	**ウ**．ローカル変数
エ．グローバル変数	**オ**．言語プロセッサ	**カ**．簡易言語
キ．アセンブリ言語	**ク**．シーケンスチェック	**ケ**．Ｊａｖａ

1		2		3		4		5		6		7	

流れ図とプログラム

流れ図の確認

【データの集計・件数】 入力データの合計と件数を計算し，最後に平均を計算する処理。

【1】 第１図のようなデータを読み，処理条件にしたがい，第２図のように表示したい。流れ図の (1) ～ (4) にあてはまる答えを解答群から選び，記号で答えなさい。

入力データ

利用者Ｎｏ (Rno)	区分 (Kubun)	冊数 (Satsu)
××××	×	××

（第１図）

実行結果

（利用者Ｎｏ）	（冊数）	（備考）
3703	5	返却
6910	12	貸出
≀	≀	≀
2684	4	貸出
（合計）		
2,871		
（平均）		
8		

（第２図）

処理条件

1．区分は，１なら貸出を，２なら返却を表している。
2．備考は，区分をもとに「貸出」または「返却」を表示する。
3．データが終了したあと，貸出の合計冊数と１人あたりの平均貸出冊数を表示して処理を終了する。

解答群

- **ア**．0 → Kensu
- **イ**．Total × Kensu → Avg
- **ウ**．Kubun = 2
- **エ**．Total ÷ Kensu → Avg
- **オ**．Kubun = 1
- **カ**．0 → Satsu
- **キ**．Total + 1 → Total
- **ク**．Total + Satsu → Total

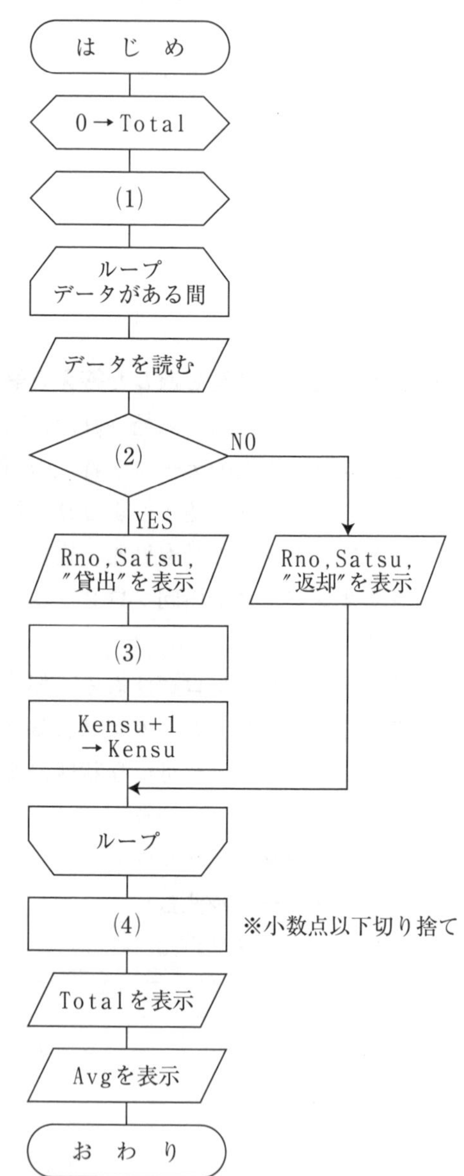

Point

(1) 件数の初期値設定
(2) 貸出か判断
(3) 合計の計算
(4) 平均の計算

(1)	(2)	(3)	(4)

【二分岐・件数カウント】 入力データを基準にしたがいランク付けする処理。（3級の復習）

【2】 第1図のようなデータを読み，処理条件にしたがい，第2図のように表示したい。流れ図の(1)～(5)にあてはまる答えを解答群から選び，記号で答えなさい。

入力データ

団体名 (Dmei)	技術点 (Gten)	表現点 (Hten)
××××××××	××	××

（第1図）

実行結果

（団体名）	（得点）	（賞）
尾張高校	70	銀
浜通高校	80	金
～	～	～
中讃高校	76	金
（金賞の団体数）		
5		

（第2図）

処理条件

1．技術点と表現点は50点満点である。
2．得点は技術点と表現点の合計である。
3．賞は得点をもとに，75点以上を「金」，60点以上を「銀」，これ以外を「銅」とする。
4．データが終了したあと，「金」賞の団体数を表示して処理を終了する。

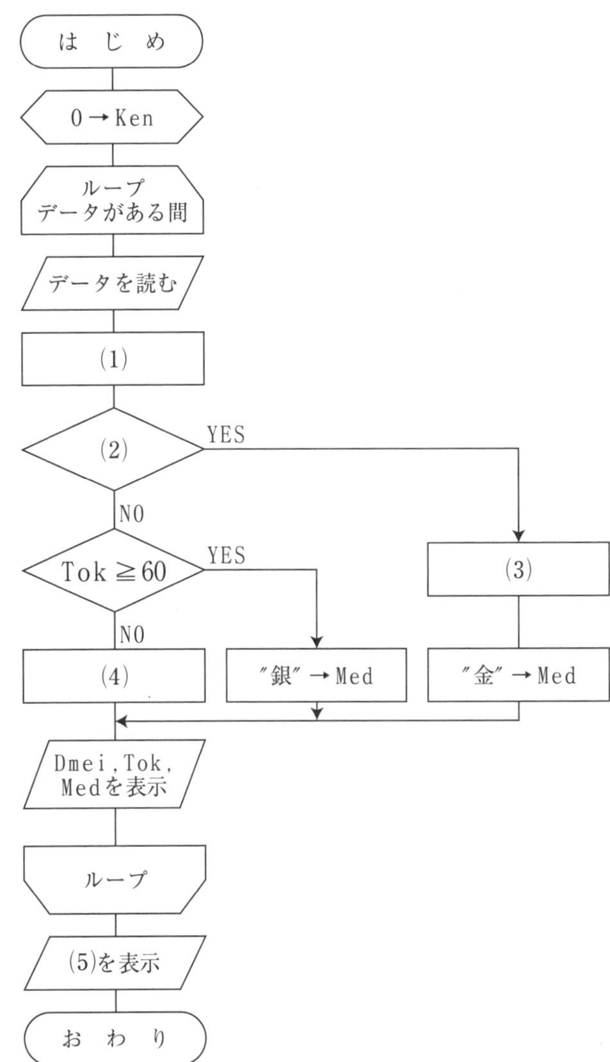

解答群

ア．Med
イ．Gten + Hten → Tok
ウ．Tok ≧ 75
エ．Ken + Tok → Ken
オ．Ken
カ．Gten + Hten → Ken
キ．″銅″ → Med
ク．Tok ＞ 75
ケ．空白 → Med
コ．Ken + 1 → Ken

Point

(1) 得点の計算
(2)「金」になるか判断
(3) 団体数のカウント
(4) 条件にはずれたときの処理
(5) 処理の最後に表示されるもの

(1)	(2)	(3)	(4)	(5)

【繰り返し処理１(条件判定)】　条件により繰り返しを継続するか判断する処理。(３級の復習)

【3】　第１図のようなデータを読み，処理条件にしたがい，第２図のように表示したい。流れ図の(1)～(4)にあてはまる答えを解答群から選び，記号で答えなさい。

入力データ

追跡番号 (Tban)	重量(g) (Omosa)
××××××××	××××

(第１図)

実行結果

(追跡番号)	(料金)
87043681	390
40573019	550
≀	≀
28970039	350

(第２図)

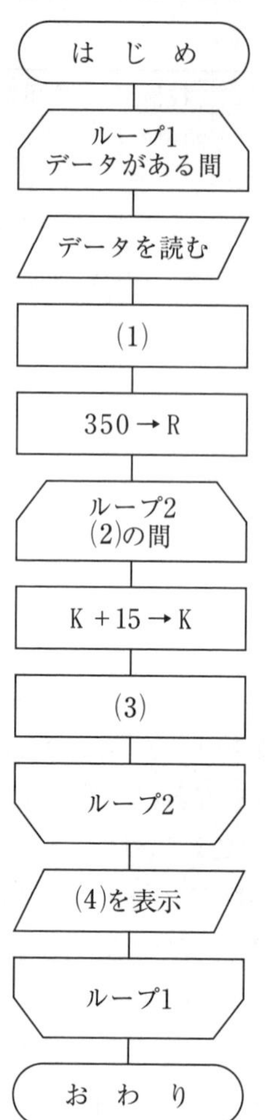

処理条件

1．料金は重量をもとに，100 g までは 350 円，その後 15 g ごとに 20 円ずつ加算される。

解答群

- **ア**．R ＋ 20 → R
- **イ**．0 → K
- **ウ**．Tban，K
- **エ**．Omosa ＜ K
- **オ**．Tban，R
- **カ**．R ＋ 15 → R
- **キ**．Omosa ＞ K
- **ク**．100 → K

Point

(1) 重量基準の初期値設定

(2) 重量と重量基準の比較

(3) 追加料金の加算

(4) 表示される結果

(1)	(2)	(3)	(4)

【繰り返し処理２（回数判定）】 あらかじめ決められている回数，処理を繰り返し行う処理。
（３級の復習）

【4】 第１図のようなデータを読み，処理条件にしたがい，第２図のように表示したい。流れ図の（1）～（4）にあてはまる答えを解答群から選び，記号で答えなさい。

入力データ

数値
(Su)
×××

（第１図）

実行結果

（数値）	（合計値）
7	28
100	5,050
≀	≀
30	465

（第２図）

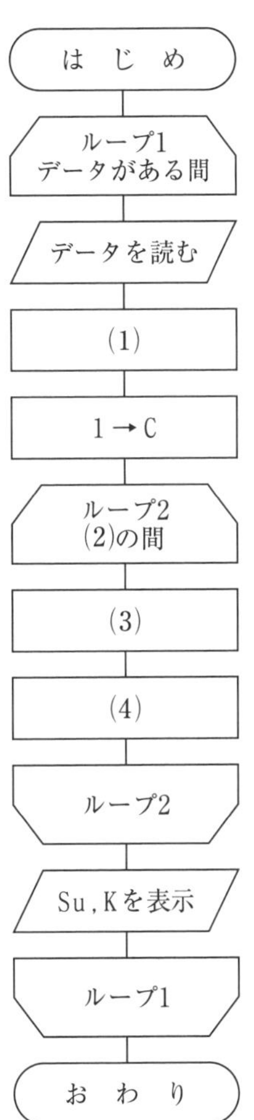

処理条件

1．表示される合計値は，１から入力された数値までの合計である。

解答群

ア．Su ≦ C
イ．K ＋ 1 → K
ウ．0 → K
エ．C ＋ Su → C
オ．1 → K
カ．K ＋ C → K
キ．C ＋ 1 → C
ク．Su ≧ C

Point

（1）合計の初期値設定

（2）入力された数値とカウンタの比較

（3）合計の計算

（4）カウンタの計算

(1)	(2)	(3)	(4)

流れ図

【多分岐】 通常の選択処理(二分岐処理)では，条件が「成立する(Yes)」か，「成立しない(No)」かの2通りであるが，多分岐では条件に応じて３つ以上の分岐により，異なる処理を設定することができる。

【5】 第１図のようなドリンク売上データを読み，処理条件にしたがい，第２図のようなサイズ別売上数量一覧表を表示したい。流れ図の(1)～(5)にあてはまる答えを解答群から選び，記号で答えなさい。

入力データ

サイズ (Size)	数量 (Su)
×	××

(第１図)

実行結果

(サイズ別売上数量一覧表)	
(サイズ)	(売上数量)
S	80
M	72
L	58
合計	210

(第２図)

処理条件

1. サイズは，S・M・Lの３種類があり，コードは次の通りである。
   1：S　　2：M　　3：L
2. 売上数量をサイズ別に集計したあと，売上数量一覧表を作成する。

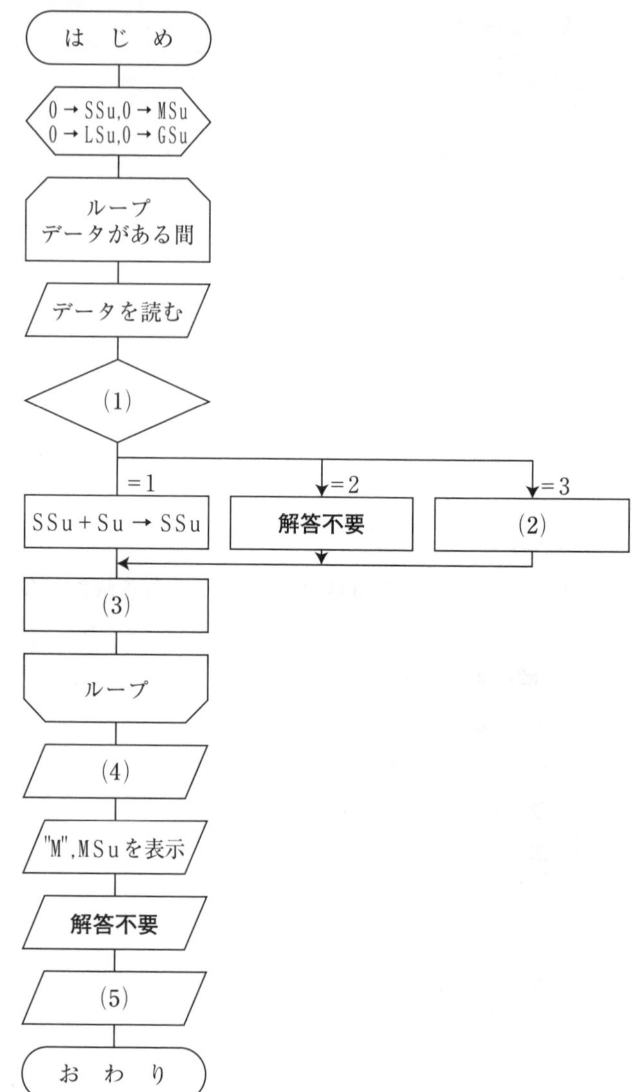

Point

(1) 何をもとに分岐しているか。

(2) 条件がLサイズの場合の処理。

(3) 条件にかかわらず行われる処理。

(4) 売上数量一覧表において，初めに表示されるデータ。

(5) 売上数量一覧表において，最後に表示されるデータ。

解答群

ア．"合計"，GSuを表示	**イ**．"L"，LSuを表示
ウ．GSu ＋ Su → GSu	**エ**．MSu ＋ Su → MSu
オ．LSu ＋ Su → LSu	**カ**．SSu ＋ Su → SSu
キ．"S"，SSuを表示	**ク**．"M"，MSuを表示
ケ．Su	**コ**．Size

(1)	(2)	(3)	(4)	(5)

流れ図

【最大値・カウント】 入力データから最も大きなデータを探し出す処理。

【6】 第１図のようなデータを読み，処理条件にしたがい，第２図のように表示したい。流れ図の (1) ～ (5) にあてはまる答えを解答群から選び，記号で答えなさい。

入力データ

日付 (Hi)	数量 (Su)	単価 (Tan)
××	××××	××××

（第１図）

実行結果

(最高売上高)
84,000
(最高売上高の件数)
6

（第２図）

処理条件

1．売上高は数量と単価を乗じて求める。
2．データが終了したあと，最高売上高と，最高売上高と等しい金額の件数を表示して処理を終了する。

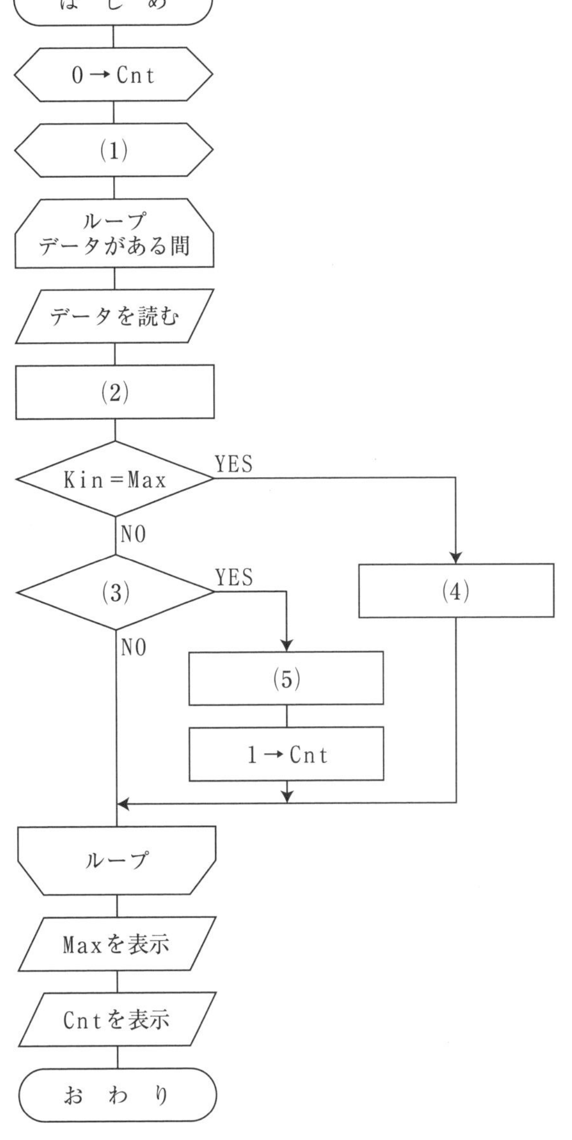

解答群

- **ア**．Kin ＞ Max
- **イ**．Cnt + 1 → Cnt
- **ウ**．Su × Tan → Kin
- **エ**．0 → Cnt
- **オ**．Max + 1 → Max
- **カ**．Kin ＜ Max
- **キ**．0 → Kin
- **ク**．0 → Max
- **ケ**．Max → Cnt
- **コ**．Kin → Max

Point

(1) 最高売上高の初期値設定

(2) 売上高の計算

(3) 最高売上高になるか判断

(4) 件数の計算

(5) 最高売上高の更新

(1)	(2)	(3)	(4)	(5)

【最小値】 入力データから最も小さなデータを探し出す処理。

【7】 第1図のようなデータを読み，処理条件にしたがい，第2図のように表示したい。流れ図の(1)～(4)にあてはまる答えを解答群から選び，記号で答えなさい。

入力データ

地名 (Chimei)	気温(℃) (Kion)
××××××××	××.×

（第1図）

実行結果

（最低気温）
－35.8
（地名）
占冠

（第2図）

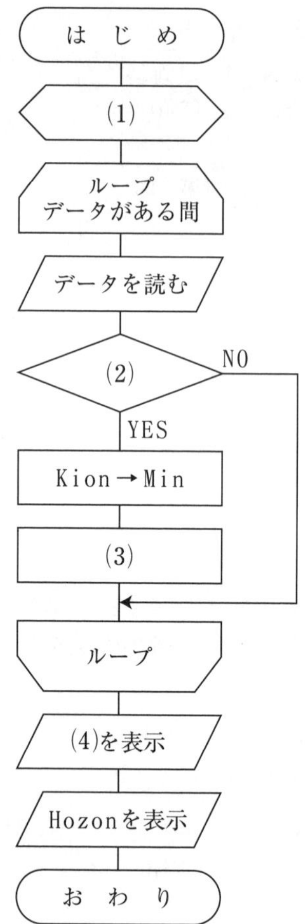

処理条件

1. データが終了したあと，読まれたデータ中の最低気温とその地名を表示して処理を終了する。
2. 最低気温が複数ある場合は，あとから読まれたデータを表示する。

解答群

ア. Min
イ. Kion < Min
ウ. Kion
エ. 99.9 → Min
オ. Kion → Hozon
カ. Kion ≦ Min
キ. Chimei → Hozon
ク. 0 → Min

Point

(1) 最低気温の初期値設定

(2) 最低気温の判断

(3) 地名の保存

(4) 最初に表示されるもの

(1)	(2)	(3)	(4)

流れ図

【配列を使う処理１】 入力データを配列に記憶し，順に取り出しながら割合を計算し出力する処理。

【８】 第１図のような清涼飲料会社の年間の売上高を記録したデータを読み，処理条件にしたがってシェア（市場占有率）を求めて第２図のように表示したい。流れ図の(1)～(5)にあてはまる答えを解答群から選び，記号で答えなさい。

入力データ

会社名 (Kmei)	売上高 (Juri)
×××××	××××（億円）

（第１図）

実行結果

（会社名）	（売上高）	（シェア）
マリン	8,800	55%
マッポロ	3,400	21%
アキヒト	2,000	13%
トリーサン	1,800	11%
（売上高合計）		
16,000		

（第２図）

処理条件

1．データを読み，各会社の売上高を配列に記憶するとともに売上高合計を計算する。

配列

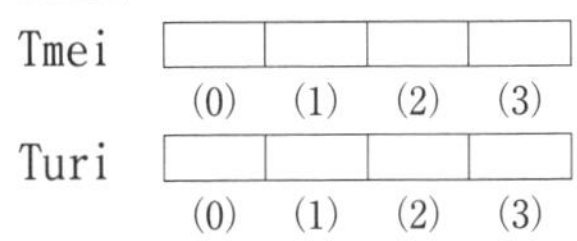

2．すべてのデータを読み終えたら，次の式により各会社の売上高が合計に占める割合（シェア）を計算し，表示する。

シェア　＝　売上高　×　100　÷　売上高合計

（小数第１位以下四捨五入）

3．最後に売上高合計を表示して処理を終了する。

4．売上高のデータは億円単位で記録してある。

5．データにエラーはないものとする。

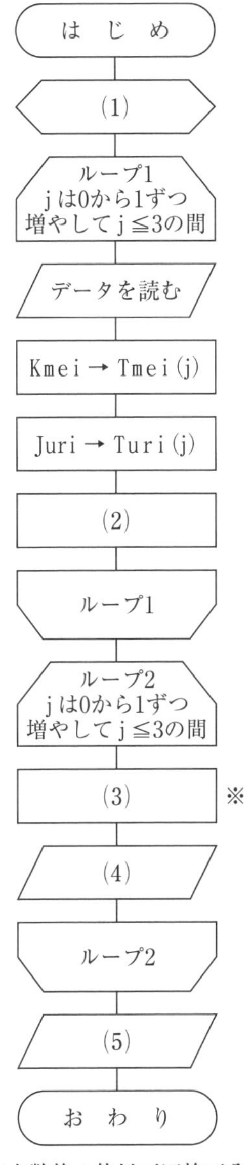

※小数第１位以下四捨五入

解答群

ア． Jkei ＋ Juri → Jkei
イ． Turi(0)～Turi(3)に０を入れる
ウ． 0 → Jkei
エ． Tmei(j)×100÷Tmei(j) → Jwari
オ． Tmei(j), Turi(j), Jwari, "%" を表示
カ． Kmei, Juri, Jwari, "%" を表示
キ． Jkei を表示
ク． Turi(j)× 100 ÷ Jkei → Jwari

Point

(1) 売上高合計の初期値設定
(2) 売上高合計の計算
(3) 割合の計算
(4) 明細の表示
(5) 売上高合計の表示

(1)	(2)	(3)	(4)	(5)

流れ図

【配列を使う処理2】 入力データから添字を作成(計算)し，配列に集計する処理。

【9】 第1図のようなある雑貨店の1か月の売上データを読み，処理条件にしたがって，第2図のように表示したい。流れ図の(1)～(5)にあてはまる答えを解答群から選び，記号で答えなさい。

入力データ

商品コード (Skodo)	売上金額 (Uri)
××××	××××××

(第1図)

実行結果

```
（商品コード） （売上金額） （割合%）
   1001       ×××,×××     ××
   1002       ×××,×××     ××
    ～          ～          ～
   1050       ×××,×××     ××
（売上金額合計）
××,×××,×××
```

(第2図)

処理条件

1. 商品コードは1001～1050の50種類ある。
2. 第1図のデータを読み，商品コードごとに配列Turiに売上金額を集計する。なお，Turi(0)は，売上金額合計に利用する。

配列

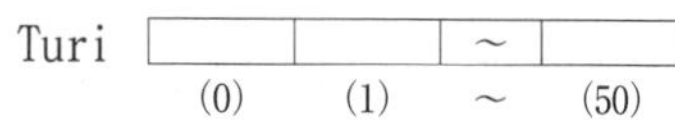

3. すべてのデータを読み終えたら，商品ごとの割合を次の計算式で求め，第2図のように表示する。

各商品コードの割合 ＝ 各商品コードの売上金額 × 100 ÷ 売上金額合計

(小数第1位以下四捨五入)

4. 最後に売上金額合計を表示して処理を終了する。
5. データにエラーはないものとする。

解答群

- **ア**. Turi(j)×100 ÷ Turi(50) → Wari
- **イ**. j + 1 → j
- **ウ**. Turi(j) + Uri → Turi(j)
- **エ**. Skodo − 1000 → Skodo
- **オ**. j ≦ 50 の間
- **カ**. j ＜ 50 の間
- **キ**. Turi(j)× 100 ÷ Turi(0) → Wari
- **ク**. j − 1 → j
- **ケ**. Turi(0) + Uri → Turi(0)

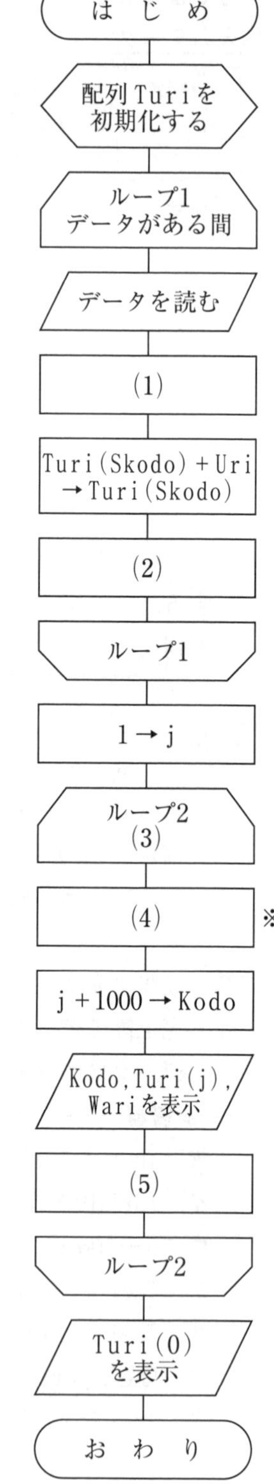

※小数第1位以下四捨五入

Point

(1) 入力された商品コードを添字として利用できるようにする

(2) 売上金額合計の計算

(3) 50種類すべての商品の表示

(4) 割合の計算

(5) 次の商品コードを表示できるようにする

(1)	(2)	(3)	(4)	(5)

流れ図

【配列を使う処理３・多分岐】 入力データから距離を確定し，その距離を配列に集計し，順に出力する処理。

【10】 ある鉄道会社の１日の運行状況を記録した第１図のようなデータを読み，処理条件にしたがって，第２図のような列車ごとの１日の走行距離一覧表を表示したい。流れ図の(1)～(5)にあてはまる答えを解答群から選び，記号で答えなさい。

入力データ

列車番号 (Tban)	路線番号 (Rban)
××	×

（第１図）

実行結果

（列車番号）	（走行距離）
1	20
2	38
3	7
≀	≀
20	40

（走行距離合計）
541

（第２図）

処理条件

1．列車番号は１～20の20種類ある。
2．路線は３路線あり，路線番号の１が20km，２が18km，３が7kmであり，これ以外にない。
3．配列 Kyori を利用し，列車番号を添字として，列車ごとの走行距離を集計する。

配列

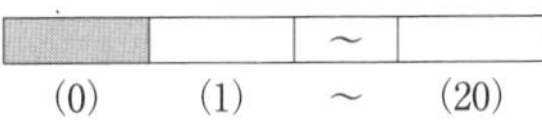

4．すべてのデータを読み終えたら，列車ごとの走行距離を表示する。
5．最後に走行距離合計 Gokei を表示して処理を終了する。
6．入力データにエラーはないものとする。

解答群

ア．Gokei ＋ Kr → Gokei
イ．Kyori(Rban) ＋ Kr → Kyori(Rban)
ウ．0 → Kyori(Tban)
エ．0 → Kyori(j)
オ．Kyori(Tban) ＋ Kr → Kyori(Tban)
カ．Kyori(j) ＋ Kr → Kyori(j)
キ．Tban, Kyori(Tban)を表示
ク．j, Kyori(j)を表示
ケ．Tban
コ．Rban

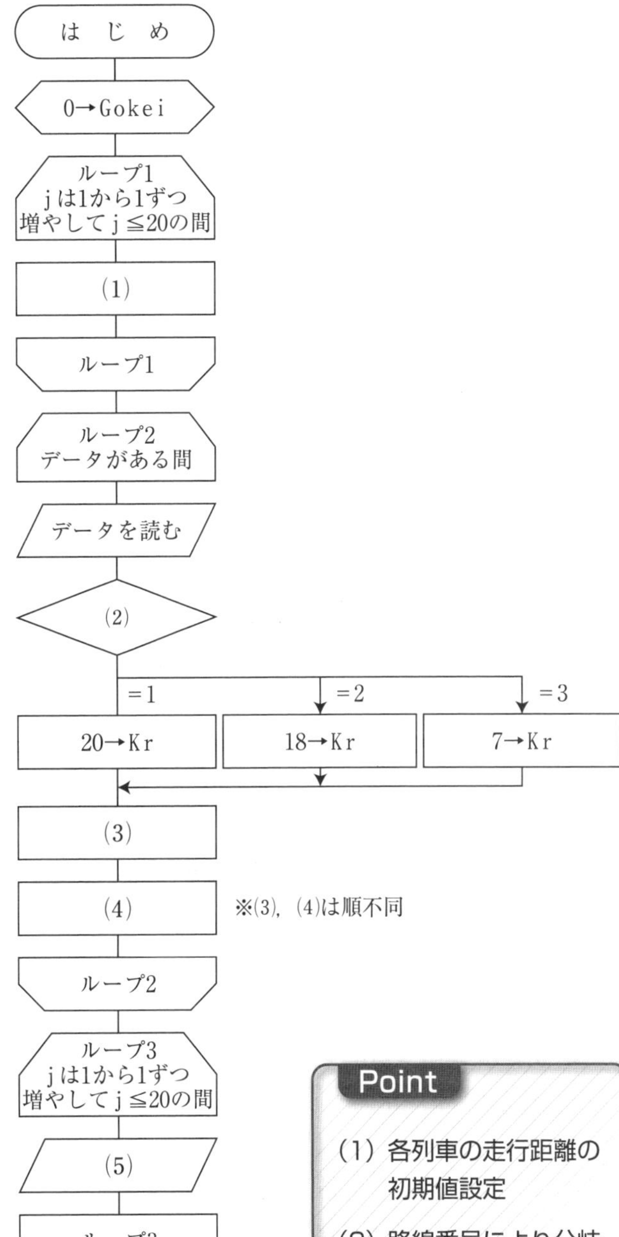

Point

(1) 各列車の走行距離の初期値設定
(2) 路線番号により分岐
(3)(4) 走行距離の集計，走行距離合計の計算
(5) 明細の表示

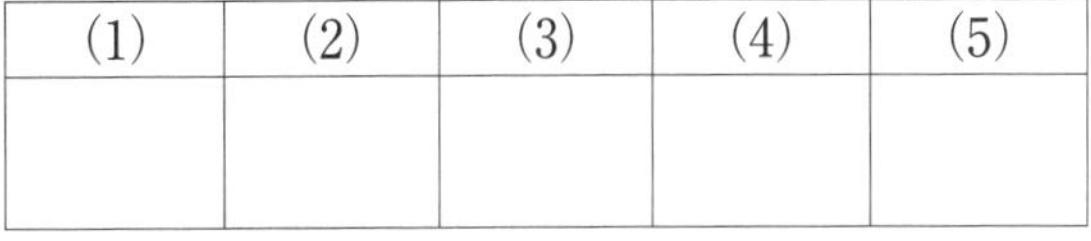

(1)	(2)	(3)	(4)	(5)

【線形探索１】 得意先コードに対応した得意先名を線形探索し，表示する処理。

【11】 第１図のような得意先データを読み，処理条件にしたがって，第２図のように表示したい。流れ図の(1)～(4)にあてはまる答えを解答群から選び，記号で答えなさい。

入力データ

得意先コード (Tco)	売上金額 (Urikin)
××××	××××××

(第１図)

実行結果

(得意先コード)	(得意先名)	(売上金額)	(請求金額)
1005	ﾄｳｷｮｳｼｮｳｼﾞ	150,000	150,000
1007	ｶﾝﾀﾞｼｮｳｶｲ	200,000	180,000
≀	≀	≀	≀
1023	ﾀﾏﾁﾌﾞｯｻﾝ	600,000	540,000

(第２図)

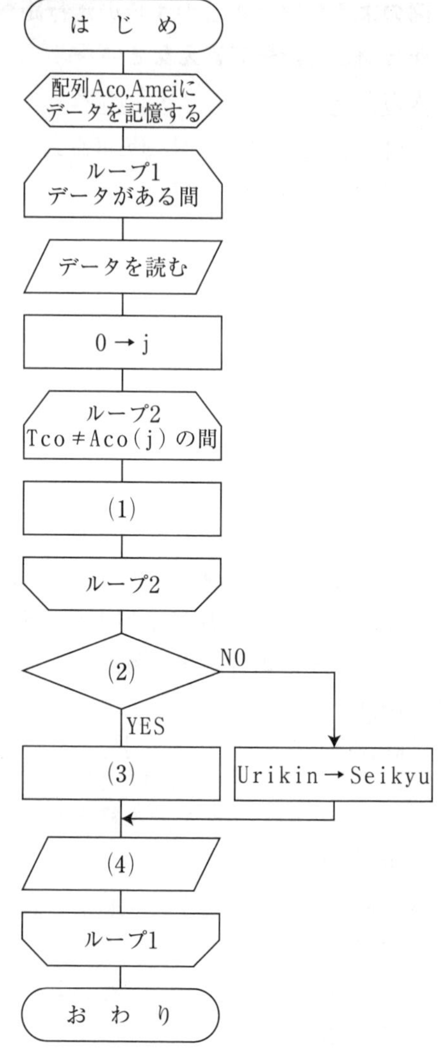

処理条件

1. 得意先は全部で 10 件ある。
2. 入力データを読み，得意先コードに対応した得意先名を探索する。

   なお，Aco には得意先コードが，Amei には得意先名があらかじめ記憶されており，各配列はそれぞれ添字によって対応している。

   配列

	(0)	(1)	～	(9)
Aco	1005	1007	～	1023
Amei	ﾄｳｷｮｳｼｮｳｼﾞ	ｶﾝﾀﾞｼｮｳｶｲ	～	ﾀﾏﾁﾌﾞｯｻﾝ

3. 売上金額が 20 万円以上の場合には，請求金額は 10%引きとする。
4. データにエラーはないものとする。

解答群

- **ア**．Urikin × 0.9 → Seikyu
- **イ**．j + 1 → j
- **ウ**．Urikin ≦ 200000
- **エ**．Tco, Amei(j), Urikin, Seikyu を表示
- **オ**．Urikin ≧ 200000
- **カ**．Urikin × 0.1 → Seikyu
- **キ**．Aco(Tco), Amei(Tco), Urikin, Seikyu を表示

Point

(1) 添字のカウントアップ

(2) 売上金額が 20 万円以上か

(3) 10%引きの請求金額の計算

(4) 明細の表示

(1)	(2)	(3)	(4)

流れ図

【線形探索２】 商品コードを線形探索し，対応した在庫量を計算する処理。

【12】 第１図のような商品の入出庫データを読み，処理条件にしたがって，第２図のような在庫一覧を表示したい。流れ図の(1)～(5)にあてはまる答えを解答群から選び，記号で答えなさい。

入力データ

商品コード (Sco)	区分 (Ku)	数量 (Suryo)
××	×	×××

(第１図)

実行結果

(商品コード)	(在庫量)
10	420
12	180
≀	≀
25	580

(第２図)

処理条件

1．商品の種類は 10 種類で，配列 Mco と配列 Mzai にはあらかじめデータが記憶してあり，Mco と Mzai は，それぞれ添字によって対応している。

配列

Mco	10	12	～	25	(商品コード)
	(0)	(1)	～	(9)	
Mzai	380	165	～	630	(在庫量)
	(0)	(1)	～	(9)	

2．入出庫区分(区分)は１が入庫，２が出庫である。

3．出庫量が在庫量より多い場合はないものとする。

4．データにエラーはないものとする。

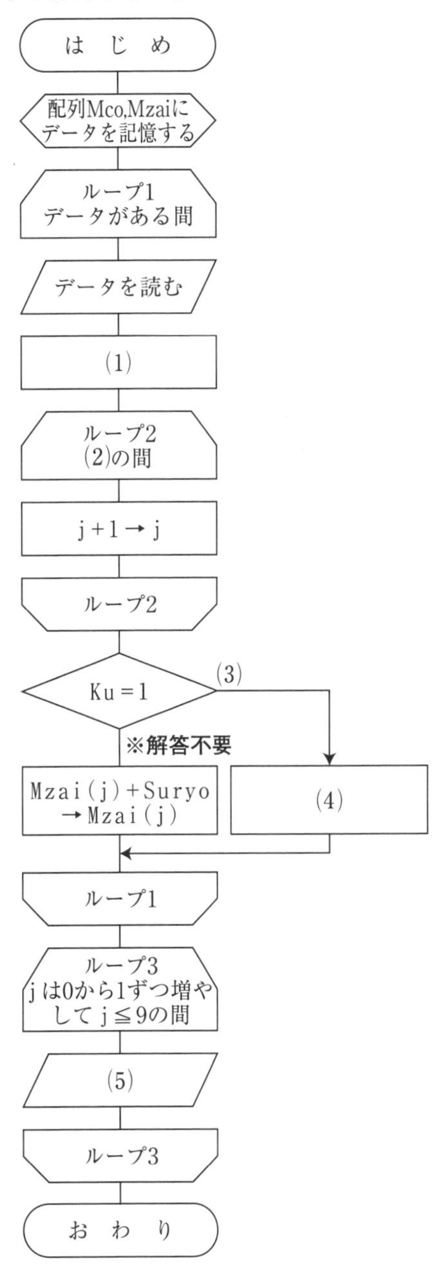

解答群

- **ア**．Sco, Suryo を表示
- **イ**．Sco ≠ Mco(j)
- **ウ**．Mzai(j) － Sco → Mzai(j)
- **エ**．0 → j
- **オ**．Mzai(j) － Suryo → Mzai(j)
- **カ**．NO
- **キ**．Mco(j), Mzai(j)を表示
- **ク**．YES
- **ケ**．1 → j
- **コ**．Sco ＝ Mco(j)

Point

(1) 添字の初期値設定

(2) 探索の継続条件

(3)(4) 出庫処理

(5) 明細(配列)の内容を表示

(1)	(2)	(3)	(4)	(5)

【線形探索を利用した集計】 商品コードを線形探索し，商品コードごとに集計し，集計結果を表示する処理。

【13】 第１図のような販売データを読み，処理条件にしたがって，第２図のように表示したい。流れ図の(1)～(5)にあてはまる答えを解答群から選び，記号で答えなさい。

入力データ

商品コード (Hco)	売上数量 (Uri)
×××××	×××

(第１図)

実行結果

(商品コード)	(売上合計)
30119	1,327
93811	902
≀	≀
52234	4,021

(第２図)

処理条件

1．商品は全部で 20 種類ある。
2．入力データを読み，商品コードを配列 Tco から探索する。見つかった場合は，Turi に売上数量を集計する。また，見つからない場合は，そのデータを読み飛ばすこととする。なお，Tco と Turi はそれぞれ添字によって対応している。

配列

	(0)	(1)	～	(19)
Tco	30119	93811	～	52234
Turi			～	

3．データが終了したら，配列に記憶されているデータを 0 番目から順に表示して処理を終了する。

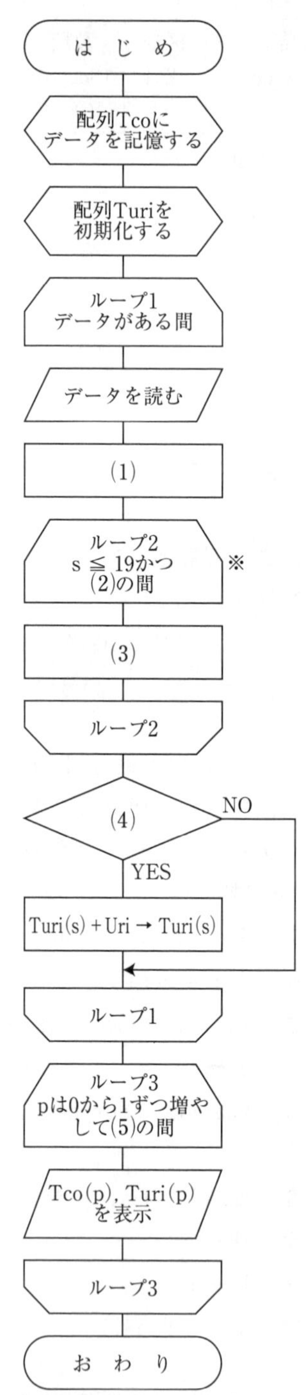

※最初の条件が不成立の場合はその時点で繰り返しを終了する

解答群

ア．Tco(s) ＜ Hco　イ．s ＝ 20　ウ．0 → s
エ．s ＋ 1 → s　オ．1 → s　カ．Tco(s) ≠ Hco
キ．p ＋ 1 → p　ク．p ≦ 19　ケ．Turi(s) ≠ Uri
コ．s ≦ 19

Point

(1) 線形探索の初期値
(2) 線形探索の探索条件
(3) 添字の増分
(4) 売上数量を加算する条件
(5) 配列の何番目まで表示させるか

(1)	(2)	(3)	(4)	(5)

マクロ言語(トレース)の確認

【入力・演算・出力】 与えられた数字に対して，演算(加減乗除べき乗)をして結果を表示する。

【1】 プログラムにしたがって，処理するとき，(1)～(5)を答えなさい。なお，入力するnの値は100以下の3の倍数とする。

(1)　nの値が6のとき，㋐で出力されるaの値を答えなさい。
(2)　nの値が6のとき，㋒で出力されるcの値を答えなさい。
(3)　nの値が6のとき，㋔で出力されるeの値を答えなさい。
(4)　nの値が21のとき，㋑で出力されるbの値を答えなさい。
(5)　nの値が21のとき，㋓で出力されるdの値を答えなさい。

<プログラム>

```
Sub ProgramK1()
    Dim n As Long
    Dim a As Long
    Dim b As Long
    Dim c As Long
    Dim d As Long
    Dim e As Long
    n = Val(InputBox(""))
    a = n + 3      ' 加算
    b = n - 3      ' 減算
    c = n * 3      ' 乗算
    d = n / 3      ' 除算
    e = n ^ 3      ' べき乗算
    MsgBox (a)   ㋐
    MsgBox (b)   ㋑
    MsgBox (c)   ㋒
    MsgBox (d)   ㋓
    MsgBox (e)   ㋔
End Sub
```

(1)	(2)	(3)	(4)	(5)

マクロ

【商・余り】 除算の商と余りを求めて表示する。

【2】 プログラムにしたがって，処理するとき，(1)～(5)を答えなさい。なお，入力するaの値とbの値は正の整数とする。

(1) プログラム①でaの値が25でbの値が7のとき，㋐で出力されるSyoの値を答えなさい。
(2) プログラム①でaの値が25でbの値が7のとき，㋐で出力されるAmariの値を答えなさい。
(3) プログラム②でaの値が553でbの値が41のとき，㋑で出力されるSyoの値を答えなさい。
(4) プログラム②でaの値が553でbの値が41のとき，㋑で出力されるAmariの値を答えなさい。
(5) プログラムの処理について説明した文のうち，正しいものはどれか**ア**，**イ**，**ウ**の中から選び，記号で答えなさい。

ア．プログラム①とプログラム②のaの値とbの値が同じ場合，㋐と㋑で出力されるSyoとAmariの値は必ず同じになる。

イ．プログラム①とプログラム②のaの値とbの値が同じ場合，㋐と㋑で出力されるSyoの値が異なる場合がある。

ウ．プログラム①とプログラム②のaの値とbの値が同じ場合，㋐と㋑で出力されるAmariの値が異なる場合がある。

<プログラム①>

```
Sub ProgramK2a()
    Dim a As Long
    Dim b As Long
    Dim Syo As Long
    Dim Amari As Long
    a = Val(InputBox(""))
    b = Val(InputBox(""))
    Syo = a ¥ b      ' ¥ は除算の商を求める演算子
    Amari = a Mod b    ' Mod は除算の余りを求める関数
    MsgBox (Syo & "," & Amari)  ㋐
End Sub
```

<プログラム②>

```
Sub ProgramK2b()
    Dim a As Long
    Dim b As Long
    Dim Syo As Long
    Dim Amari As Long
    a = Val(InputBox(""))
    b = Val(InputBox(""))
    Syo = Int(a / b)     ' Int は小数点以下を切り捨て整数化する関数
    Amari = a - Syo * b
    MsgBox (Syo & "," & Amari)  ㋑
End Sub
```

(1)	(2)	(3)	(4)	(5)

マクロ

【分岐】 条件により分岐する。

【3】 プログラムにしたがって，処理するとき，(1)～(5) を答えなさい。なお，入力するnの値は正の整数とする。

(1)　nの値が31のとき，㋐でのaの値を答えなさい。
(2)　nの値が31のとき，㋒で出力されるcの値を答えなさい。
(3)　nの値が1234のとき，㋑でのbの値を答えなさい。
(4)　nの値が1234のとき，㋒で出力されるcの値を答えなさい。
(5)　プログラムの処理について説明した文のうち，正しいものはどれか**ア**，**イ**，**ウ**の中から選び，記号で答えなさい。

ア．㋐でのaの値が奇数の場合，㋒で出力されるcの値は，必ず 奇数 になる。
イ．㋐でのaの値が偶数の場合，㋒で出力されるcの値は，必ず 偶数 になる。
ウ．㋑でのbの値は，必ず2未満になる。

<プログラム>

```
Sub ProgramK3()
    Dim n As Long
    Dim a As Long
    Dim b As Long
    Dim c As String
    n = Val(InputBox(""))
    a = Int(n / 2)  ㋐
    b = n - a * 2  ㋑
    If b <> 0 Then
        c = "奇数"
    Else
        c = "偶数"
    End If
    MsgBox (n & "," & c)  ㋒
End Sub
```

マクロ

(1)	(2)	(3)	(4)	(5)

【AND条件】 2つの条件を両方満たすかどうか判定し分岐する。

【4】 プログラムにしたがって，処理するとき，(1)～(5)を答えなさい。なお，入力するaの値とbの値は正の整数とする。

(1) aの値が10，bの値が13のとき，㋐でのcの値を答えなさい。

(2) aの値が10，bの値が13のとき，㋓で出力されるeの値を答えなさい。

(3) aの値が37，bの値が19のとき，㋐でのdの値を答えなさい。

(4) aの値が37，bの値が19のとき，㋓で出力されるeの値を答えなさい。

(5) プログラムの処理について説明した文のうち，正しいものはどれか**ア**，**イ**，**ウ**の中から選び，記号で答えなさい。

ア．㋑を実行した場合，㋓で出力されるeの値は，必ず 奇数 である。

イ．㋒を実行した場合，㋓で出力されるeの値は，必ず 奇数 である。

ウ．㋒を実行した場合，㋓で出力されるeの値は，必ず 偶数 である。

<プログラム>

```
Sub ProgramK4()
    Dim a As Long
    Dim b As Long
    Dim c As Long
    Dim d As Long
    Dim e As Long
    a = Val(InputBox(""))
    b = Val(InputBox(""))
    c = Int(a / 2)
    c = a - c * 2
    d = Int(b / 2)
    d = b - d * 2
    If c >= 1 And d >= 1 Then   ㋐
        e = a * b   ㋑
    Else
        e = a + b   ㋒
    End If
    MsgBox (e)   ㋓
End Sub
```

マクロ

(1)	(2)	(3)	(4)	(5)

【ＯＲ条件】　２つの条件の少なくとも一つを満たすかどうか判定し分岐する。

【5】　プログラムにしたがって，処理するとき，(1)～(5) を答えなさい。なお，入力するｎの値は正の整数とする。

(1)　ｎの値が 40 のとき，㋐でのｂの値を答えなさい。
(2)　ｎの値が 40 のとき，㋒で出力されるｅの値を答えなさい。
(3)　ｎの値が 375 のとき，㋑でのｄの値を答えなさい。
(4)　ｎの値が 375 のとき，㋒で出力されるｅの値を答えなさい。
(5)　プログラムの処理について説明した文のうち，正しいものはどれか**ア**，**イ**，**ウ**の中から選び，記号で答えなさい。
　ア．㋒で出力されるｅの値は，必ず 奇数 である。
　イ．㋒で出力されるｅの値は，必ず 偶数 である。
　ウ．㋒で出力されるｅの値は，０または 15 の倍数である。

<プログラム>

```
Sub ProgramK5()
    Dim n As Long
    Dim a As Long
    Dim b As Long
    Dim c As Long
    Dim d As Long
    Dim e As Long
    n = Val(InputBox(""))
    a = Int(n / 3)
    b = n - a * 3        ㋐
    c = Int(n / 5)
    d = n - c * 5        ㋑
    If b > 0 Or d > 0 Then
        e = 0
    Else
        e = n
    End If
    MsgBox (e)           ㋒
End Sub
```

(1)	(2)	(3)	(4)	(5)

マクロ

【一定回数の繰り返し】 指定された回数分繰り返し処理を実行する

【6】 プログラムにしたがって，処理するとき，(1)～(5) を答えなさい。なお，入力するｎの値は正の整数とする。

(1)　ｎの値が６のとき，トレース表の空欄①を答えなさい。
(2)　ｎの値が６のとき，トレース表の空欄②を答えなさい。
(3)　ｎの値が９のとき，㊁の処理は何回実行されるか答えなさい。
(4)　ｎの値が９のとき，㊅で出力されるａの値を答えなさい。
(5)　プログラムの処理について説明した文のうち，正しいものはどれか**ア**，**イ**，**ウ**の中から選び，記号で答えなさい。
　ア．㊅で出力されるａの値は，必ず 奇数 である。
　イ．㊅で出力されるａの値は，必ず 偶数 である。
　ウ．㊅で出力されるａの値は，１からｎまでの和である。

<プログラム>

```
Sub ProgramK6()
    Dim n As Long
    Dim a As Long
    Dim b As Long
    n = Val(InputBox(""))    ㋐
    a = 0    ㋑
    For b = 1 To n    ㋒
        a = a + b    ㋓
    Next b
    MsgBox (a)    ㋔
End Sub
```

<トレース表>

	n	a	b
㋐	6	—	—
㋑	6	0	—
㋒	6	0	1
㋓	6	1	1
㋒	6	1	2
㋓	6	3	2
㋒	6	3	3
㋓	6	①	3
㋒	6	①	4
㋓	6	10	4
㋒	6	10	②
㋓	6	15	②
㋒	6	15	6
㋓	6	21	6
㋒	6	21	7
㋔	6	21	7

マクロ

(1)	(2)	(3)	(4)	(5)
		回		

【条件による繰り返し】　条件が成立している間繰り返し処理を実行する。

【7】 プログラムにしたがって，処理するとき，(1)～(5) を答えなさい。なお，入力するmの値は正の整数とする。

(1)　mの値が３のとき，トレース表の空欄①を答えなさい。
(2)　mの値が３のとき，トレース表の空欄②を答えなさい。
(3)　mの値が６のとき，㋕の処理は何回実行されるか答えなさい。
(4)　mの値が６のとき，㋖で出力されるｋの値を答えなさい。
(5)　プログラムの処理について説明した文のうち，正しいものはどれか**ア**，**イ**，**ウ**の中から選び，記号で答えなさい。

ア．㋖の処理が行われるときのｎの値は，ｍの値と必ず等しい。
イ．㋖の処理が行われるときのｎの値は，ｍの値より必ず大きい。
ウ．㋖の処理が行われるときのｎの値は，ｍの値より必ず小さい。

<プログラム>

```
Sub ProgramK7()
    Dim m As Long
    Dim n As Long
    Dim k As Long
    Dim j As Long
    m = Val(InputBox(""))   ㋐
    n = 1   ㋑
    k = 0   ㋒
    Do While n <= m
        j = n * n   ㋓
        k = k + j   ㋔
        n = n + 1   ㋕
    Loop
    MsgBox (k)   ㋖
End Sub
```

<トレース表>

	j	k	m	n
㋐	—	—	3	—
㋑	—	—	3	1
㋒	—	0	3	1
㋓	1	0	3	1
㋔	1	1	3	1
㋕	1	1	3	2
㋓	①	1	3	2
㋔	①	5	3	2
㋕	①	5	3	3
㋓	9	5	3	3
㋔	9	②	3	3
㋕	9	②	3	4

(1)	(2)	(3)	(4)	(5)
		回		

マクロ

【8】 プログラムにしたがって，処理するとき，(1)～(5)を答えなさい。なお，入力するxの値は正の整数とする。

(1) xの値が31のとき，最初に㋑で出力されるnの値を答えなさい。
(2) xの値が31のとき，㋐で出力される k の値を答えなさい。
(3) xの値が61のとき，㋑の処理は何回実行されるか答えなさい。
(4) xの値が61のとき，㋐で出力されるmの値を答えなさい。
(5) プログラムの処理について説明した文のうち，**誤っているもの**はどれか**ア**，**イ**，**ウ**の中から選び，記号で答えなさい。
　ア．xの値によっては，㋐の処理が実行されないことがある。
　イ．xの値によっては，㋐の処理が2回以上実行されることがある。
　ウ．xの値によっては，㋑の処理が実行されないことがある。

<プログラム>

```
Sub ProgramK8()
    Dim x As Long
    Dim y As Long
    Dim k As Long
    Dim n As Long
    Dim z As Long
    Dim m As Long
    x = Val(InputBox(""))
    y = 1
    Do While y <= 6
        k = y + 1
        n = x + y
        z = Int(n / k)
        m = n - z * k
        If Not m = 0 Then
            MsgBox (n & "," & k & "," & m)  ㋐
            y = 7
        Else
            MsgBox (n & "," & k)  ㋑
            y = y + 1
        End If
    Loop
End Sub
```

(1)	(2)	(3)	(4)	(5)
		回		

【9】 プログラムにしたがって，処理するとき，(1)～(5)を答えなさい。なお，入力するnの値は2以上の正の整数とする。

(1)　nの値が6のとき，㋐の処理は何回実行されるか答えなさい。
(2)　nの値が6のとき，㋒で出力されるdの値を答えなさい。
(3)　nの値が11のとき，㋑の処理をするときのsの値を答えなさい。
(4)　nの値が11のとき，㋒で出力されるdの値を答えなさい。
(5)　プログラムの処理について説明した文のうち，正しいものはどれか**ア**，**イ**，**ウ**の中から選び，記号で答えなさい。
　ア．nの値が奇数の場合，㋒で出力されるdの値は必ず1である。
　イ．nの値が偶数の場合，㋒で出力されるdの値は必ず0である。
　ウ．nの値が素数の場合，㋒で出力されるdの値は必ず1である。

<プログラム>

```
Sub ProgramK9()
    Dim n As Long
    Dim s As Long
    Dim a As Long
    Dim b As Long
    Dim c As Long
    Dim d As Long
    n = Val(InputBox(""))
    s = 0
    For a = 1 To n
        b = Int(n / a)
        c = n - a * b
        If c = 0 Then
            s = s + 1       ㋐
        End If
    Next a
    If s < 3 Then           ㋑
        d = 1
    Else
        d = 0
    End If
    MsgBox (n & "," & d)    ㋒
End Sub
```

(1)	(2)	(3)	(4)	(5)
回				

マクロ

【10】 プログラムにしたがって，処理するとき，(1)～(5) を答えなさい。なお，入力するnの値は正の整数とする。

(1) nの値が10のとき，2回目に㋐を処理した後のhの値を答えなさい。
(2) nの値が10のとき，㋑で出力されるkの値を答えなさい。
(3) nの値が26のとき，㋐の処理は何回実行されるか答えなさい。
(4) nの値が26のとき，㋑で出力されるkの値を答えなさい。
(5) プログラムの処理について説明した文のうち，正しいものはどれか**ア**，**イ**，**ウ**の中から選び，記号で答えなさい。

ア．nの値が奇数の場合，㋑で出力されるkの値は必ず奇数である。
イ．nの値が奇数の場合，㋑で出力されるkの値は必ず偶数である。
ウ．nの値が偶数の場合，㋑で出力されるkの値は必ず奇数である。

＜プログラム＞

```
Sub ProgramK10()
    Dim n As Long
    Dim h As Long
    Dim k As Long
    Dim a As Long
    Dim b As Long
    n = Val(InputBox(""))
    h = n
    k = 0
    a = 0
    Do While h > 0
        b = h Mod 2
        k = k + b * 10 ^ a  ※
        h = Int(h / 2)  ㋐
        a = a + 1
    Loop
    MsgBox (n & "," & k)  ㋑
End Sub
```

※a＝0のとき，10の0乗は1となる。

(1)	(2)	(3)	(4)	(5)
		回		

情報処理検定試験
〈プログラミング部門〉
第2級 模擬試験問題

注意事項

1. 模擬試験問題は全部で12回分あります。
2. 解答は各問題の解答欄か，解答用紙に記入します。解答用紙は，弊社Webサイトからダウンロードできます。 https://www.jikkyo.co.jp/download/
3. 電卓などの計算用具は使用できません。
4. 制限時間は各回とも50分です。

主催 公益財団法人 全国商業高等学校協会

情報処理検定模擬試験問題 第2級 (第1回)

制限時間50分

【1】 次の説明文に最も適した答えを解答群から選び，記号で答えなさい。

1．入力したデータに誤りがないかを調べること。
2．高速で回転する複数の円盤の上に，磁気によりデータを記憶する装置。
3．設備や備品などの購入費や，システム導入の際にかかる費用のこと。
4．グループで情報を共有したり，作業を効率化したりするソフトウェア。
5．パスワードを入力した後，確認メールにより再度認証を行うなど，複数段階で認証を行うこと。

解答群

ア．データチェック　**イ**．磁気ディスク装置　**ウ**．ランニングコスト
エ．多段階認証　**オ**．言語プロセッサ　**カ**．グループウェア
キ．ワイルドカード　**ク**．ワンタイムパスワード　**ケ**．イニシャルコスト
コ．コンパイル

1		2		3		4		5	

【2】 次のA群の語句に最も関係の深い説明文をB群から選び，記号で答えなさい。

＜A群＞ 1．パケット　2．個人情報保護法　3．ランサムウェア
4．RGB　5．文法エラー

＜B群＞

ア．画像において色情報を持つ点のこと。
イ．プログラム記述のルールに沿っていないために出るエラー。
ウ．個人を特定するデータの取り扱いを定めた法律。
エ．著作物にかかわる権利を保護する法律。
オ．ディスプレイ上で色を表現するための，赤・緑・青という光の三原色のこと。
カ．意図した結果と違うものが実行結果となってしまうエラー。
キ．悪意をもってデータを暗号化し，元に戻すために身代金を要求するマルウェアのこと。
ク．データを送受信する際に，データを一定のサイズに分割したもの。
ケ．プリンタで印刷する色を表現するための，藍・赤紫・黄という色の三原色と黒のこと。
コ．複数のファイルをひとつのファイルにまとめたり，そのファイルを元に戻したりするソフトウェア。

1		2		3		4		5	

【3】 次の説明文に最も適した答えをア，イ，ウから選び，記号で答えなさい。

1．2進数の10111と2進数の1001の和を表す2進数。

ア．100000　　**イ**．1110　　**ウ**．11001111

2．データの破損や紛失に備えて複製をすること。またはその複製したデータのこと。

ア．バイナリファイル　　**イ**．バックアップ　　**ウ**．サイトライセンス

3．プログラムの誤りを修正する作業。

ア．デバッグ　　**イ**．テストラン　　**ウ**．機械語

4．コンピュータや携帯電話をネットワークに接続するための高速無線LANの規格。

ア．アクセスアーム　　**イ**．ストリーミング　　**ウ**．Wi-Fi

5．解像度1,000ピクセル×800ピクセル，1ピクセルあたり24ビットの色情報を持つ画像1枚分の記憶容量。ただし，1MB＝1,000,000Bとする。

ア．0.8MB　　**イ**．2.4MB　　**ウ**．19.2MB

1		2		3		4		5	

【4】 プログラムにしたがって処理するとき，(1)～(5)を答えなさい。なお，入力するxの値は2以上の整数とする。

(1) 入力されるxの値が2のとき，㋐の処理は何回実行されるか答えなさい。
(2) 入力されるxの値が2のとき，㋑でのyの値を答えなさい。
(3) 入力されるxの値が2のとき，㋑で出力されるkの値を答えなさい。
(4) 入力されるxの値が6のとき，㋑で出力されるkの値を答えなさい。
(5) 出力されるkの値の説明として，正しいものを記号で選びなさい。
　ア．出力されるkの値は，入力されたxの値よりも大きくなる。
　イ．出力されるkの値は，1からxまでの整数を合計した値である。
　ウ．入力されるxの値が素数のとき，出力されるkの値は2になる。

<プログラム>

```
Sub ProgramM1()
    Dim x As Long
    Dim y As Long
    Dim k As Long
    Dim z As Long
    Dim m As Long
    x = Val(InputBox(""))
    y = 1
    k = 0
    Do While x >= y
        z = Int(x / y)
        m = x - y * z
        If m = 0 Then
            k = k + 1        ㋐
        End If
        y = y + 1
    Loop
    MsgBox (x & "," & k)     ㋑
End Sub
```

(1)	(2)	(3)	(4)	(5)
回				

【5】 流れ図の説明を読んで，流れ図の(1)～(5)にあてはまる答えを解答群から選び，記号で答えなさい。

＜流れ図の説明＞

処理内容

入力データを読み，利用料金を求めて表示する。

入力データ

利用者No (Rno)	入庫時間 (Njikan)	出庫時間 (Sjikan)
××××	××××	××××

（第1図）

実行結果

(利用者No)	(料金)
3012	800
0251	1,000
≀	≀
7749	320

（第2図）

処理条件

1．入庫時間と出庫時間は4桁の数字で，前の2桁は時を，後ろの2桁は分を示している。たとえば，1920は19時20分を表している。
2．料金は利用時間をもとに計算を行う。最初の1時間は無料，1時間を超えたら160円とし，その後30分ごとに160円ずつ加算され，1,000円を超える場合は1,000円とする。
3．日にちをまたがって利用することはない。
4．データにエラーはないものとする。

＜流れ図＞

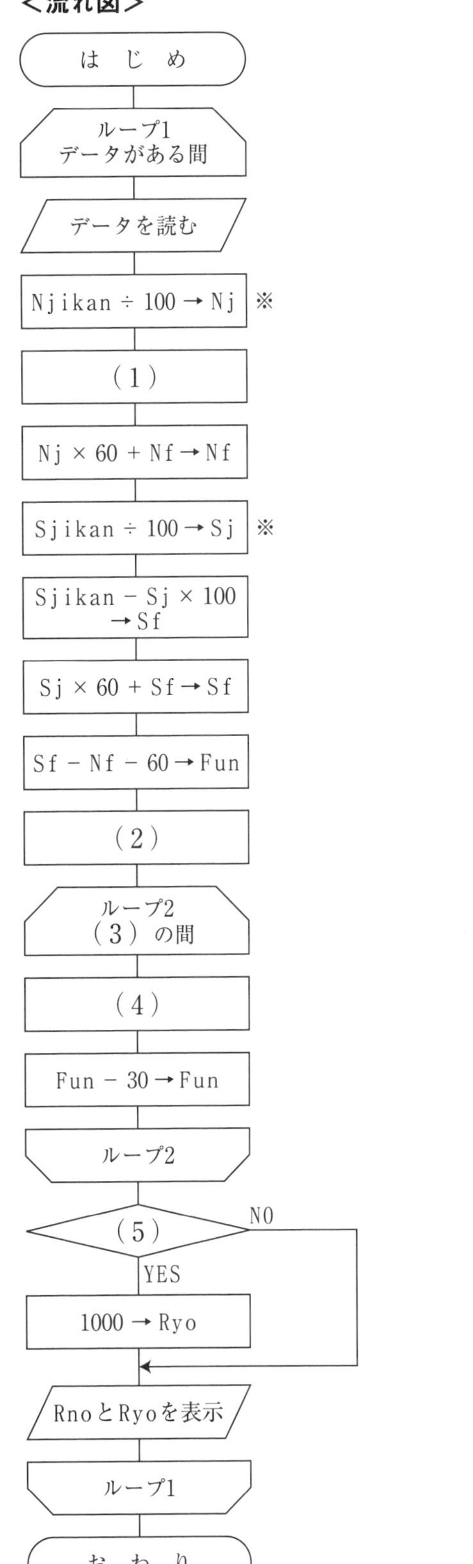

※小数点以下切り捨て

解答群

ア．Fun ＞ 60
イ．160 → Ryo
ウ．Ryo + 160 → Ryo
エ．Njikan − Nj × 100 → Nf
オ．Ryo ＞ 1160
カ．Fun ＞ 0
キ．Ryo × Fun → Ryo
ク．Ryo ＞ 1000
ケ．0 → Ryo
コ．Nj × 100 − Njikan → Nf

(1)	(2)	(3)	(4)	(5)

【6】 流れ図の説明を読んで，流れ図の(1)～(5)にあてはまる答えを解答群から選び，記号で答えなさい。

<流れ図の説明>

処理内容

販売データを読み，売上一覧表を表示する。

入力データ

会員番号 (Ban)	商品コード (Cod)	数量 (Su)	使用ポイント (Pt)
××××	××××	××	×××

(第1図)

実行結果

(売上一覧表)

(会員番号)	(会員名)	(商品名)	(単価)	(数量)	(金額)	(使用ポイント)	(請求額)	(獲得ポイント)
1021	鈴木	カレーパン	120	10	1,200	200	1,000	10
3511	松本	あんぱん	135	4	540	0	540	5
≀	≀	≀	≀	≀	≀	≀	≀	≀

(第2図)

処理条件

1．会員番号，会員名，獲得済みポイント数は，それぞれ配列 Hban，Hnamae，Hpt にあらかじめ記憶されており，添字で対応している。なお，登録されている会員は 100 人である。

配列

	(0)	(1)	～	(99)	(100)
Hban	1011	1021	～	5409	9999
Hnamae	青木	鈴木	～	山田	ゲスト
Hpt	30	850	～	90	0

2．商品コード，商品名，単価は，それぞれ配列 Hcod，Hmei，Htan にあらかじめ記憶されており，添字で対応している。なお，商品数は 50 品目である。

配列

	(0)	(1)	～	(48)	(49)
Hcod	P101	P231	～	D211	D581
Hmei	カレーパン	食パン	～	牛乳	オレンジ
Htan	120	190	～	80	130

3．データを読むたびに，次の処理を行う。

・ 会員番号をもとに配列 Hban を探索する。会員番号が見つからない場合は，ゲストとする。

・ 商品コードをもとに配列 Hcod を探索する。

・ 数量と単価より金額を求め，使用ポイントを金額からマイナスしたものを請求額とする。ただし，使用できるポイント数は獲得済みポイント数までとする。また，獲得済みポイント数を減少させる。

・ 請求額の 1％を獲得ポイント(小数点以下切り捨て)とし，獲得済みポイント数を増加させる。なお，ゲストの獲得ポイントは 0 とする。

4．上記 3 以外で，入力データにエラーはないものとする。

<流れ図>

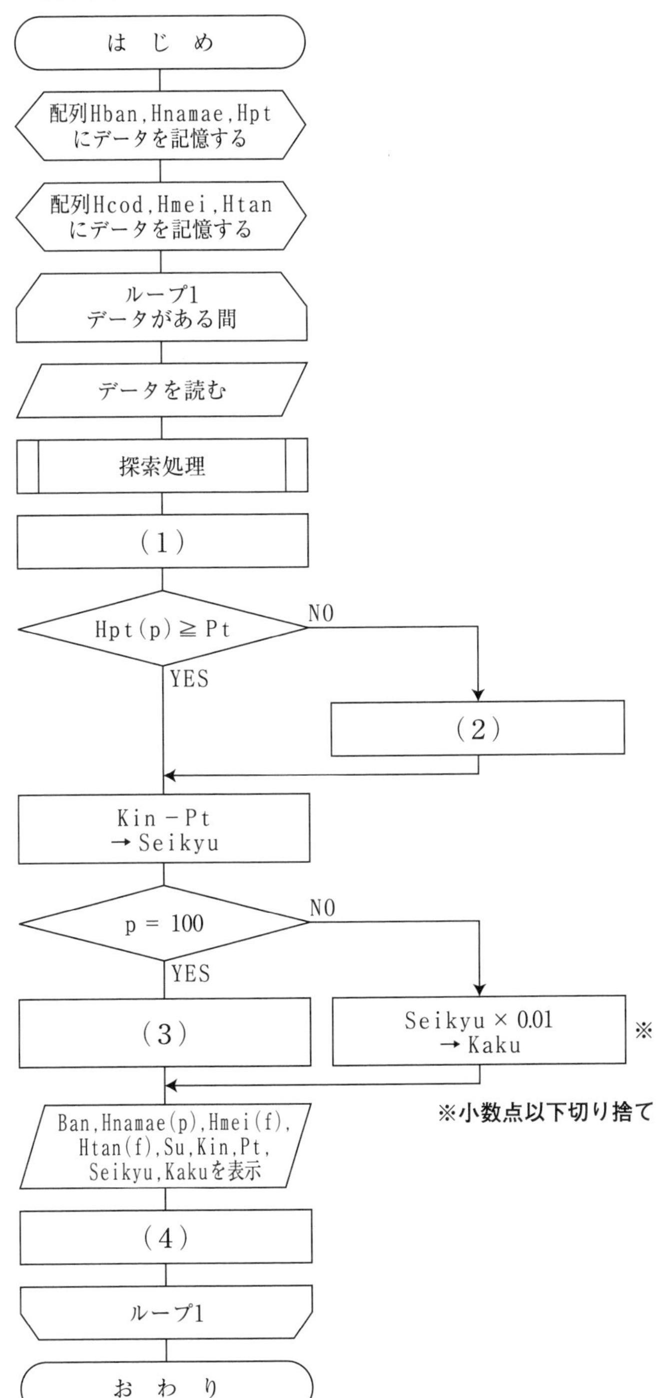

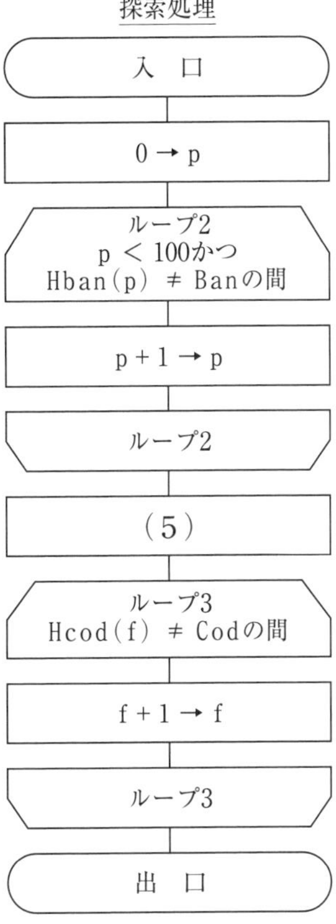

解答群

ア. 0 → Pt
イ. 0 → f
ウ. Hpt(p) ＋ Kaku − Pt → Hpt(p)
エ. Hpt(p) ＋ Kaku → Hpt(p)
オ. Su × Htan(f) → Kin
カ. Hpt(p) → Pt
キ. Su × Htan(p) → Kin
ク. Hpt(p) − Pt → Hpt(p)
ケ. 0 → Kaku
コ. Kin × 0.01 → Kaku

(1)	(2)	(3)	(4)	(5)

【7】 流れ図の説明を読んで，流れ図の(1)～(5)にあてはまる答えを解答群から選び，記号で答えなさい。

<流れ図の説明>

処理内容

ある喫茶店のプレゼントキャンペーンにおける応募者データを読み，応募者年齢層別割合一覧表を表示する。

入力データ

通番 (Ban)	年齢 (Nen)	応募者情報 (Jouhou)
××××	×××	×××××××××××××

(第1図)

実行結果

(応募者年齢層別割合一覧表)		
(年齢層)	(人数)	(割合)
0 ～ 15	14	3.2(%)
16 ～ 22	16	3.6(%)
≀	≀	≀
76 ～ 120	102	23.2(%)
(年齢の範囲)	6 ～ 93	

(第2図)

処理条件

1．第1図のデータを読み，年齢層，人数，割合を第2図のように表示する。

2．配列Souには各年齢層の上限値が記憶されている。入力データにはエラーはないものとし，年齢は120歳を超えることはないものとする。年齢をもとに配列Souを探索し，各年齢層別の人数を配列Keiに集計する。なお，各配列の添字は対応しており，Kei(7)は合計人数の集計用に利用する。

配列

Sou	(0)	(1)	(2)	(3)	(4)	(5)	(6)	
	15	22	35	50	65	75	120	
Kei	(0)	(1)	(2)	(3)	(4)	(5)	(6)	(7)
	(0～15歳の人数)	(16～22歳の人数)	(23～35歳の人数)	(36～50歳の人数)	(51～65歳の人数)	(66～75歳の人数)	(76～120歳の人数)	(合計人数)

3．入力データが終了したら，各年齢層の下限値と上限値，人数，全体に占める割合を表示する。最後に入力データ中，最も低い年齢と最も高い年齢を年齢の範囲に表示して処理を終了する。なお，割合は次の計算式で求める。

割合 ＝ 人数 × 100 ÷ 合計人数 (小数第2位以下四捨五入)

解答群

ア．Shou → Nen	**イ**．Nen
ウ．Sou(s) - 1	**エ**．Sou(p) < Nen
オ．Sou(p) ≠ Nen	**カ**．Sou(p) > Nen
キ．Kei(r)	**ク**．Wari
ケ．Shou	**コ**．Kei(s)
サ．Nen → Shou	**シ**．Dai
ス．Sou(s) + 1	**セ**．Sou(p) ≦ Nen
ソ．Sou(s)	

<流れ図>

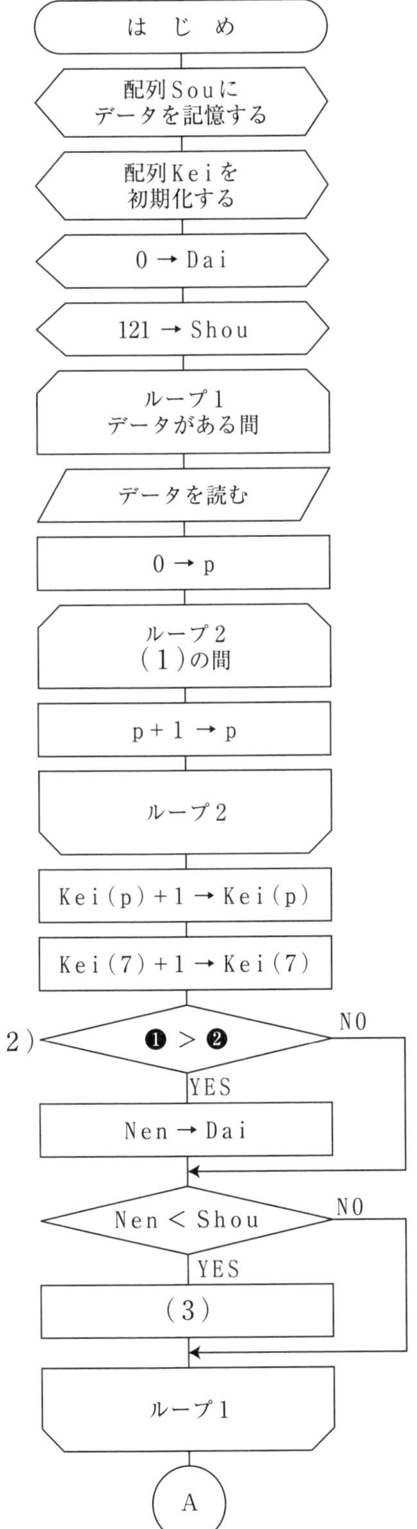

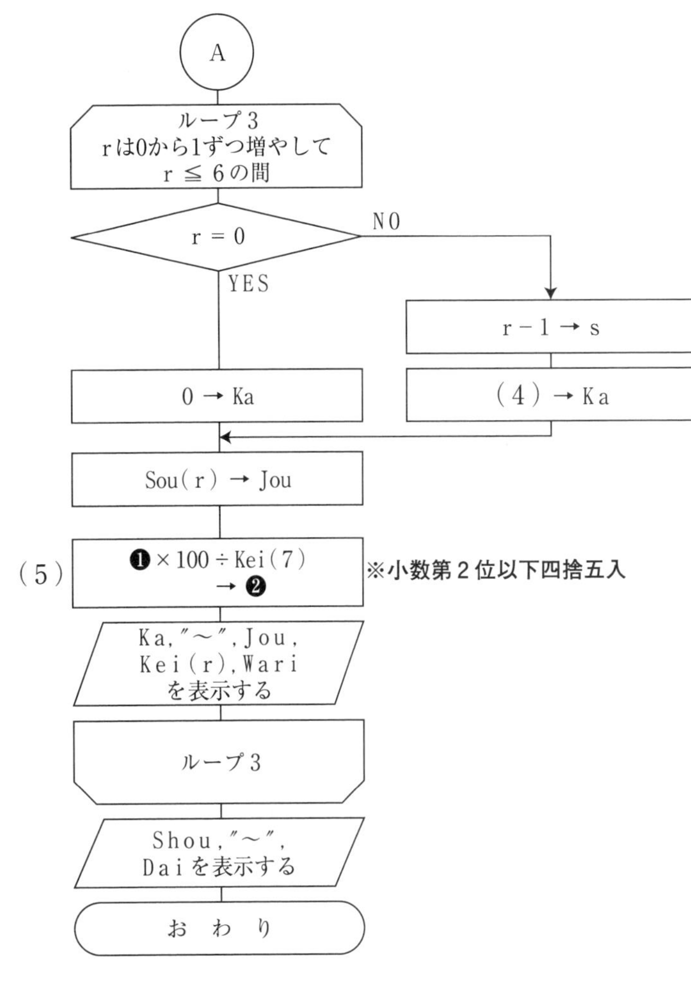

(1)	(2)		(3)	(4)	(5)	
	❶	❷			❶	❷

主催 公益財団法人 全国商業高等学校協会

情報処理検定模擬試験問題 第2級 (第2回)

制限時間50分

【1】 次の説明文に最も適した答えを解答群から選び，記号で答えなさい。

1. 運転費用とも呼ばれる，設備やシステムを運用するためにかかる日頃の費用のこと。
2. データの容量を，一定の手順により小さくすること。
3. 日本の産業製品に関する規格などが定められた国家規格のこと。
4. 試験の点数の 0 ～ 100 点など，データが決められた範囲に収まっているかを確かめること。
5. 文字コードのみで構成された，OS やコンピュータの機種に依存しないファイルのこと。

解答群

ア. トータルチェック	**イ**. 解凍	**ウ**. テキストファイル
エ. JIS	**オ**. 圧縮	**カ**. ランニングコスト
キ. リミットチェック	**ク**. バイナリファイル	**ケ**. ZIP
コ. イニシャルコスト		

1		2		3		4		5	

【2】 次のA群の語句に最も関係の深い説明文をB群から選び，記号で答えなさい。

<A群> 1. 磁気ヘッド 2. ファイアウォール 3. 機械語 4. 知的財産権 5. SSID

<B群>

ア. コンピュータが直接理解し実行できる 2 進数の言語。
イ. マルウェアや不正アクセスなど，外部からの侵入を防ぐためのプログラムやコンピュータのこと。
ウ. ファイル名の末尾につける文字列のこと。
エ. パスワード入力などのキーボード操作を記憶するソフトウェア。
オ. 磁気ディスク装置において，データを読み書きするための部分を移動させる部品。
カ. 自分の姿や顔を，無断で他人に公開されない権利。
キ. 国際標準化機構の，アルファベットでの略称のこと。
ク. 無線 LAN のアクセスポイントに付ける識別番号。
ケ. 創作物や工業製品など人間の知的生産物を守る権利の総称。
コ. 磁気ディスク装置において，データを読み書きするための部分。

1		2		3		4		5	

【3】 次の説明文に最も適した答えをア，イ，ウから選び，記号で答えなさい。

1．2進数の11000と2進数の101の差を表す2進数。

ア．11101　　**イ**．10011　　**ウ**．1111000

2．プログラム上のどこからでも使用できる変数。

ア．グローバル変数　　**イ**．言語プロセッサ　　**ウ**．ローカル変数

3．パスワード認証と指紋認証など，複数の要素を組み合わせた認証のこと。

ア．多要素認証　　**イ**．多段階認証　　**ウ**．シングルサインオン

4．写真の圧縮に適している，画質は少し低下するが圧縮率が高いファイル形式。

ア．MPEG　　**イ**．JPEG　　**ウ**．MP3

5．突然の停電時に短時間の電力供給を行う，無停電電源装置のこと。

ア．ISO　　**イ**．PDF　　**ウ**．UPS

1		2		3		4		5	

【4】 プログラムにしたがって処理するとき，(1)～(5)を答えなさい。なお，入力するaの値，bの値は正の整数とする。

(1) aの値が144，bの値が180のとき，㋐の処理を3回目に実行したあとのBmの値を答えなさい。
(2) aの値が144，bの値が180のとき，㋒で出力されるAnsの値を答えなさい。
(3) aの値が90，bの値が225のとき，㋑の処理を何回実行するか答えなさい。
(4) aの値が90，bの値が225のとき，㋒で出力されるAns2の値を答えなさい。
(5) プログラムの処理について説明した文のうち，正しいものはどれか。**ア**，**イ**，**ウ**の中から選び，記号で答えなさい。

ア．出力されるAnsはaとbの初期値の最小公倍数である。
イ．出力されるAnsはaとbの初期値の最大公約数である。
ウ．出力されるAnsは必ず偶数である。

<プログラム>

```
Sub ProgramM2()
    Dim a As Long
    Dim b As Long
    Dim Ans As Long
    Dim i As Long
    Dim Ad As Long
    Dim Am As Long
    Dim Bd As Long
    Dim Bm As Long
    Dim Ans2 As Long
    a = Val(InputBox(""))
    b = Val(InputBox(""))
    Ans = 1
    i = 2
    Do While a >= i And b >= i
        Ad = Int(a / i)
        Am = a - Ad * i
        Bd = Int(b / i)
        Bm = b - Bd * i    ㋐
        If Am = 0 And Bm = 0 Then
            Ans = Ans * i
            a = Ad
            b = Bd
        Else
            i = i + 1    ㋑
        End If
    Loop
    Ans2 = Ans * a * b
    MsgBox (Ans & "," & Ans2)    ㋒
End Sub
```

(1)	(2)	(3)	(4)	(5)
		回		

【5】 流れ図の説明を読んで，流れ図の(1)～(5)にあてはまる答えを解答群から選び，記号で答えなさい。

<流れ図の説明>

処理内容

入力データを読み，一番速いタイム(1位)の選手番号と，次に速いタイム(2位)の選手番号を表示する。

入力データ

選手番号 (Sban)	タイム (Stime)
××××	××．×

(第1図)

実行結果

(選手番号)	(タイム)
2703	16.3
8003	12.6
≀	≀
4791	14.1
(1位の選手番号)	
7381	
(2位の選手番号)	
8003	

(第2図)

処理条件

1．同じタイムが読まれた場合は，先に読まれた選手を上位とする。
2．入力データが終了したら，1位と2位の選手番号を表示して処理を終了する。
3．データにエラーはないものとする。

<流れ図>

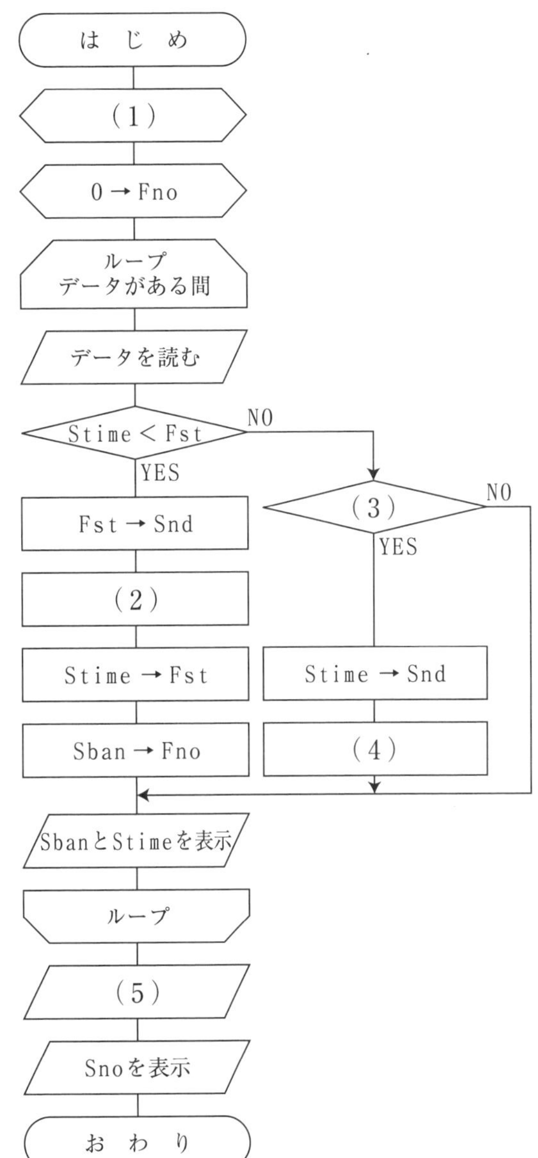

解答群

ア．Stime ＜ Snd
イ．Fno を表示
ウ．Snd → Fst
エ．Stime ≦ Snd
オ．Sban → Sno
カ．99.9 → Fst
キ．0 → Fst
ク．Fno → Sno
ケ．Sno → Fno
コ．Fst を表示

(1)	(2)	(3)	(4)	(5)

第2回模擬

【6】 流れ図の説明を読んで，流れ図の(1)～(5)にあてはまる答えを解答群から選び，記号で答えなさい。

＜流れ図の説明＞

処理内容

一か月分の株価データを読み，株価一覧表をディスプレイに表示する。

入力データ

日 (Ni)	時間 (Ji)	株価 (Ka)
××	××	××××××

(第１図)

実行結果

```
            (株価一覧表)
  (日)  (高値)  (安値)
    1   10,300   9,978
    3    9,900   9,730
    ≀      ≀       ≀
   30   15,310  15,180

(最高値)  21日  19,900
(最安値)   6日   9,431
```

(第２図)

処理条件

1．第１図の入力データを読み，日ごとの高値は配列 Taka に，安値は配列 Yasu に求める。なお，第１図の日と Taka と Yasu の添字は対応している。また，同じ日の高値と安値が複数ある場合は，後から入力した株価とする。

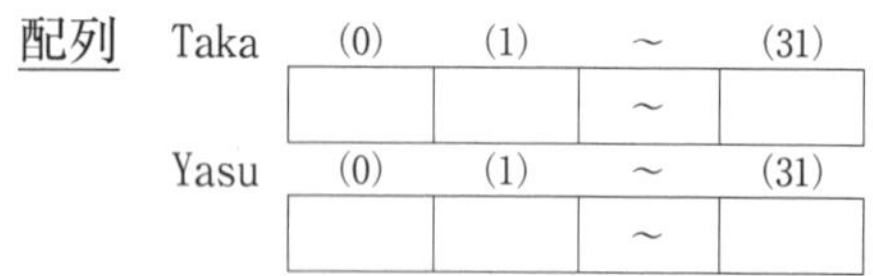

2．データが終了したら，次の処理を行う。
- 株価が入力された日だけ，第２図のように表示する。
- 一か月の中で最高値と最安値を求める。なお，最高値と最安値が複数ある場合は，先の日付とする。
- 最後に最高値の日にちと最高値，最安値の日にちと最安値を表示して処理を終える。

3．データにエラーはないものとする。

解答群

ア．Taka(Ni) ≦ Ka
イ．a は 1
ウ．Ka → Yasu(Ni)
エ．Taka(b) = 0
オ．Yasu(b) ≦ Yasu(0)
カ．a は 0
キ．Taka(Ni) < Ka
ク．Taka(b) > 0
ケ．Yasu(b) < Yasu(0)
コ．Ka → Yasu(a)

<流れ図>

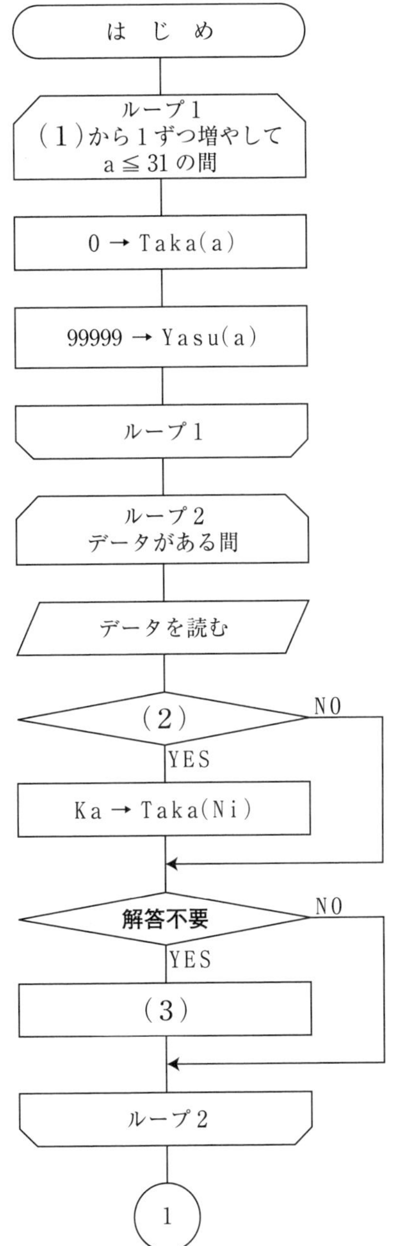
はじめ
ループ1
(1)から1ずつ増やして
a ≦ 31 の間
0 → Taka(a)
99999 → Yasu(a)
ループ1
ループ2
データがある間
データを読む
(2)
NO
YES
Ka → Taka(Ni)
解答不要
NO
YES
(3)
ループ2
1

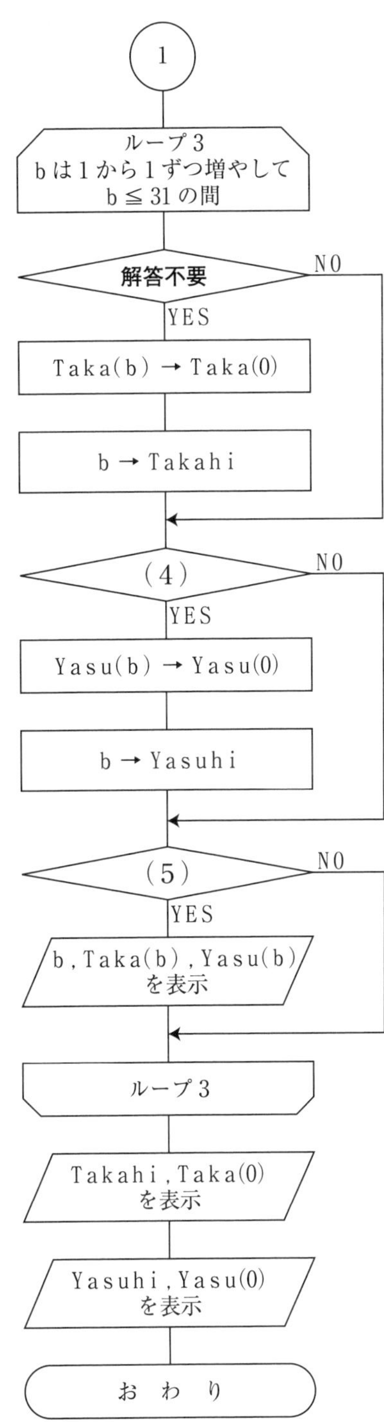
1
ループ3
bは1から1ずつ増やして
b ≦ 31 の間
解答不要
NO
YES
Taka(b) → Taka(0)
b → Takahi
(4)
NO
YES
Yasu(b) → Yasu(0)
b → Yasuhi
(5)
NO
YES
b,Taka(b),Yasu(b)
を表示
ループ3
Takahi,Taka(0)
を表示
Yasuhi,Yasu(0)
を表示
おわり

(1)	(2)	(3)	(4)	(5)

【7】 流れ図の説明を読んで，流れ図の(1)～(5)にあてはまる答えを解答群から選び，記号で答えなさい。

<流れ図の説明>

処理内容

ある企業の製品開発課における産業財産権等申請データを読み，産業財産権等申請一覧表を表示する。

入力データ

申請年月日 (Shi)	社員番号 (Sban)	権利種類 (Kshu)
××××××	××××	××

(第1図)

実行結果

	(産業財産権等申請一覧表)		
(申請年月日)	(社員番号)	(権利名)	(次回確認日)
220406	2238	実用新案権	320406
220419	2220	意匠権	470419
≀	≀	≀	≀
230227	2239	特許権	430227
	(権利名)	(申請件数)	
	特許権	16	
	実用新案権	55	
	意匠権	79	
	商標権	23	
	その他	22	
	(申請件数合計)	195	

(第2図)

処理条件

1．第1図のデータを読み，権利種類が その他 以外の申請年月日，社員番号，権利名，次回確認日を第2図のように表示する。なお，申請年月日および次回確認日は，次の例のように構成されている。

例 220406 → 22 04 06
年 月 日

2．配列 Bango には権利種類，配列 Mei には権利名，配列 Kaku には社内における次回確認までの期間が記憶されている。なお，Bango，Mei，Kaku の添字は対応している。

配列

	(0)	(1)	(2)	(3)	(4)
Bango	21	22	23	24	31
Mei	特許権	実用新案権	意匠権	商標権	その他
Kaku	200000	100000	250000	100000	

3．権利種類をもとに配列 Bango を探索し，各権利別の申請件数，申請件数合計は配列 Kei に集計する。産業財産権以外の権利は その他 として集計する。なお，配列 Bango，Mei，Kaku とは添字で対応している。

配列

	(0)	(1)	(2)	(3)	(4)	(5)
Kei						

4．「その他」以外の権利種類については，次回確認日を次の計算式で求める。

次回確認日 ＝ 申請年月日 ＋ 次回確認までの期間

5．入力データが終了したら権利名と申請件数を表示する。最後に申請件数合計を表示する。

6．データにエラーはないものとする。

<流れ図>

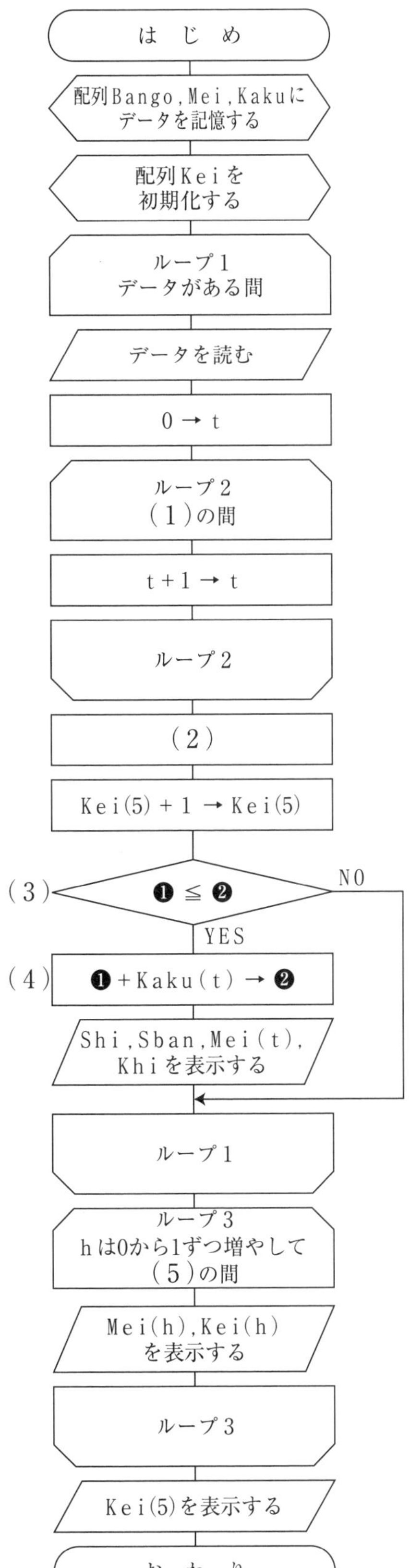

解答群

- ア．Bango(t) ≠ Sban
- イ．Khi
- ウ．h
- エ．t
- オ．Kei(h) + 1 → Kei(h)
- カ．Shi
- キ．Sban
- ク．Kei(t) + 1 → Kei(t)
- ケ．4
- コ．h ≦ 4
- サ．3
- シ．5
- ス．h ≦ 5
- セ．Bango(Kshu) ≠ Kshu
- ソ．Bango(t) ≠ Kshu

(1)	(2)	(3) ❶	(3) ❷	(4) ❶	(4) ❷	(5)

主催 公益財団法人 全国商業高等学校協会

情報処理検定模擬試験問題 第2級（第3回）

制限時間50分

【1】 次の説明文に最も適した答えを解答群から選び，記号で答えなさい。

1．ケーブルを用いずにデータの送受信を行うネットワーク。
2．フォルダやファイルにアクセスしたときに，操作できる範囲を定めたもの。
3．盗聴を防止するために，データを第三者が解読できないように変換すること。
4．フルカラーの静止画を劣化せずに圧縮できるファイル形式。
5．オブジェクト指向で，特定のOSや環境に依存しないことが特徴のプログラム言語。

解答群

ア．PNG	**イ**．無線LAN	**ウ**．アクセス許可
エ．BMP	**オ**．C言語	**カ**．暗号化
キ．Java	**ク**．有線LAN	**ケ**．Unicode
コ．圧縮		

1		2		3		4		5	

【2】 次のA群の語句に最も関係の深い説明文をB群から選び，記号で答えなさい。

＜A群＞ 1．コンパイル　2．フリーウェア　3．デジタル回線　4．復号　5．OMR

＜B群＞

ア．作成したプログラムが正しく動作するか，試験用のデータで実行して確かめること。
イ．無料で試用できる期間が過ぎたら，代金を支払い継続利用できるソフトウェア。
ウ．データの送受信を0と1の2種類の信号で行う通信回線。
エ．手書きされた文字を光学的に読み取る装置。
オ．プログラミングされたソースコードを，機械語に変換すること。
カ．暗号化したデータを，平文と呼ばれる元のデータに戻すこと。
キ．用紙上の所定の位置が塗りつぶされたマークを光学的に読み取る装置。
ク．圧縮したファイルを，元の容量のデータに戻すこと。
ケ．無料でダウンロードし使用することができるが，著作権は放棄されていないソフトウェア。
コ．データの送受信を公衆電話回線などの連続的な信号で行う通信回線。

1		2		3		4		5	

【3】 次の説明文に最も適した答えをア，イ，ウから選び，記号で答えなさい。

1．2進数の10001と2進数の100の積を表す2進数。

ア．10101　　**イ**．1101　　**ウ**．1000100

2．数値で入力すべきデータ項目に，数値以外が入力されていないかをチェックすること。

ア．リミットチェック　　**イ**．シーケンスチェック　　**ウ**．ニューメリックチェック

3．絵画や音楽，プログラムを制作した時点で認められる，著作物に関する権利。

ア．肖像権　　**イ**．著作権　　**ウ**．産業財産権

4．コンピュータの機種や環境に依存せず閲覧できる電子文書のファイル形式。

ア．PDF　　**イ**．CSV　　**ウ**．OSS

5．解像度1,500×1,200ピクセル，1ピクセルあたり24ビットの色情報を持つ画像5枚分の記憶容量。ただし，1MB＝1,000,000Bとする。

ア．5.4MB　　**イ**．9.0MB　　**ウ**．27.0MB

1		2		3		4		5	

【4】 プログラムにしたがって処理するとき，(1)～(5) を答えなさい。なお，入力する a と n の値は正の整数とする。

(1) 入力される a の値が 3，n の値が 5 のとき，最初に㋐を実行したあとの s の値はいくつか答えなさい。
(2) 入力される a の値が 3，n の値が 5 のとき，㋐を何回実行するか答えなさい。
(3) 入力される a の値が 3，n の値が 5 のとき，㋑で出力される s の値はいくつか答えなさい。
(4) 入力される a の値が 3，n の値が 5 のとき，㋑で出力される c の値はいくつか答えなさい。
(5) プログラムの処理について説明した文のうち，正しいものはどれか。**ア**，**イ**，**ウ**の中から選び，記号で答えなさい。

ア．㋑で出力される s の値は，a を n 乗した値である。
イ．㋑で出力される s の値は，必ず奇数である。
ウ．㋑で出力される c の値は，必ず奇数である。

<プログラム>

```
Sub ProgramM3()
    Dim c As Long
    Dim s As Long
    Dim a As Long
    Dim n As Long
    Dim m As Long
    Dim f As Long
    c = 0
    s = 1
    a = Val(InputBox(""))
    n = Val(InputBox(""))
    Do While Not n = 0
        m = Int(n / 2)
        f = n - m * 2
        If f = 1 Then
            s = s * a     ㋐
        End If
        a = a * a
        n = m
        c = c + 1
    Loop
    MsgBox (s & "," & c)     ㋑
End Sub
```

(1)	(2)	(3)	(4)	(5)
	回			

【5】 **流れ図の説明を読んで，流れ図の(1)～(5)にあてはまる答えを解答群から選び，記号で答えなさい。**

<流れ図の説明>

処理内容

競技会の記録を読み，大会結果一覧をディスプレイに表示する。

入力データ

競技番号 (Ban)	筆記点 (Hten)	実技点 (Jten)
××××	×××	×××

(第1図)

実行結果

(大会結果一覧)				
(競技番号)	(筆記点)	(実技点)	(合計点)	(備考)
1001	78	56	134	
1003	91	70	161	＊
≀	≀	≀	≀	≀
1417	45	36	81	
(合計点最大)	1010		190	
(合計点最小)	1050		56	

(第2図)

処理条件

1. 第1図のデータを読み，筆記点と実技点を加算し，合計点を求める。なお，筆記点と実技点はそれぞれ100点満点である。
2. 合計点が150以上のときは，備考欄に「＊」を表示させる。
3. 入力データが終了したら，合計点が最大の競技番号と最大値，合計点が最小の競技番号と最小値を表示して，処理を終える。ただし，合計点の最大，合計点の最小が複数存在する場合は，後から入力されたものを表示する。
4. データにエラーはないものとする。

<流れ図>

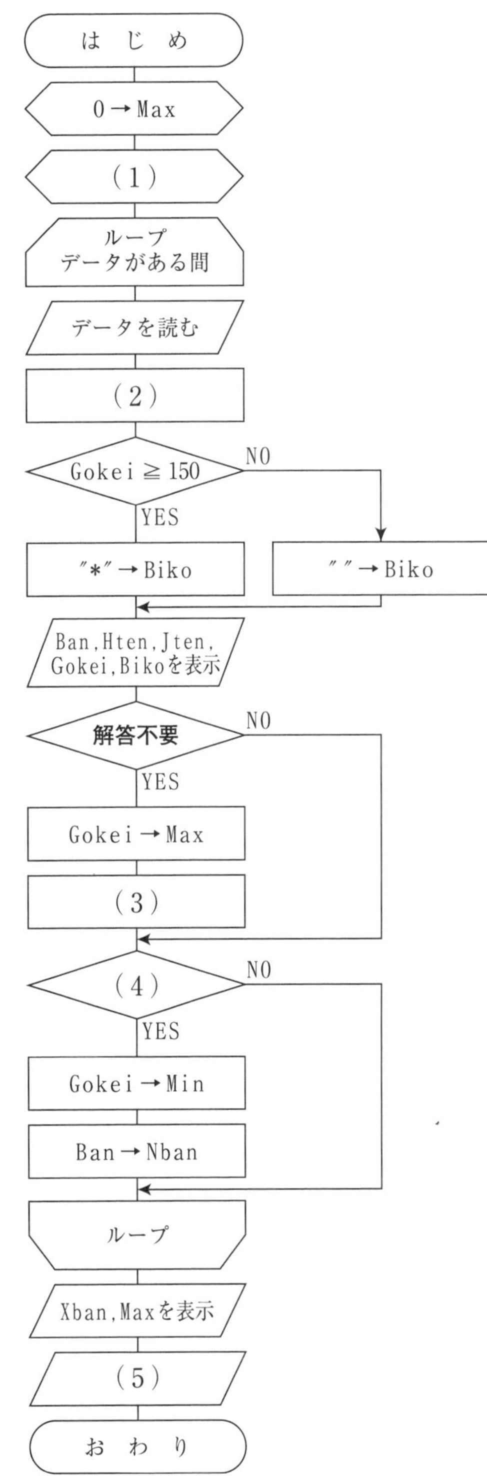

解答群

ア. Nban, Min を表示
イ. Ban → Biko
ウ. 999 → Min
エ. Min ≧ Gokei
オ. Max ＋ Min → Gokei
カ. 100 → Min
キ. Ban, Min を表示
ク. Min ＞ Gokei
ケ. Ban → Xban
コ. Hten ＋ Jten → Gokei

(1)	(2)	(3)	(4)	(5)

【6】 流れ図の説明を読んで，流れ図の(1)～(5)にあてはまる答えを解答群から選び，記号で答えなさい。

<流れ図の説明>

処理内容

　ある会社の食費に関する社内アンケートデータを読み，食費分布ごとの人数を集計し，全社員数に対する比率を求め，表示する。

入力データ

社員番号 (Sban)	1か月の食費 (Kin)
×××	××××××

(第1図)

実行結果

(1か月の食費分布)	(人数)	(比率)
(2万円未満)	×××	××
(2万円～4万円未満)	×××	××
(4万円～6万円未満)	×××	××
(6万円～8万円未満)	×××	××
(8万円～10万円未満)	×××	××
(10万円以上)	×××	××
(1か月の食費平均)	×××，×××	

(第2図)

処理条件

1. 1か月の食費について，第2図のように2万円きざみで6段階に分けて人数を集計し，全社員数に対する比率を求める。
2. 人数集計用には配列Ninを使用する。

配列

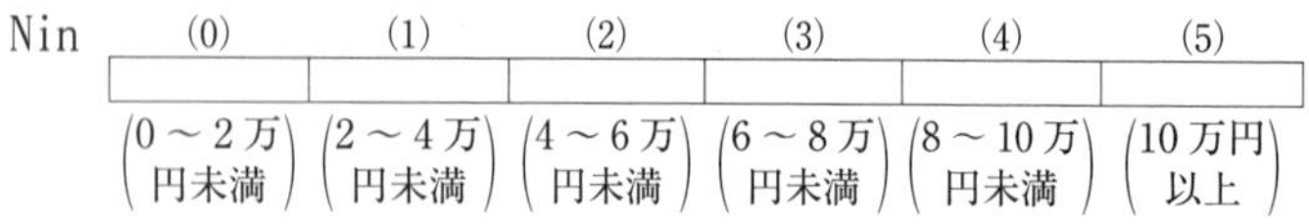

Nin	(0)	(1)	(2)	(3)	(4)	(5)
	(0～2万円未満)	(2～4万円未満)	(4～6万円未満)	(6～8万円未満)	(8～10万円未満)	(10万円以上)

3. 比率は次の計算式で求める。ただし，小数点以下は切り捨てる。

比率(%) ＝ 人数 × 100 ÷ 全社員数

4. 最後に1か月の食費の平均を求め，表示する。
5. データにエラーはないものとする。

解答群

ア. i ＋ 1 → i
イ. Nin(i) ＋ 1 → Nin(i)
ウ. 0 → Kinkei
エ. Nin(i) ＋ Syainsu → Nin(i)
オ. 5 → i
カ. Syainsu ＋ 1 → Syainsu
キ. Nin(j) × 100 ÷ Syainsu → Ritsu
ク. Nin(i) × 100 ÷ Syainsu → Ritsu
ケ. 0 → i
コ. 0 → Heikin

<流れ図>

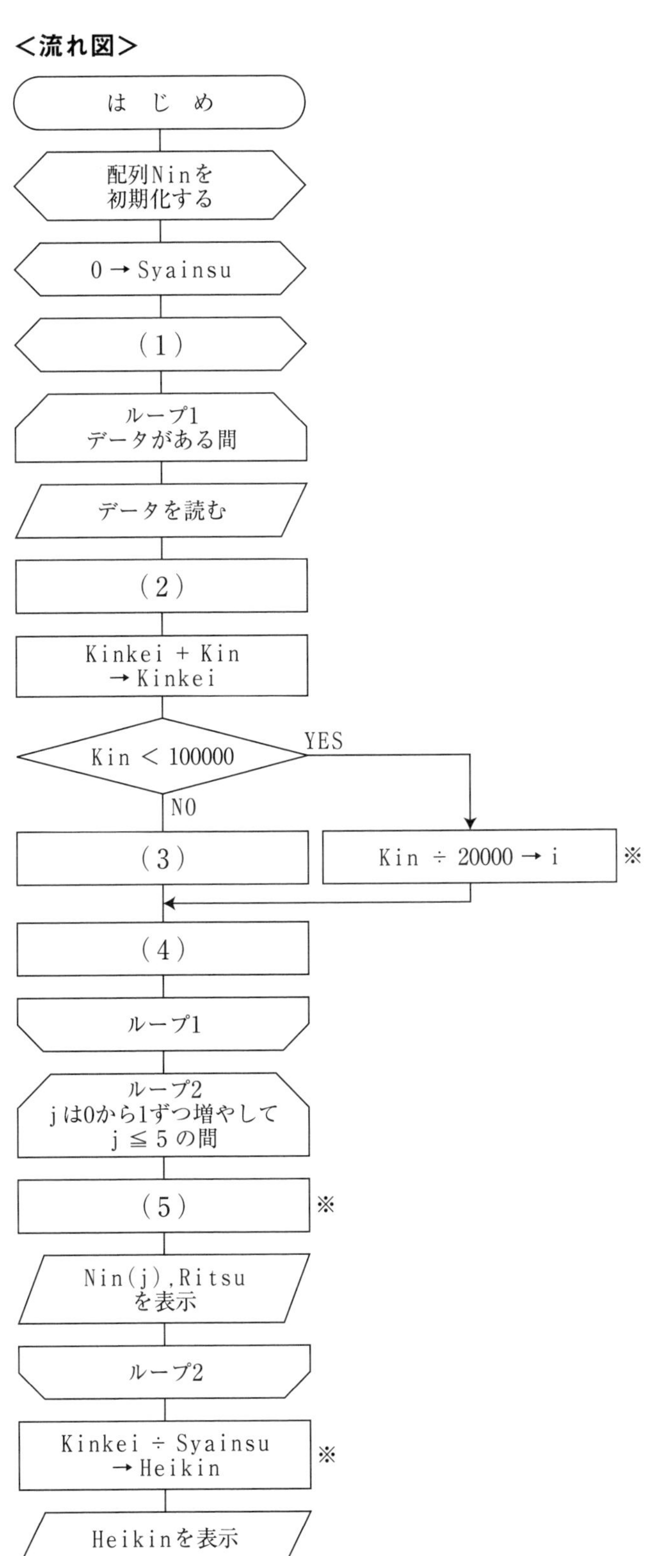
はじめ
配列Ninを初期化する
0 → Syainsu
(1)
ループ1 データがある間
データを読む
(2)
Kinkei + Kin → Kinkei
Kin < 100000
YES
NO
(3)
Kin ÷ 20000 → i
※
(4)
ループ1
ループ2 jは0から1ずつ増やして j ≦ 5 の間
(5)
※
Nin(j),Ritsu を表示
ループ2
Kinkei ÷ Syainsu → Heikin
※
Heikinを表示
おわり

※小数点以下切り捨て

(1)	(2)	(3)	(4)	(5)

【7】 流れ図の説明を読んで，流れ図の(1)～(5)にあてはまる答えを解答群から選び，記号で答えなさい。

<流れ図の説明>

処理内容

ある弁当屋の本日売上データを読み，種類別弁当売上金額一覧表を表示する。

入力データ

時分 (Jikan)	弁当コード (Bc)	売上数 (Su)
××××	××	××

(第1図)

実行結果

(種類別弁当売上金額一覧表)			
(弁当コード)	(弁当名)	(売上金額)	(割合)
11	日替わり弁当	47,500	19.6(%)
21	特盛弁当	33,600	13.9(%)
≀	≀	≀	≀
43	さけ弁当	9,600	4.0(%)
	(合計)	241,900	
(日替わり弁当以外の人気弁当)		国産野菜炒め弁当	

(第2図)

処理条件

1．第1図のデータを読み，売上を集計してから第2図のように表示する。

2．弁当コードと弁当名および単価は，全部で20種類あり，配列Code，Mei，Tanに記憶されており，各配列は添字で対応している。

配列

Code

(0)	(1)	～	(19)
11	21	～	43

Mei

(0)	(1)	～	(19)
日替わり弁当	特盛弁当	～	さけ弁当

Tan

(0)	(1)	～	(19)
500	700	～	600

3．弁当コードをもとに配列Codeを探索し，各弁当の売上金額を配列Uriで集計する。配列Uriは配列Code，Mei，Tanと添字で対応している。なお，添字20番目は売上金額合計を求める。

配列

Uri

(0)	(1)	～	(19)	(20)
		～		
				(合計)

4．入力データが終了したら，割合を求め，各弁当の明細として表示する。なお，割合は次の計算式で求める。

割合 ＝ 各弁当の売上金額 × 100 ÷ 売上金額合計（小数第2位以下四捨五入）

5．最後に，合計 と 日替わり弁当以外の人気弁当 を表示し，処理を終了する。ただし，人気弁当は売上金額が最も多い弁当とし，同じ売上金額の弁当があれば，後のデータを優先するものとする。

6．データにエラーはないものとする。

解答群

ア．0	**イ**．0 → u
ウ．Uri(u)	**エ**．≧
オ．Uri(t)	**カ**．t
キ．＞	**ク**．Code(t) → MaxMei
ケ．1 → u	**コ**．Uri(20)
サ．Mei(t) → MaxMei	**シ**．Uri(20) + Tan(u) × Su → Uri(20)
ス．Uri(0) + Tan(u) × Su → Uri(0)	**セ**．u
ソ．Uri(20) + Tan(20) × Su → Uri(20)	

<流れ図>

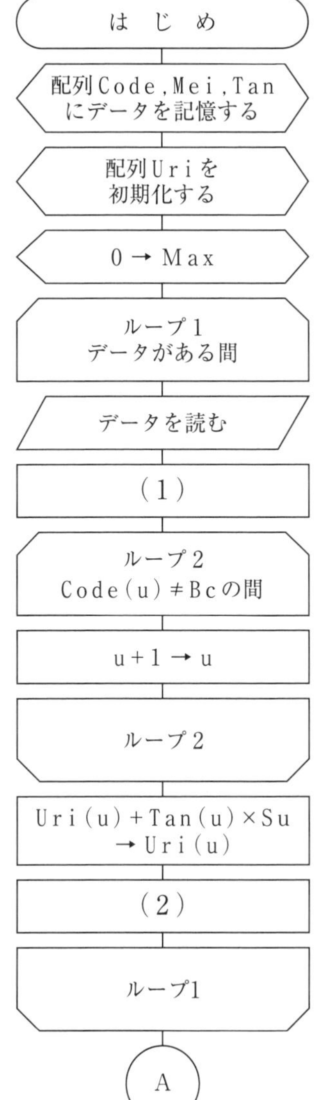

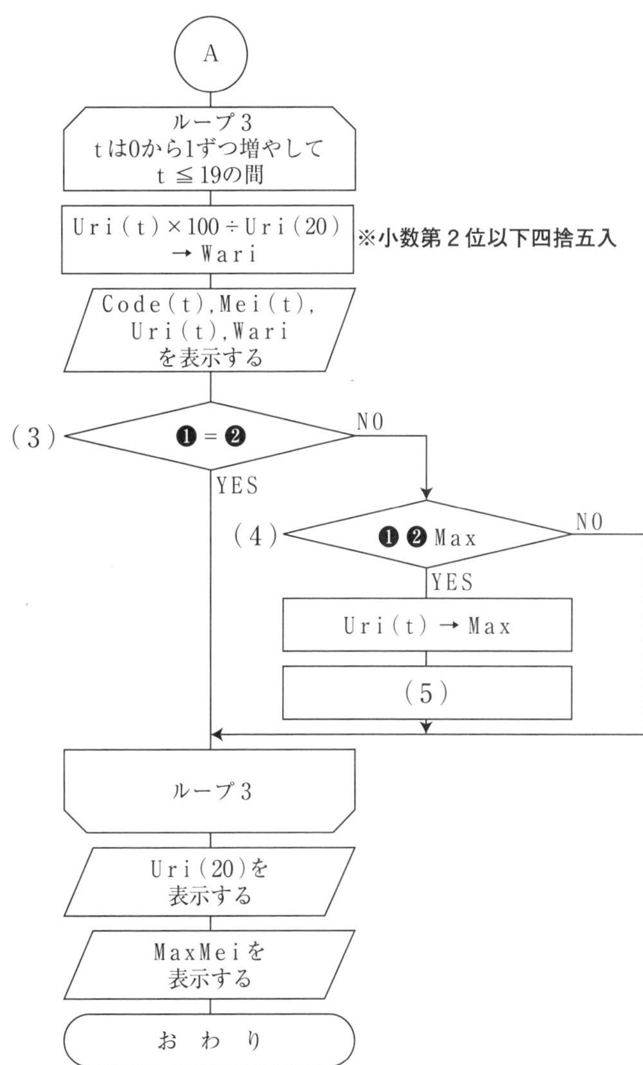

(1)	(2)	(3)		(4)		(5)
		❶	❷	❶	❷	

主催 公益財団法人 全国商業高等学校協会

情報処理検定模擬試験問題 第2級（第4回）

制限時間50分

【1】 次の説明文に最も適した答えを解答群から選び，記号で答えなさい。

1．ハードディスク装置において，磁気ヘッドを所定の位置に移動させるための部品。
2．試験用のデータで，開発したソフトウェアを実行すること。
3．プログラムの設計ミスなどにより発生する，ソフトウェアのセキュリティ上の欠陥のこと。
4．サービスを提供する側とサービスを受ける側に分かれているネットワークシステム。
5．JIS 規格により規定されている，日本語の文字コード。

解答群

ア．テストラン	**イ**．セキュリティホール	**ウ**．拡張子
エ．JIS コード	**オ**．デバッグ	**カ**．ピアツーピア
キ．アクセスアーム	**ク**．ASCII コード	**ケ**．ストリーミング
コ．クライアントサーバシステム		

1		2		3		4		5	

【2】 次のA群の語句に最も関係の深い説明文をB群から選び，記号で答えなさい。

＜A群＞ 1．LAN　2．ワイルドカード　3．プラグアンドプレイ　4．論理エラー　5．CSV

＜B群＞

ア．敷地内や組織内など，限られた範囲におけるネットワーク。
イ．任意の文字列の代わりに用いられる，* や ? などのこと。
ウ．許可されていないネットワークに侵入することを禁止した法律。
エ．文法上に誤りがあるため，プログラムが翻訳できないエラー。
オ．文法上の誤りはないが，プログラムが思い通りに実行できていないエラー。
カ．データを他の媒体や遠隔地に複製すること。
キ．データをカンマ区切りで記憶したテキストファイルの一種。
ク．アクセスポイントを特定するための文字列。
ケ．日本産業規格の略称。
コ．USB メモリやプリンタなどの周辺装置を接続する際，OS が自動で設定を行ってくれること。

1		2		3		4		5	

【3】 次の説明文に最も適した答えをア，イ，ウから選び，記号で答えなさい。

1．10 進数の 29 と 2 進数の 111 の和を表す 2 進数。

ア．100111　　**イ**．100100　　**ウ**．100101

2．企業や学校で同一のソフトウェアを大量に使用する際に，組織単位で使用契約を結ぶこと。

ア．グループウェア　　**イ**．シェアウェア　　**ウ**．サイトライセンス

3．機械語の命令と 1 対 1 で対応した言語を機械語に変換するためのプログラム。

ア．コンパイラ　　**イ**．インタプリタ　　**ウ**．アセンブラ

4．ケーブルを用いてネットワークを構築する方法。

ア．Wi-Fi　　**イ**．無線 LAN　　**ウ**．有線 LAN

5．米国の工業分野における標準化機関。

ア．ANSI　　**イ**．IEEE　　**ウ**．JIS

1		2		3		4		5	

【4】 プログラムにしたがって処理するとき，(1)～(5) を答えなさい。なお，入力する m の値は 1 以上 9 以下の整数とする。

(1) mの値が 3 のとき，㋐で最初に出力される s の値を答えなさい。
(2) mの値が 3 のとき，㋐の処理を何回実行するか答えなさい。
(3) mの値が 3 のとき，㋑で出力される Mx の値を答えなさい。
(4) mの値が 7 のとき，㋐で 2 回目に出力される n の値を答えなさい。
(5) プログラムの処理について説明した文のうち，正しいものはどれか。**ア**，**イ**，**ウ**の中から選び，記号で答えなさい。

ア．㋑の位置での m と n の和は 10 となる。
イ．㋑の位置での m と n の積は 100 となる。
ウ．㋑で出力される Mx の値は s の最小値である。

<プログラム>

```
Sub ProgramM4()
    Dim m As Long
    Dim Mx As Long
    Dim n As Long
    Dim s As Long
    m = Val(InputBox(""))
    Mx = 0
    n = 10 - m
    Do While n > 0
        s = m * n
        MsgBox (m & "," & n & "," & s)   ㋐
        If s > Mx Then
            Mx = s
        End If
        m = m + 1
        n = n - 1
    Loop
    MsgBox (Mx)   ㋑
End Sub
```

(1)	(2)	(3)	(4)	(5)
	回			

【5】 **流れ図の説明を読んで，流れ図の(1)〜(5)にあてはまる答えを解答群から選び，記号で答えなさい。**

<流れ図の説明>

処理内容

入力データを読み，個人参加の件数と，グループ参加の件数を求める。

入力データ

参加ＩＤ (Sid)	人数 (Nin)
××××	××

(第１図)

実行結果

(参加ＩＤ)	(料　金)	(備考)
5291	15,000	
6134	59,500	団
≀	≀	≀
2710	5,000	
(個人参加の件数)		
21		
(グループ参加の件数)		
8		

(第２図)

処理条件

1．１人あたりの料金は，個人参加の場合は5,000円，５人以上の場合はグループ参加として4,000円である。ただし，10人以上の場合は3,500円とし，備考に『団』と表示する。
2．データを読み，料金の計算を行い表示する。
3．データが終了したら，個人参加の件数と，グループ参加の件数を表示して処理を終了する。
4．データにエラーはないものとする。

<流れ図>

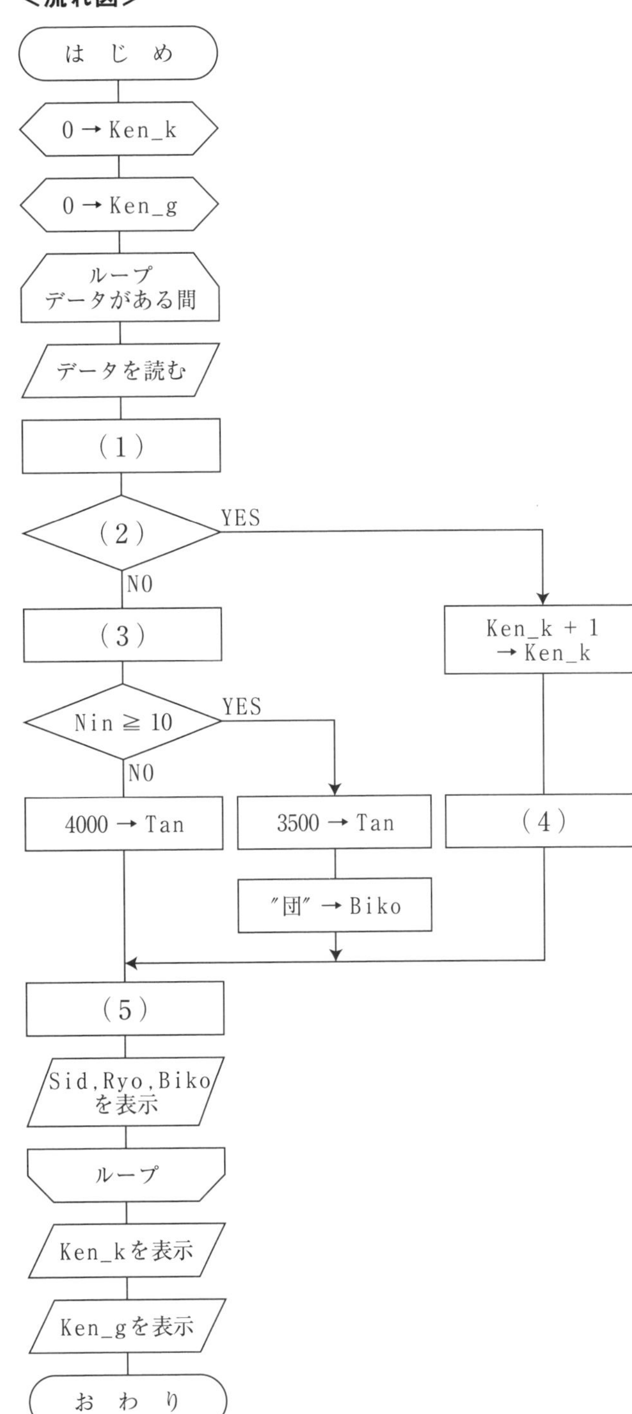

解答群

ア．Ken_g + 1 → Ken_g
イ．Ryo + 1 → Ryo
ウ．"" → Biko
エ．5000 → Ryo
オ．Tan × Nin → Ryo
カ．0 → Ryo
キ．Ken_g + Nin → Ken_g
ク．Nin < 5
ケ．5000 → Tan
コ．Nin ≧ 5

(1)	(2)	(3)	(4)	(5)

【6】 流れ図の説明を読んで，流れ図の(1)～(5)にあてはまる答えを解答群から選び，記号で答えなさい。

<流れ図の説明>

処理内容

入力データを読み，希望者数を集計し，割合を求め，表示する。

入力データ

生徒番号 (Sban)	進路希望コード (Sco)
××××	×××

(第1図)

実行結果

(進路希望)	(希望者数)	(割合)
事務職	85	31.3
技能職	23	8.5
≀	≀	≀
未　定	7	2.6
(総人数)		
272		
(進学希望率)		
42.3(%)		

(第2図)

処理条件

1．進路希望コードと進路希望は，次のとおりである。それぞれ進路希望コードの昇順で配列 Tco，Tna に記憶されており，添字で対応している。

(1)　就職希望		(2)　進学希望		(3)　その他	
101	事務職	201	大　学	301	自営業等
102	技能職	202	短　大	302	未　定
103	販売職	203	専門学校		
104	その他				

配列

2．入力データを読み，進路希望コード別に配列 Tsu へ希望者数の集計を行う。Tsu(9)には総人数を集計する。なお，配列 Tsu(0)～(8)は，Tco と添字で対応している。

配列

3．入力データが終了したら，進路希望コード順に進路希望，希望者数，割合を表示する。なお，割合は次の計算式で求める。

割合(%) ＝ 希望者数 × 100 ÷ 総人数（小数第2位以下四捨五入）

4．最後に，総人数，進学希望率を表示し，処理を終了する。なお，進学希望率は次の計算式で求める。

進学希望率(%) ＝ 進学希望者数 × 100 ÷ 総人数（小数第2位以下四捨五入）

5．データにエラーはないものとする。

<流れ図>

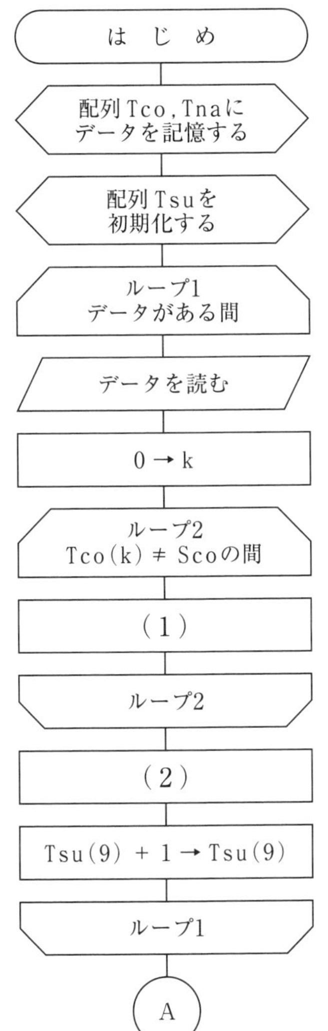

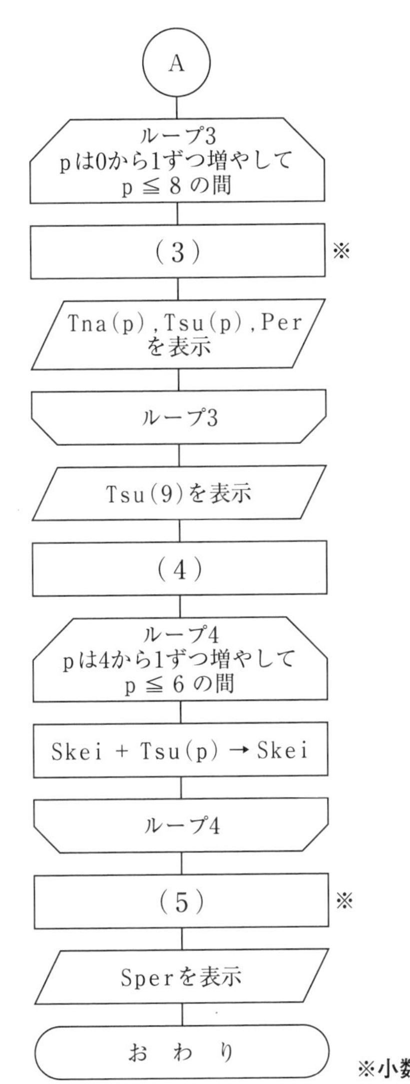

※小数第2位以下四捨五入

解答群

- **ア**. Tsu(p) + 1 → Tsu(p)
- **イ**. Skei × 100 ÷ Tsu(9) → Sper
- **ウ**. Tsu(p) × 100 ÷ Tsu(9) → Per
- **エ**. Tsu(k) + 1 → Tsu(k)
- **オ**. 1 → Skei
- **カ**. Tsu(k) × 100 ÷ Tsu(9) → Per
- **キ**. Tsu(k) + k → Tsu(k)
- **ク**. 0 → Skei
- **ケ**. k + 1 → k
- **コ**. Skei × 100 ÷ Tsu(p) → Sper

(1)	(2)	(3)	(4)	(5)

【7】 流れ図の説明を読んで，流れ図の(1)～(5)にあてはまる答えを解答群から選び，記号で答えなさい。

<流れ図の説明>

処理内容

飲食店リサーチ会社の1か月分の評価データを読み，店舗別評価一覧をディスプレイに表示する。

入力データ

店舗番号 (Tenpo)	評価点 (Hyoka)
×××	×

(第1図)

実行結果

(店舗別評価一覧)		
(店舗名)	(評価平均点)	
横山屋寿司	3.82	☆☆☆
うどん鈴木	4.31	☆☆☆☆
≀	≀	≀
Lemonade Momoji	3.91	☆☆☆
よねだコーヒー	4.12	☆☆☆☆
(全店舗評価平均点)	3.56	
(評価件数の合計)	23,204	

(第2図)

処理条件

1．第1図の店舗番号は100種類であり，評価点は1～5の5種類である。

2．配列TBanに店舗番号を，TMeiに店舗名を記憶する。なお，TBanとTMeiの添字は対応している。

配列

	(0)	(1)	(2)	～	(99)	(100)
TBan		K01	K02	～	D12	D13
TMei		横山屋寿司	うどん鈴木	～	Lemonade Momoji	よねだコーヒー

3．第1図のデータを読み，次の処理を行う。

・ 店舗番号をもとに配列TBanを探索し，配列HKeiに評価点を，HSuに評価件数を集計する。

なお，HKei(0)，HSu(0)には合計を求める。また，HKei，HSuの添字はTBanの添字と対応している。

配列

	(0)	(1)	(2)	～	(99)	(100)
HKei						
HSu						
	(合計)					

4．入力データが終了したら，次の処理を行う。

・ 店舗ごとに評価平均点を次の計算式で求め，評価平均点が全店舗評価平均点を上回る場合のみ，店舗名，評価平均点を第2図のように表示する。また，評価平均点1点につき ☆ を一つ表示する。

評価平均点 ＝ 評価点の合計 ÷ 評価件数 (小数第3位以下切り捨て)

全店舗評価平均点 ＝ 全店舗の評価点の合計 ÷ 評価件数の合計 (小数第3位以下切り捨て)

・ 全店舗評価平均点と評価件数の合計を第2図のように表示する。

5．データにエラーはないものとする。

解答群

ア．ZHei	**イ**．HKei(i)
ウ．HSu(0) ÷ HKei(0) → ZHei	**エ**．HKei(0)
オ．HSu(0)	**カ**．HKei(0) ÷ HSu(0) → ZHei
キ．Hyoka	**ク**．n ＜ Hei
ケ．HKei(0) ÷ HSu(0) → Hei	**コ**．TMei(i)
サ．TBan(i)	**シ**．Hei
ス．n ≦ Hei	**セ**．n ＞ Hei
ソ．HSu(0) ÷ HKei(0) → Hei	**タ**．HSu(i)
チ．Tenpo	**ツ**．Hoshi
テ．TMei(n)	**ト**．TMei(Tenpo)

第4回模擬

<流れ図>

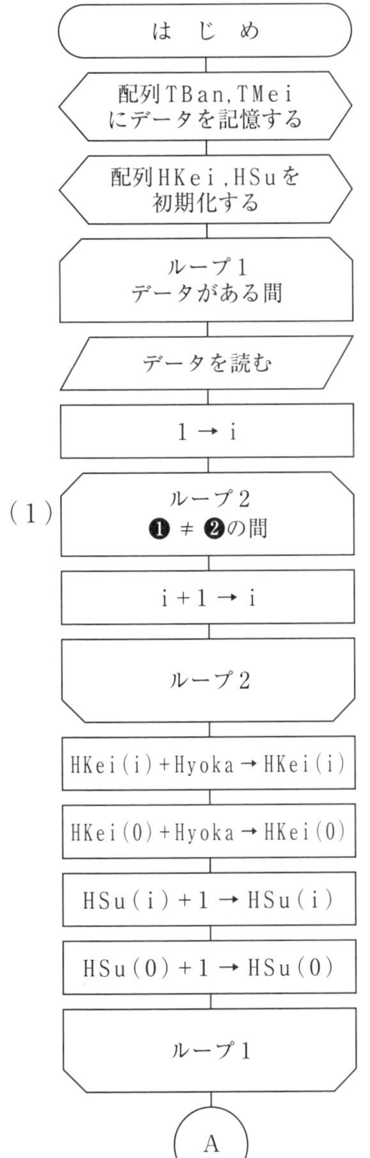

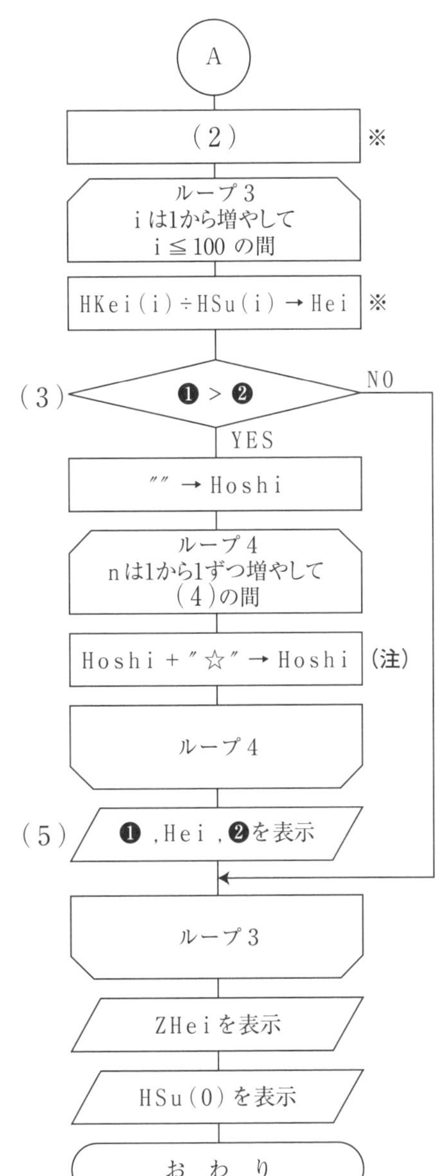

※小数第3位以下切り捨て
(注) ここでの「+」は，文字列結合を意味する。

第4回模擬

(1) ❶	(1) ❷	(2)	(3) ❶	(3) ❷	(4)	(5) ❶	(5) ❷

主催 公益財団法人 全国商業高等学校協会

情報処理検定模擬試験問題 第2級（第5回）

制限時間50分

【1】 次の説明文に最も適した答えを解答群から選び，記号で答えなさい。

1．ファイル管理を階層的に行う際，最上位にあるディレクトリのこと。
2．フルカラーの色数を指定できる無圧縮の静止画保存形式。
3．音楽や動画をダウンロードしながら再生を並行して行うこと。
4．企業や個人が創作物を創作した時点で，創作物やその創作者を保護するとした法律。
5．入力されたデータの合計値が正しいかを調べること。

解答群

ア．テザリング	**イ**．トータルチェック	**ウ**．ルートディレクトリ
エ．サブディレクトリ	**オ**．著作権法	**カ**．個人情報保護法
キ．ストリーミング	**ク**．PNG	**ケ**．BMP
コ．チェックディジットチェック		

1		2		3		4		5	

【2】 次のA群の語句に最も関係の深い説明文をB群から選び，記号で答えなさい。

＜A群＞ 1．C言語　2．OCR　3．ワンタイムパスワード　4．ローカル変数　5．キーロガー

＜B群＞

ア．機械語の命令に1対1で対応しているプログラム言語。
イ．手書きされた文字を光学的に読み取るための装置。
ウ．プログラム内の限定された範囲でしか使用することのできない変数。
エ．UNIX OSを記述するために開発された汎用性の高いプログラム言語。
オ．パスワードと生体認証を組み合わせたもの。
カ．ログインの度に異なるパスワードを用いることで安全性を高めること。
キ．プログラム内のあらゆる範囲で使用することのできる変数。
ク．パスワード入力など，キーボードの操作内容を記録するソフトウェア。
ケ．日本語の文字コードを収録したもの。
コ．マークシートを効率よく読み取るための装置。

1		2		3		4		5	

【3】 次の説明文に最も適した答えをア，イ，ウから選び，記号で答えなさい。

1．10 進数の 13 と 2 進数の 101 の差を表す 2 進数。

ア．110　　**イ**．111　　**ウ**．1000

2．プログラム言語を機械語に変換するプログラムの総称。

ア．アセンブリ言語　　**イ**．言語プロセッサ　　**ウ**．インタプリタ

3．データの追加のみ認められた権限のこと。

ア．フルコントロール　　**イ**．読み取り　　**ウ**．書き込み

4．半角の英数字や記号などの文字を 7 ビットで表現する文字コード。

ア．ASCII コード　　**イ**．JIS コード　　**ウ**．Unicode

5．動画の圧縮形式で、用途により数種類用意されている。

ア．MPEG　　**イ**．MP3　　**ウ**．JPEG

1		2		3		4		5	

【4】 プログラムにしたがって処理するとき，(1)～(5) を答えなさい。なお，入力する a の値は 100 未満の正の整数とする。

(1) a の値が 5 のとき，㋒で 1 回目に出力される g の値を答えなさい。
(2) a の値が 5 のとき，㋐の処理を何回実行するか答えなさい。
(3) a の値が 24 のとき，㋒で 4 回目に出力される g の値を答えなさい。
(4) a の値が 24 のとき，㋑の処理を何回実行するか答えなさい。
(5) プログラムの処理について説明した文のうち，正しいものはどれか**ア**，**イ**，**ウ**の中から選び，記号で答えなさい。

ア．処理を終了するとき，c の値は必ず 0 になる。
イ．処理を終了するとき，c の値は必ず 1 になる。
ウ．処理を終了するとき，c の値は必ず a 未満になる。

<プログラム>

```
Sub ProgramM5()
    Dim a As Long
    Dim c As Long
    Dim e As Long
    Dim f As Long
    Dim g As Long
    a = Val(InputBox(""))
    MsgBox (a)
    c = a
    Do While c > 1
        e = Int(c / 2)
        f = c - e * 2
        If f = 0 Then
            g = c / 2           ㋐
        Else
            g = c * 3 + 1       ㋑
        End If
        MsgBox (g)              ㋒
        c = g
    Loop
End Sub
```

(1)	(2)	(3)	(4)	(5)
	回		回	

【5】 流れ図の説明を読んで，流れ図の(1)～(5)にあてはまる答えを解答群から選び，記号で答えなさい。

<流れ図の説明>

処理内容

サイコロを3回振り，合計が13点に近い人が勝者となるゲームのデータを読み，参加者別得点一覧表をディスプレイに表示する。

入力データ

参加者名 (Mei)	1回目 (kai1)	2回目 (kai2)	3回目 (kai3)
×××××××	×	×	×

(第1図)

実行結果

(参加者名)	(合計)	(目標点差)
宇野沢 邦裕	9	4
山口 竜也	13	0
～	～	～
森田 達郎	16	3
(最小差)		0
(最大差)		7

(参加者別得点一覧表)

(第2図)

処理条件

1. 第1図の入力データを読み，合計と目標点差(絶対値)を次の計算式で求め，第2図のように表示する。
   合計 ＝ 1回目 ＋ 2回目 ＋ 3回目
   目標点差(合計が13点以上の場合) ＝ 合計 － 13
   目標点差(合計が13点未満の場合) ＝ 13 － 合計
2. 入力データが終了したら，目標点差の最小値と最大値を第2図のように表示する。なお，最小差と最大差は同じ値があった場合，先に入力されたデータを優先する。
3. データにエラーはないものとする。

解答群

ア. 99 → Min
イ. 13 - Kei → Sa
ウ. Kei - 13 → Sa
エ. Min
オ. Max
カ. 0 → Min
キ. Sa > Min
ク. Sa < Min
ケ. Sa → Max
コ. Max → Sa

<流れ図>

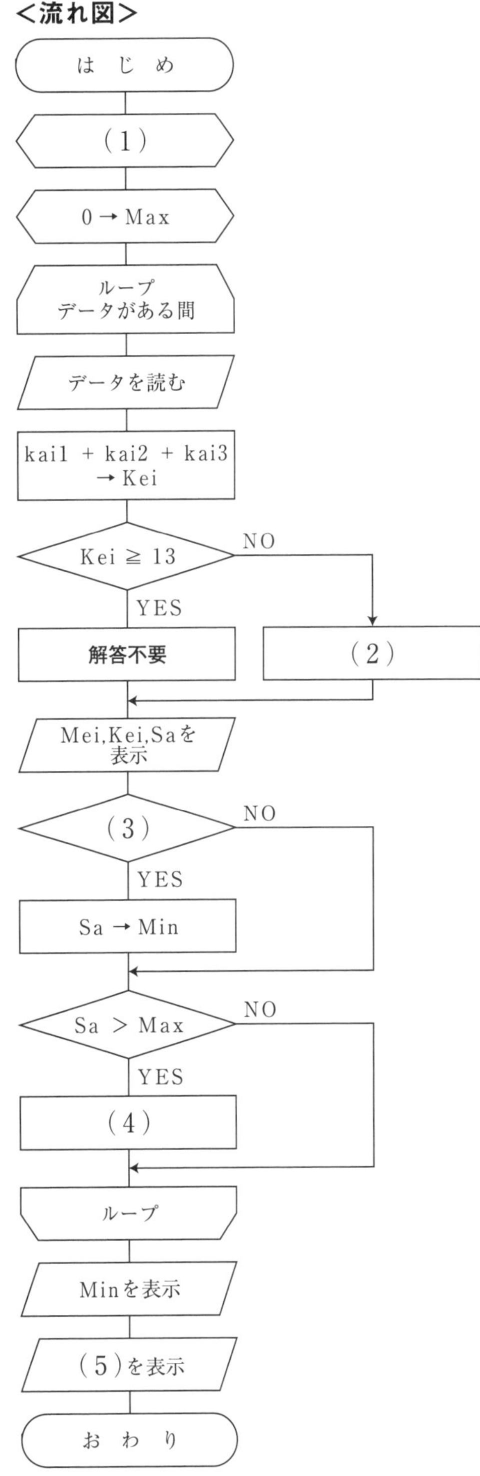

(1)	(2)	(3)	(4)	(5)

【6】 **流れ図の説明を読んで，流れ図の(1)〜(5)にあてはまる答えを解答群から選び，記号で答えなさい。**

<流れ図の説明>

処理内容

ある鉄道会社の販売データを読み，売上一覧をディスプレイに表示する。

入力データ

乗車駅コード (Jc)	降車駅コード (Kc)	定期区分 (Tk)	月数 (Tuki)
×××	×××	×	×

(第1図)

実行結果

		(売上一覧)		
(乗車駅)	(降車駅)	(区分)	(月)	(金額)
月長	和名	通勤	1	13,800
≀	≀	≀	≀	≀
岡咲	尾張二宮	高校	3	35,910

(第2図)

処理条件

1．駅名，起点からの距離は，それぞれ配列 Hem，Hky にあらかじめ記憶されている。なお，各配列の添字は駅コードと対応している。

配列

Hem

(0)	(1)	〜	(899)
	小垣	〜	豆橋

Hky

(0)	(1)	〜	(899)
	410.0	〜	293.6

2．第1図の入力データを読み，次の処理を行う。

・ 乗車駅コードと降車駅コードを元に，それぞれの起点からの距離を求め，比較する。

・ 起点からの距離が大きい方から小さい方を差し引き，運賃距離を求める。

・ 運賃距離から基本料金を求める。基本料金は運賃距離ごとに決まっており，運賃距離の上限と基本料金は配列 Hjo，Hkin にあらかじめ記憶されている。なお，各配列の添字は対応している。

配列

Hjo

(0)	(1)	〜	(200)
5	10	〜	999

Hkin

(0)	(1)	〜	(200)
3500	3800	〜	245900

・ 定期区分による割引率は次のとおりである。

定期区分	区分	割引率
1	通勤	5
2	大学	40
3	高校	50

・ 金額は次の計算式により求める。

金額 ＝ 基本料金 × 月数 × (100 − 割引率) ÷ 100 (小数点以下切り捨て)

3．データにエラーはないものとする。

解答群

ア．0 → Wari

イ．Hkin(r)

ウ．Hem(r)

エ．Hky(Jc) ＞ Hky(Kc)

オ．Hky(Jc) ＜ Hky(Kc)

カ．Kyori ≦ Hjo(r)

キ．Hem(Jc)，Hem(Kc)

ク．Hkin(Wari)

ケ．5 → Wari

コ．Kyori ＞ Hjo(r)

<流れ図>

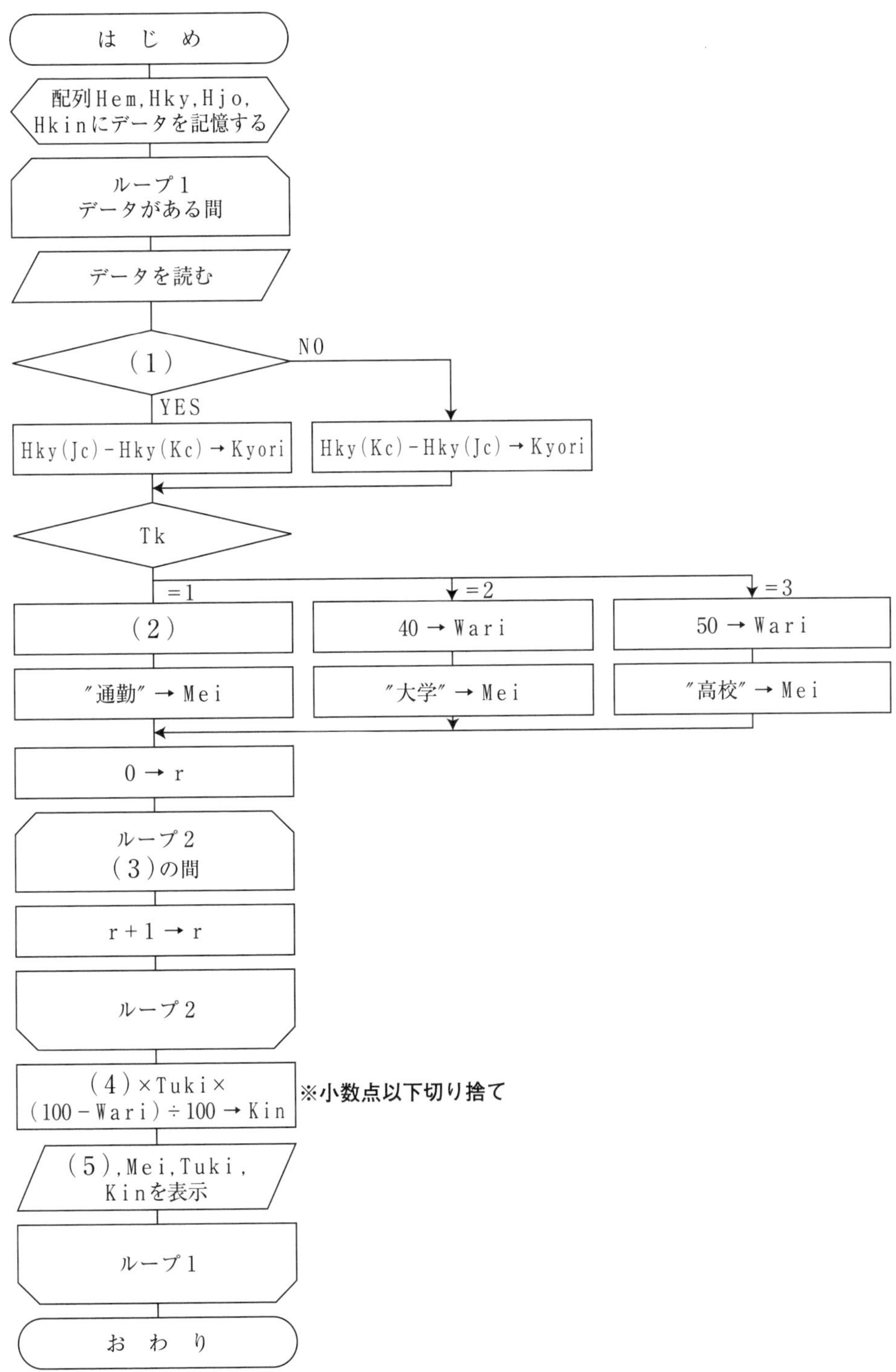

はじめ
配列Hem,Hky,Hjo,Hkinにデータを記憶する
ループ1
データがある間
データを読む
(1)
NO
YES
Hky(Jc)－Hky(Kc)→Kyori
Hky(Kc)－Hky(Jc)→Kyori
Tk
＝1
＝2
＝3
(2)
40→Wari
50→Wari
″通勤″→Mei
″大学″→Mei
″高校″→Mei
0→r
ループ2
(3)の間
r＋1→r
ループ2
(4)×Tuki×(100－Wari)÷100→Kin
※小数点以下切り捨て
(5),Mei,Tuki,Kinを表示
ループ1
おわり

(1)	(2)	(3)	(4)	(5)

【7】 流れ図の説明を読んで，流れ図の(1)～(5)にあてはまる答えを解答群から選び，記号で答えなさい。

＜流れ図の説明＞

処理条件

自動車販売店の来店キャンペーン中に配付した粗品配付データを読み，粗品配付一覧と粗品別配付数を表示する。

入力データ

日付 (Hi)	会員番号 (Kban)
××××	××××××××

(第1図)

実行結果

(粗品配付一覧)
(2023 年 1 月 1 日～ 12 月 20 日)

(日付)	(会員番号)	(粗品名)	(新入会員)
0104	20100063	カップ	
0104	20190097	カレンダー	
≀	≀	≀	≀
1220	20150041	タオル	
1220	20230138	ペン	○

(粗品配付数) 1503
(新入会員の割合) 9 (%)

(粗品別配付数)

(ペン)	(メモ帳)	(カレンダー)	(タオル)	(カップ)
138	326	501	311	227

(第2図)

処理条件

1．第1図の会員番号は，次の例のように構成されている。

例 20230001 → 2023 0001
入会年 通番

2．配列 Nensu には入会してからの経過年数の上限が，配列 Smei には粗品名があらかじめ記憶されている。なお，各配列は添字で対応している。

配列

Nensu

(0)	(1)	(2)	(3)	(4)
1	3	6	12	99
(～1年)	(～3年)	(～6年)	(～12年)	(～99年)

Smei

(0)	(1)	(2)	(3)	(4)
ペン	メモ帳	カレンダー	タオル	カップ

3．キャンペーン実施年は，あらかじめ入力されている。

4．第1図のファイルを読み，次の処理を行う。

・ 経過年数を次の計算式で求める。

経過年数 ＝ キャンペーン実施年 － 入会年

・ 経過年数をもとに配列 Nensu を探索し，粗品名を求める。

・ 第2図のように，日付から新入会員までを表示する。なお，入会年がキャンペーン実施年と同じ場合は，新入会員に ○ を表示する。

・ 粗品別の配付数を配列 Su に集計する。なお，配列 Su は配列 Nensu，配列 Smei と添字で対応している。

配列

Su

・ 新入会員の割合を次の計算式で求める。

新入会員の割合 ＝ 新入会員の件数 × 100 ÷ 粗品配付数（小数点以下切り捨て）

・ 第2図の粗品配布一覧のように表示する。

5．データを読み終えたあと，第2図のように粗品別配付数を表示する。

6．データにエラーはないものとする。

〈流れ図〉

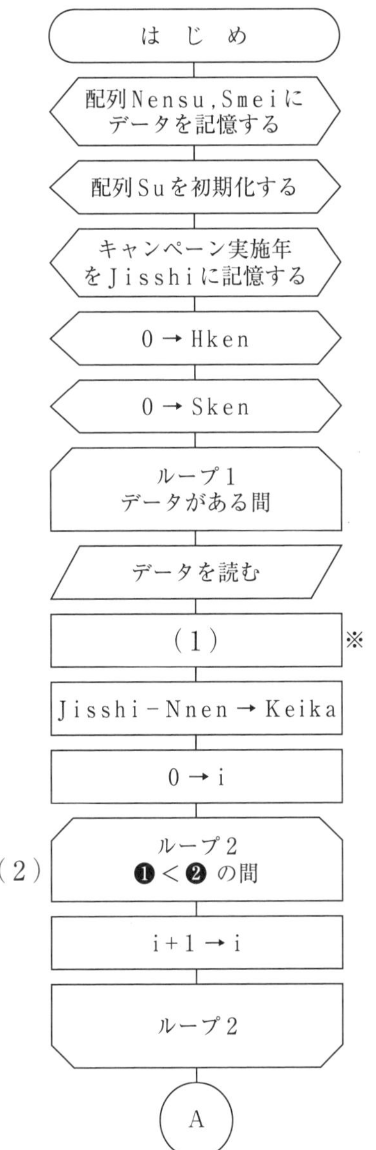

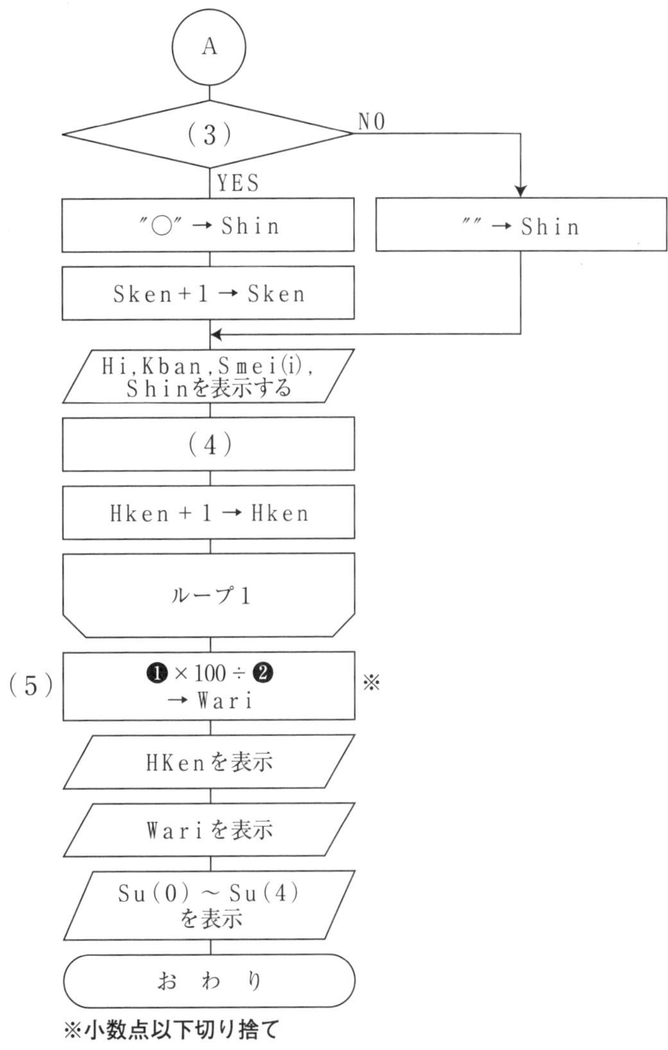

※小数点以下切り捨て

解答群

ア. Sken　　イ. Nensu(i)
ウ. Nnen　　エ. Wari
オ. Keika = Jisshi　　カ. Su(i) + 1 → Su(i)
キ. Nensu(Hi)　　ク. Nnen = Keika
ケ. Kban ÷ 10000 → Nnen　　コ. Kban ÷ 100 → Nnen
サ. Hken　　シ. Jisshi
ス. Keika　　セ. Nnen = Jisshi
ソ. Su(Nnen) + 1 → Su(Nnen)

(1)	(2)		(3)	(4)	(5)	
	❶	❷			❶	❷

主催 公益財団法人 全国商業高等学校協会

情報処理検定模擬試験問題 第2級 (第6回)

制限時間50分

【1】 次の説明文に最も適した答えを解答群から選び，記号で答えなさい。

1．入力されたデータが，指定の項目で降順または昇順に並んでいるかチェックすること。
2．許可されていない人物が無断でネットワーク内に入るのを禁止する法律。
3．ソースコードが無償で公開され，改良や再配布が認められているソフトウェア。
4．アニメーションにも対応し，256色で表現する，静止画像の圧縮形式。
5．元のデータの意味を変えずに，圧縮したデータを元に戻すこと。

解答群

ア．著作権法 **イ**．簡易言語 **ウ**．リミットチェック
エ．シーケンスチェック **オ**．GIF **カ**．不正アクセス禁止法
キ．復号 **ク**．解凍 **ケ**．OSS
コ．ZIP

1		2		3		4		5	

【2】 次のA群の語句に最も関係の深い説明文をB群から選び，記号で答えなさい。

<A群> 1．トラック 2．コンパイラ 3．サブディレクトリ
4．バイナリファイル 5．ガンブラー

<B群>

ア．JavaやC言語などで記述されたプログラムを，一括して翻訳するための言語プロセッサ。
イ．文字データと改行やタブだけで構成されたファイルのこと。
ウ．磁気ディスク装置の記録面上において，同心円状に分割された円一周分の記憶領域。
エ．実行形式のファイルなど，2進数形式で記録されたファイルのこと。
オ．Webサイトを改ざんしてマルウェアを仕掛けることで，サイト閲覧者に感染させる攻撃のこと。
カ．磁気ディスク装置において，データの読み書きを行う最小単位。
キ．データ送受信時に，データを一定のサイズに区切って送信情報を付けた単位のこと。
ク．ソースコードを1行ずつ翻訳しながら実行する言語プロセッサ。
ケ．ファイル管理を階層的に行う際，最上位にあるディレクトリのこと。
コ．ファイル管理を階層的に行う際，最上位以外に位置するディレクトリのこと。

1		2		3		4		5	

【3】 次の説明文に最も適した答えをア，イ，ウから選び，記号で答えなさい。

1．10 進数の 9 と 2 進数の 100 の積を表す 2 進数。

ア．100100　　**イ**．100110　　**ウ**．101100

2．色情報を持たない最小単位の点。

ア．ピクセル　　**イ**．ドット　　**ウ**．BMP

3．無料の試用期間が終了したら，代金を支払うことで利用を続けられるソフトウェア。

ア．シェアウェア　　**イ**．フリーウェア　　**ウ**．グループウェア

4．パスワード入力の負担を減らす目的などで，一度の認証で対応する複数のアプリケーションやサービスを利用できること。

ア．シングルサインオン　　**イ**．フルコントロール　　**ウ**．ワンタイムパスワード

5．解像度 2,000×1,000 ピクセル，1 ピクセルあたり 24 ビットの色情報を持つ画像 10 枚分の記憶容量。ただし，1 MB＝1,000,000B とする。

ア．6 MB　　**イ**．18MB　　**ウ**．60MB

1		2		3		4		5	

【4】 プログラムにしたがって処理するとき，(1)～(5)を答えなさい。なお，入力するaの値は正の整数とする。

(1) aの値が37484のとき，㋐で2回目に出力されるeの値を答えなさい。
(2) aの値が37484のとき，㋑の処理を3回目に実行したあとのaの値を答えなさい。
(3) aの値が408001のとき，㋐の処理を何回実行するか答えなさい。
(4) aの値が408001のとき，㋒で出力されるbの値を答えなさい。
(5) プログラムの処理について説明した文のうち，正しいものはどれか。**ア**，**イ**，**ウ**の中から選び，記号で答えなさい。

ア．出力されるbの値は，必ず100以下である。
イ．出力されるbの値は，必ず奇数である。
ウ．出力されるbの値は，必ず偶数である。

<プログラム>

```
Sub ProgramM6()
    Dim a As Long
    Dim b As Long
    Dim c As Long
    Dim d As Long
    Dim e As Long
    a = Val(InputBox(""))
    b = 0
    c = 2
    Do While a > 0
        d = Int(a / 10)
        e = a - d * 10
        MsgBox (e)  ㋐
        b = b + e * c
        If c <> 2 Then
            c = 2
        Else
            c = 6
        End If
        a = d  ㋑
    Loop
    MsgBox (b)  ㋒
End Sub
```

(1)	(2)	(3)	(4)	(5)
		回		

第6回模擬

【5】 流れ図の説明を読んで，流れ図の(1)～(5)にあてはまる答えを解答群から選び，記号で答えなさい。

<流れ図の説明>

処理内容

駐車時間の記録から，料金の計算を行う。

入力データ

日付 (Hiduke)	入庫時間 (NJikan)	出庫時間 (SJikan)
××××	××××	××××

(第１図)

実行結果

(日付)	(入庫時間)	(出庫時間)	(料金)
0101	0704	0721	200
0101	0721	1454	1,000
≀	≀	≀	≀
1231	1737	2203	900
(合計金額)			4,214,900
(60 分以下の件数)			312
(300 分以上の件数)			1,021

(第２図)

処理条件

1．日付は 0101 (1 月 1 日)～1231 (12 月 31 日) である。

2．入庫時間と出庫時間は次の例のように構成されている。また，営業時間は 7 時 00 分から 22 時 59 分であり，日付をまたいで駐車している車は無いものとする。

例　07　04
**　　時　分**

3．第１図の入力データを読み，次の処理を行う。

・　入庫時間と出庫時間を分に換算し，利用時間を求める。

・　料金は，利用時間に基づき，以下のように計算する。

60 分以下　　：200 円

61 分～ 299 分：**(利用時間 (分) ÷ 30) × 100**

(カッコ内小数点以下切り上げ)

300 分以上　　：1,000 円

4．入力データが終了したら，合計金額と利用時間が 60 分以下の件数と 300 分以上の件数を表示し，処理を終了する。

5．データにエラーはないものとする。

<流れ図>

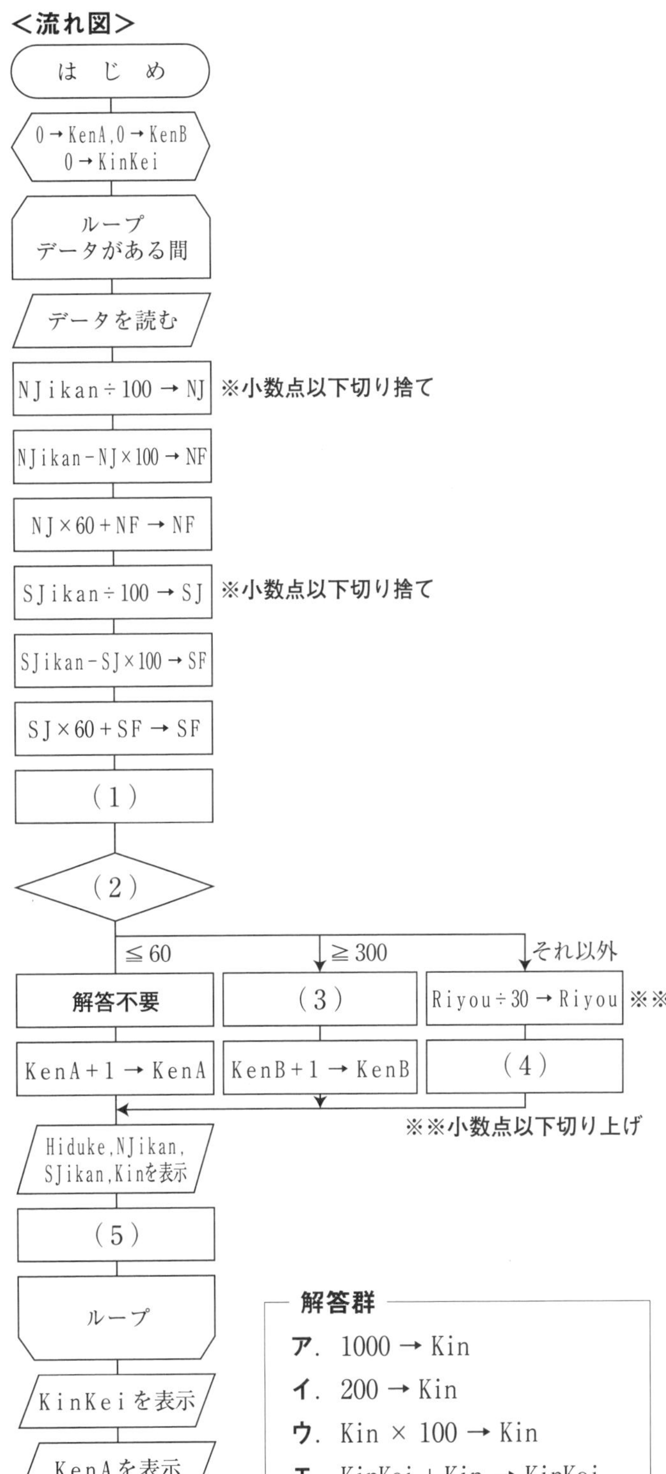

解答群

ア．1000 → Kin
イ．200 → Kin
ウ．Kin × 100 → Kin
エ．KinKei + Kin → KinKei
オ．KinKei + Riyou → Kinkei
カ．NF − SF → Riyou
キ．Riyou
ク．Riyou × 100 → Kin
ケ．SF − NF → Riyou
コ．SJikan

(1)	(2)	(3)	(4)	(5)

【6】 流れ図の説明を読んで，流れ図の(1)～(5)にあてはまる答えを解答群から選び，記号で答えなさい。

＜流れ図の説明＞

処理内容

専門学校の資格取得講座申込データを読み，申込一覧表と講座別申込状況をディスプレイに表示する。

入力データ

受付番号 (Ban)	氏名 (Namae)	申込コード (Code)
×××	×××××××	×××

(第１図)

実行結果

```
                              (申込一覧表)
(受付番号)    (氏　名)                  (講　座　名)
   001        近藤由佳       ファイナンシャルプランナー講座
    ≀           ≀                          ≀
   443        山内里紗       建設業経理士講座
                             (講座別申込状況)
   (講　座　名)              (学　生) (社会人) (申込数) (備　考)
基本情報技術者講座               37       24       61     定員超
        ≀                        ≀        ≀        ≀        ≀
中小企業診断士講座                8       12       20
                     (合計)     297      146      443
              (社会人の割合)     32(%)
```

(第２図)

処理条件

1. 第１図の申込コードは，次の例のように構成されている。なお，講座番号は１～30であり，区分は１が学生，２が社会人である。

   例　232　→　23　　2

   講座番号　区分

2. 配列 Kou に講座名，配列 Tei に定員を記憶する。なお，各配列の添字は講座番号と対応している。

   配列

	(0)	(1)	～	(30)
Kou		基本情報技術者講座	～	中小企業診断士講座
Tei		50	～	30

3. 第１図のデータを読み，次の処理を行う。
   - 受付番号から講座名までを第２図のように表示する。
   - 区分が学生の場合は配列 Gaku に，社会人の場合は配列 Sha に申込数を集計する。なお，各配列の添字は講座番号と対応しており，Gaku(0) および Sha(0) には合計を求める。

   配列

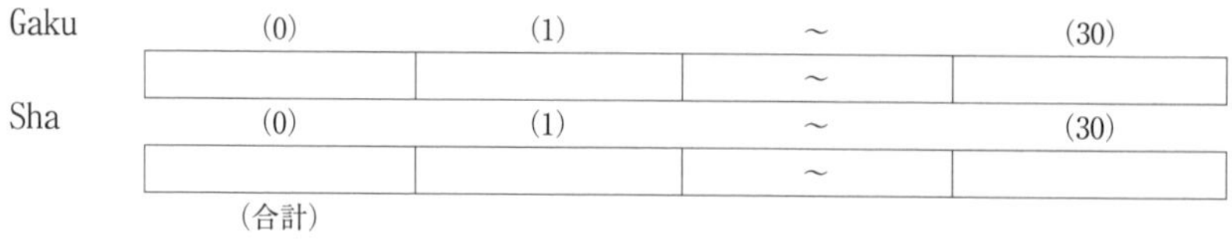

4. 入力データが終了したら，次の処理を行う。
   - 講座別の申込数を求め，講座別申込状況を第２図のように表示する。なお，講座別の申込数が定員を超えた場合，備考に 定員超 を表示する。
   - 申込数合計を求め，学生合計，社会人合計とともに第２図のように表示する。
   - 最後に，社会人の割合(%)を次の式で求め，第２図のように表示する。

   社会人の割合(%)　＝　社会人合計　×　100　÷　申込数合計　(小数点以下切り捨て)

5. データにエラーはないものとする。

<流れ図>

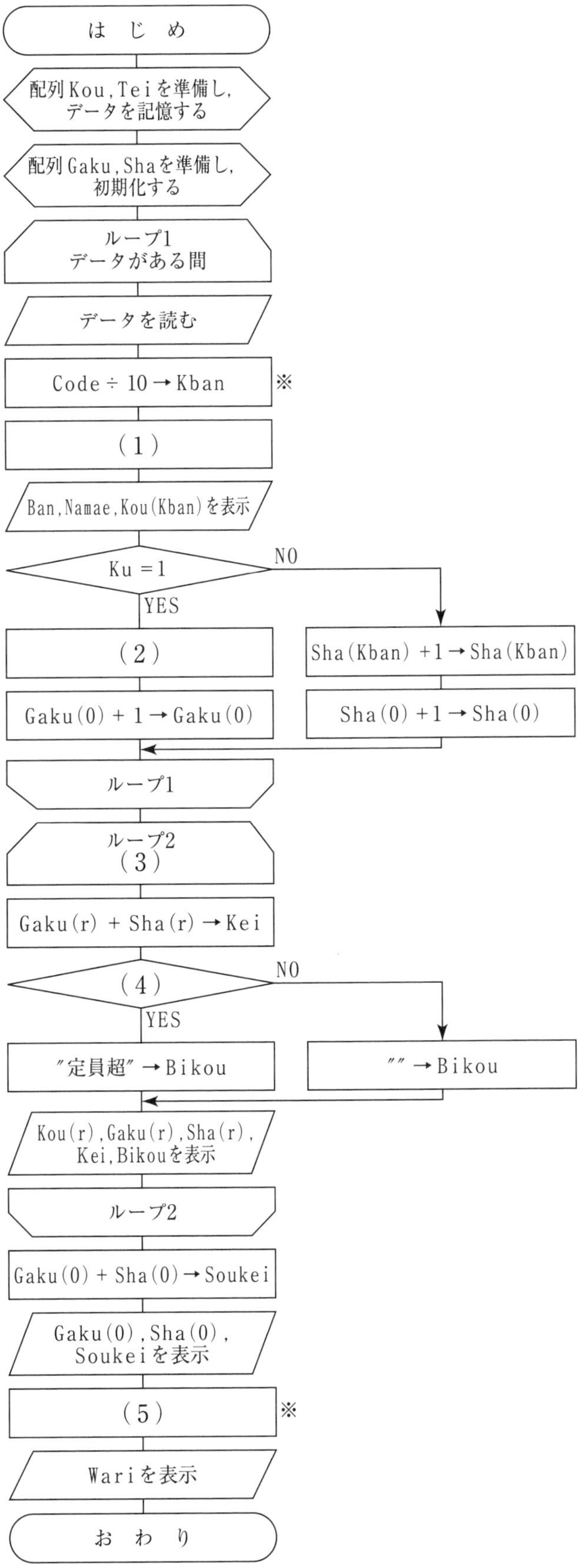

- はじめ
- 配列Kou,Teiを準備し，データを記憶する
- 配列Gaku,Shaを準備し，初期化する
- ループ1 データがある間
  - データを読む
  - Code ÷ 10 → Kban ※
  - (1)
  - Ban,Namae,Kou(Kban)を表示
  - Ku = 1
    - YES: (2) → Gaku(0) + 1 → Gaku(0)
    - NO: Sha(Kban) +1 → Sha(Kban) → Sha(0) +1 → Sha(0)
- ループ1
- ループ2 (3)
  - Gaku(r) + Sha(r) → Kei
  - (4)
    - YES: ″定員超″ → Bikou
    - NO: ″″ → Bikou
  - Kou(r),Gaku(r),Sha(r),Kei,Bikouを表示
- ループ2
- Gaku(0) + Sha(0) → Soukei
- Gaku(0),Sha(0),Soukeiを表示
- (5) ※
- Wariを表示
- おわり

※小数点以下切り捨て

解答群

ア. rは1から1ずつ増やして r ≦ 30 の間
イ. Kei ≦ Tei(r)
ウ. Kei ＞ Tei(r)
エ. rは0から1ずつ増やして r ≦ 30 の間
オ. Gaku(Ku) + 1 → Gaku(Ku)
カ. Sha(0) × 100 ÷ Soukei → Wari
キ. Code − Kban × 10 → Ku
ク. Sha(r) × 100 ÷ Soukei → Wari
ケ. Code × 10 − Kban → Ku
コ. Gaku(Kban) + 1 → Gaku(Kban)

(1)	(2)	(3)	(4)	(5)

【7】 流れ図の説明を読んで，流れ図の(1)～(5)にあてはまる答えを解答群から選び，記号で答えなさい。

<流れ図の説明>

処理内容

ある旅行代理店の人気旅行先ファイルを読み，人気旅行先調査結果を表示する。

入力データ

顧客番号 (Kban)	旅行先コード (Saki)
××××	×××

(第１図)

実行結果

```
                              (人気旅行先調査結果)
(大分類別合計)
(沖縄・九州) (四国・中国) (近畿・中部) (甲信越・関東) (東北・北海道)
    65          103          48           12             52
(小分類別合計)
 (大分類)     (小分類)       (人数)   (備考)
沖縄・九州    平和公園         33       ○
              太宰府天満宮     19
   ≀            ≀              ≀        ≀
四国・中国    しまなみ海道     47       ○
              道後温泉         16
   ≀            ≀              ≀        ≀
(合計人数)                     280
(最高)        しまなみ海道     47
```

(第２図)

処理条件

1．第１図の旅行先コードは，次の例のように構成されている。大分類コードは１～５，小分類コードは１～30で，各大分類とも小分類は６つずつであり，小分類コードに重複はない。

例　104 →　1　04

大分類コード　小分類コード

2．配列 Dai には大分類が，配列 Shou には小分類が記憶されている。なお，Dai の添字は大分類コードと，Shou の添字は小分類コードとそれぞれ対応している。

配列

Dai

(0)	(1)	(2)	(3)	(4)	(5)
	沖縄・九州	四国・中国	近畿・中部	甲信越・関東	東北・北海道

Shou

(0)	(1)	(2)	～	(29)	(30)
	平和公園	太宰府天満宮	～	地球岬展望台	旭山動物園

3．第１図のデータを読み，次の処理を行う。

・ 旅行先コードをもとに，大分類ごとの人数を配列 Dnin に，小分類ごとの人数を配列 Snin にそれぞれ集計する。なお，配列 Dai と Dnin，配列 Shou と Snin はそれぞれ添字で対応している。

配列

Dnin

(0)	(1)	(2)	(3)	(4)	(5)

Snin

(0)	(1)	(2)	～	(29)	(30)
			～		

4．データを読み終えたあと，次の処理を行う。

・ 第２図のように大分類ごとの人数を表示する。

・ 大分類，小分類，人数，備考を表示する。ただし，大分類は２行目以降は表示せず，空白とする。なお，小分類ごとの人数が 30 人以上となる場合，備考に ○ を表示する。

・ 合計人数と最高の小分類名と人数を表示する。ただし，最高人数が同じ値が複数ある場合は，先のデータを優先する。

5．データにエラーはないものとする。

第6回模擬

<流れ図>

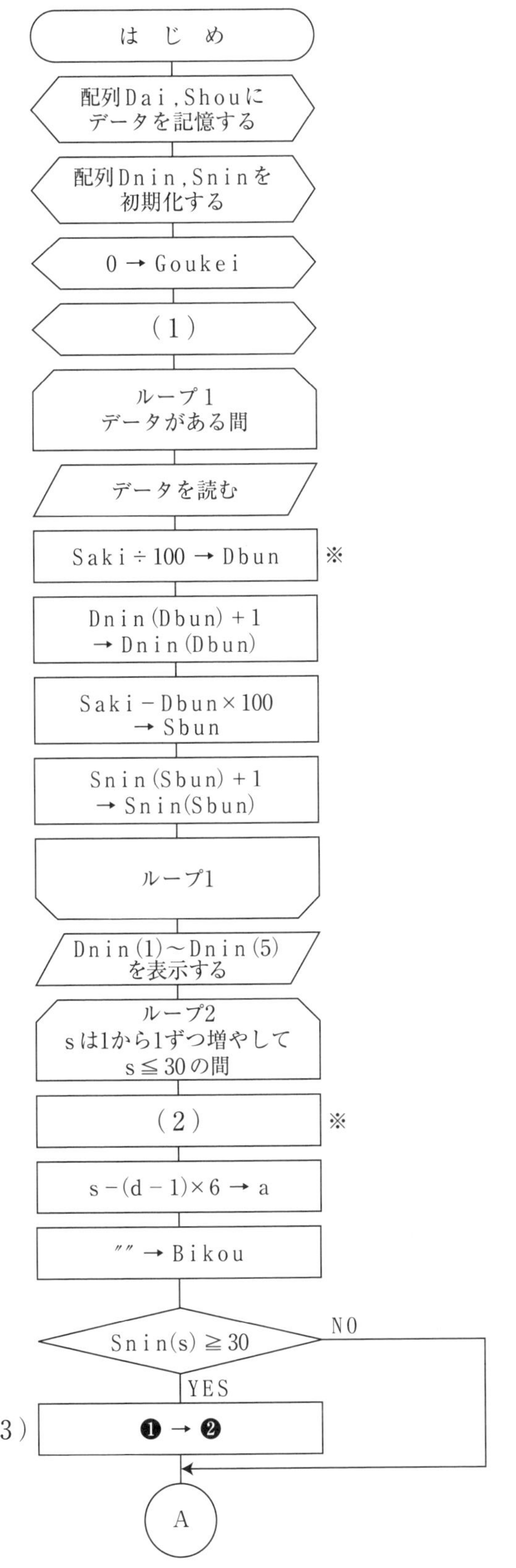

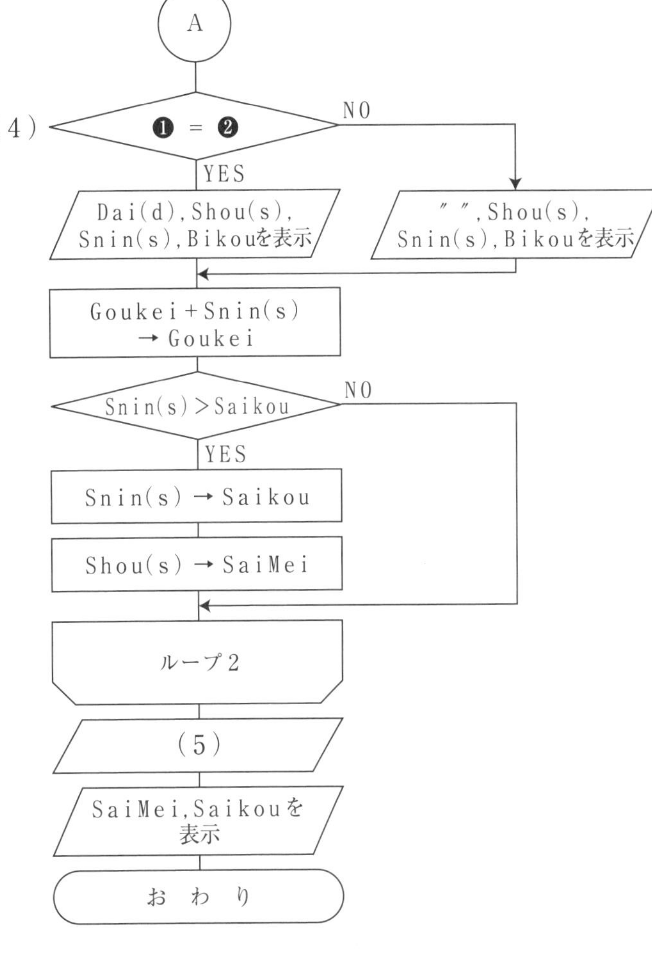

※小数点以下切り捨て

解答群

ア．0 → Saikou　　イ．Shou(s)を表示
ウ．s ÷ 6 → d　　エ．0 → SaiMei
オ．Dai(d)を表示　　カ．(s − 1) ÷ 6 + 1 → d
キ．Goukei を表示　　ク．a
ケ．s　　コ．1
サ．Bikou　　シ．0
ス．Kbun　　セ．""
ソ．"○"

(1)	(2)	(3) ❶	(3) ❷	(4) ❶	(4) ❷	(5)

主催 公益財団法人 全国商業高等学校協会

情報処理検定模擬試験問題　第2級（第7回）

制限時間50分

【1】 次の説明文に最も適した答えを解答群から選び，記号で答えなさい。

1．ハードディスクの記録面を中心から扇形に区画したもので，データを一度に読み書きする最小単位。
2．圧縮・解凍や複数のファイルをひとつにまとめることができるプログラム。
3．知的財産権のうち，特許権・実用新案権・意匠権・商標権など，産業の発展を図るための権利の総称。
4．電気・電子分野における標準規格を定めている，米国に本部を置く電気電子学会のこと。
5．プログラムを記述するための言語。作成後は機械語に翻訳（コンパイル）される。

解答群

ア．アーカイバ　イ．産業財産権　ウ．ガンブラー
エ．IEEE　オ．セクタ　カ．プログラム言語
キ．言語プロセッサ　ク．トラック　ケ．肖像権
コ．ISO

1		2		3		4		5	

【2】 次のA群の語句に最も関係の深い説明文をB群から選び，記号で答えなさい。

<A群>　1．MIDI　2．Unicode　3．チェックディジットチェック　4．アナログ回線　5．読み取り

<B群>

ア．音声データを高品質に保ったまま，圧縮して記録する規格。
イ．ひとつの文字コード体系で多国語処理を可能にした文字コード。
ウ．0と1の組み合わせによってデータの劣化を少なくして情報伝達を行う回線。
エ．データがある項目において降順または昇順に分類されているかのチェックを行う。
オ．データの閲覧のみ認められた権限のこと。
カ．コンピュータと電子楽器を接続して，音程や音色などのデータをやり取りするための規格。
キ．漢字にも対応した日本語の文字コード。
ク．データの末尾に一定の計算で求めた値を付加し，データのチェックを行う。
ケ．一般公衆電話回線など，連続的な情報伝達を行う回線。
コ．データの追加のみ認められた権限のこと。

1		2		3		4		5	

【3】 次の説明文に最も適した答えをア，イ，ウから選び，記号で答えなさい。

1．2 進数の 10110 と 10 進数の 20 の和を表す 2 進数。

ア．100110　　**イ**．101000　　**ウ**．101010

2．世界的に広く使われているファイルの圧縮形式。

ア．GIF　　**イ**．ZIP　　**ウ**．JIS

3．ディスプレイ上の点のことであり，色情報を持っている。

ア．ピクセル　　**イ**．ドット　　**ウ**．dpi

4．命令や機能を制限して，簡単に記述・実行できるようにしたプログラム言語。

ア．簡易言語　　**イ**．アセンブリ言語　　**ウ**．機械語

5．解像度 2,000×1,500 ピクセル，1 ピクセルあたり 24 ビットの色情報を持つ画像 1,000 枚分の記憶容量。ただし，1 GB＝1,000,000,000B とする。

ア．9 GB　　**イ**．27GB　　**ウ**．90GB

1		2		3		4		5	

【4】 プログラムにしたがって処理するとき，(1)～(5)を答えなさい。なお，入力するaの値は10の正の倍数，bの値はaより小さい正の整数とする。

(1) 入力されるaの値が100，bの値が3のとき，㋐を実行したあとのdの値はいくつか答えなさい。
(2) 入力されるaの値が100，bの値が3のとき，㋒で出力されるfの値はいくつか答えなさい。
(3) 入力されるaの値が50，bの値が4のとき，3回目に㋑を実行したあとのeの値はいくつか答えなさい。
(4) 入力されるaの値が50，bの値が4のとき，㋒で出力されるfの値を答えなさい。
(5) プログラムの処理について説明した文のうち，正しいものはどれか。**ア**，**イ**，**ウ**の中から選び，記号で答えなさい。

ア．㋒で出力されるfの値は，必ず5の倍数である。
イ．㋒で出力されるfの値は，入力されるbの値が奇数の場合必ず奇数である。
ウ．㋒で出力されるfの値は，入力されるbの値が偶数の場合必ず偶数である。

<プログラム>

```
Sub ProgramM7()
    Dim f As Long
    Dim a As Long
    Dim b As Long
    Dim d As Long
    Dim c As Long
    Dim e As Long
    f = 0
    a = Val(InputBox(""))
    b = Val(InputBox(""))
    d = a / 10
    d = Int((a - d) / b)    ㋐
    c = 1
    Do While b >= c
        e = a - f    ㋑
        f = f + d
        c = c + 1
    Loop
    MsgBox (f)    ㋒
End Sub
```

第7回模擬

(1)	(2)	(3)	(4)	(5)

【5】 流れ図の説明を読んで，流れ図の(1)〜(5)にあてはまる答えを解答群から選び，記号で答えなさい。

<流れ図の説明>

処理内容

ある月のアイスクリームの売上と気温のデータを読み，アイスクリーム売上一覧表をディスプレイに表示する。

入力データ

日付 (Hi)	売上 (Uri)	気温 (Ki)
××	×××××	××

(第1図)

実行結果

(アイスクリーム売上一覧表)			
(日付)	(売上)	(気温)	(備考)
1	24,300	30	*
2	17,300	26	
≀	≀	≀	≀
31	35,270	34	*
(最小売上)	8,100		
(30度以上の日数) 24			

(第2図)

処理条件

1. 第1図の入力データを読み，気温が30度以上の日に「*」をつけて第2図のようにディスプレイに表示する。
2. 入力データが終了したら，第2図のように最小売上と，30度以上の日数を表示する。なお，最小売上は同じ金額があった場合，先に入力されたデータを優先する。
3. データにエラーはないものとする。

<流れ図>

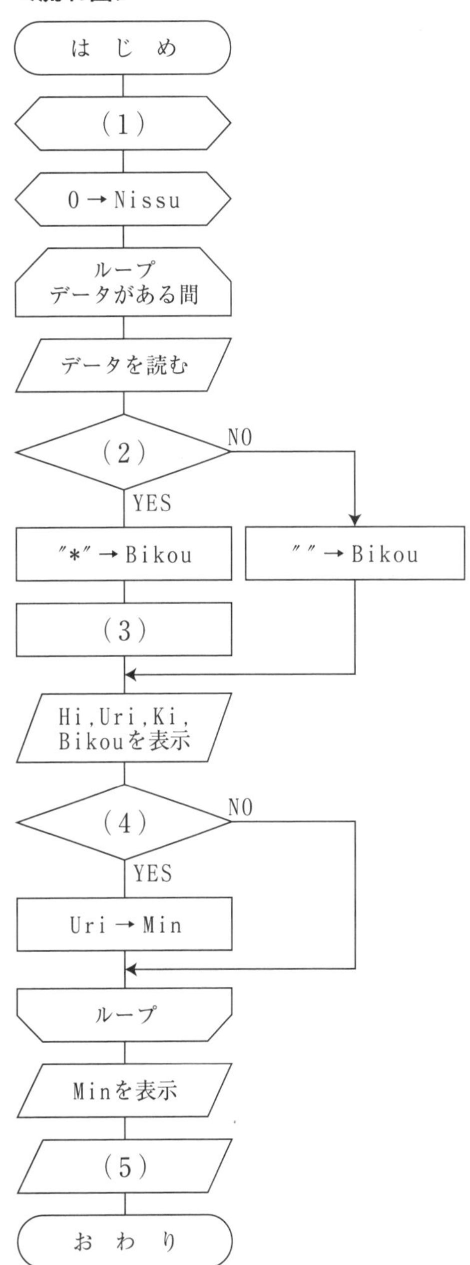

解答群

ア. Nissu + Ki → Nissu
イ. Ki ≦ 30
ウ. Nissu を表示
エ. 0 → Min
オ. Uri ＞ Min
カ. 99999 → Min
キ. Uri ＜ Min
ク. Bikou を表示
ケ. Nissu + 1 → Nissu
コ. Ki ≧ 30

(1)	(2)	(3)	(4)	(5)

【6】 流れ図の説明を読んで，流れ図の(1)～(5)にあてはまる答えを解答群から選び，記号で答えなさい。

<流れ図の説明>

処理内容

あるテーマパークの入場者データを読み，入場者一覧をディスプレイに表示する。

入力データ

日付 (Hi)	大人 (Otona)	子ども (Kodomo)
××	×××	×××

(第１図)

実行結果

（入場者一覧）

(日付)	(大人)	(子ども)	(種別)	(料金)
3	30	40	通常	50,000
10	8	60	割引	24,400
≀	≀	≀	≀	≀
30	15	2	特別	29,600

(最も料金が多い日)　13

(第２図)

処理条件

1．日付ごとの料金体系が配列 TRyo にあらかじめ記憶されており，日付と対応している。

配列

TRyo

(0)	(1)	～	(30)	(31)
	3	～	2	1

2．第１図の入力データを読み，次の処理を行う。

・　日付を添字として，大人と子どもの入場者数をそれぞれ配列 TOtona と配列 TKodomo へ集計する。なお，配列 TRyo と添字で対応している。

配列

TOtona

(0)	(1)	～	(30)	(31)
	0	～	0	0

TKodomo

(0)	(1)	～	(30)	(31)
	0	～	0	0

3．入力データが終了したら，次の処理を行う。

・　日付ごとの入場者数，種別，料金を第２図のように表示する。ただし，入場者数が０の場合は表示しない。

・　料金体系は次のとおりである。

料金体系	種別	大人	子ども
0	通常	1,000	500
1	休日	1,300	1,000
2	特別	1,800	1,300
3	割引	800	300

4．料金が最も多い日付を第２図のように表示する。なお，同じ料金が複数ある場合は，小さな日付を優先する。

5．データにエラーはないものとする。

解答群

ア．Kei ≦ 0
イ．1300 → RKodomo
ウ．Kei > 0
エ．TKodomo(k) + Kodomo → TKodomo(k)
オ．TRyo(Hi)
カ．k → DaiHi
キ．1000 → RKodomo
ク．TKodomo(Hi) + Kodomo → TKodomo(Hi)
ケ．TRyo(k)
コ．Hi → DaiHi

第７回模擬

<流れ図>

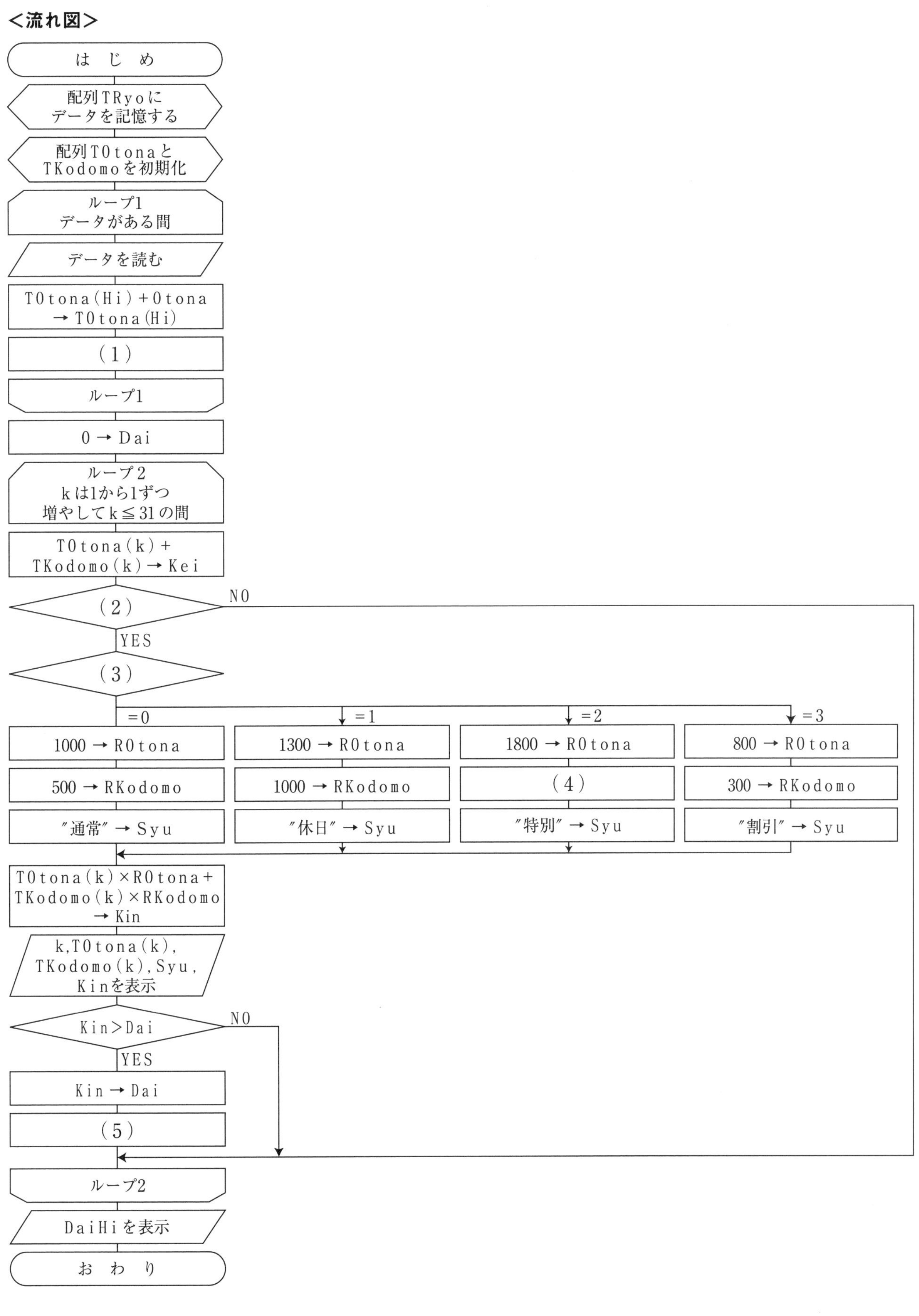
はじめ
配列TRyoにデータを記憶する
配列TOtonaとTKodomoを初期化
ループ1 データがある間
データを読む
TOtona(Hi)+Otona → TOtona(Hi)
(1)
ループ1
0 → Dai
ループ2 kは1から1ずつ増やしてk≦31の間
TOtona(k)+TKodomo(k) → Kei
(2)
NO
YES
(3)
=0
=1
=2
=3
1000 → ROtona
1300 → ROtona
1800 → ROtona
800 → ROtona
500 → RKodomo
1000 → RKodomo
(4)
300 → RKodomo
"通常" → Syu
"休日" → Syu
"特別" → Syu
"割引" → Syu
TOtona(k)×ROtona+TKodomo(k)×RKodomo → Kin
k,TOtona(k),TKodomo(k),Syu,Kinを表示
Kin>Dai
NO
YES
Kin → Dai
(5)
ループ2
DaiHiを表示
おわり

(1)	(2)	(3)	(4)	(5)

【7】 **流れ図の説明を読んで，流れ図の(1)～(5)にあてはまる答えを解答群から選び，記号で答えなさい。**

<流れ図の説明>

処理内容

あるクラスの高校生の体力テストの記録データを読み，総合判定一覧を表示する。

入力データ

名簿番号 (MBan)	種目番号 (SBan)	点数 (Ten)
××	×	××

(第１図)

実行結果

	(総合判定一覧表)		
(名簿番号)	(氏名)	(合計点数)	(判定)
1	浅井　千桜里	55	B
2	天野　琢磨	65	A
3	石川　結子	70	A
≀	≀	≀	≀
39	山崎　沙希	67	A
40	吉永　杏奈	51	C

(A の人数)　10
(B の人数)　15
≀　≀
(E の人数)　0
(最高得点者名)　河野　賢生　(最高得点)　71

(第２図)

処理条件

1．第１図の名簿番号は１～40，種目番号は１～9，点数は１～10が記憶されている。ただし，欠席者の点数は０とする。

2．配列 HMei に氏名を記憶する。なお，添字は名簿番号と対応している。

配列 HMei

(0)	(1)	(2)	(3)	～	(39)	(40)
	浅井　千桜里	天野　琢磨	石川　結子	～	山崎　沙希	吉永　杏奈

3．配列 KHan に判定を，KTen に基準点を記憶する。なお，それぞれの配列は添字で対応している。また，基準点以上の合計点数には，KHan の添字の小さいほうから判定が付与される。

配列 KHan

(0)	(1)	(2)	(3)	(4)
A	B	C	D	E

KTen

(0)	(1)	(2)	(3)	(4)
65	54	43	31	1

4．第１図のデータを読み，生徒ごとに点数の合計を配列 HTen に集計する。なお，記録データは生徒ごとに９種目分のデータが記録されている。また，添字は名簿番号と対応している。

配列 HTen

(0)	(1)	(2)	(3)	～	(39)	(40)
				～		

5．データを読み終えたあと，次の処理を行う。

・　生徒ごとの合計点数をもとに配列 KTen を探索し，第２図のように名簿番号，氏名，合計点数，判定を表示する。ただし，合計点数が０点だった生徒については表示しない。

・　判定ごとの人数を配列 KNin に集計して表示する。なお，配列 KNin の添字は配列 KHan，KTen と対応している。

配列 KNin

(0)	(1)	(2)	(3)	(4)

・　最高得点者名と最高得点を表示する。なお，最高得点の生徒が複数いた場合には，名簿番号が小さい生徒を優先して表示する。

解答群

ア．40	**イ**．41
ウ．Max	**エ**．HMei(MBan)
オ．HMei(MHoz)	**カ**．HTen(k)
キ．HTen(MBan) + 1 → HTen(MBan)	**ク**．HTen(MBan) + Ten → HTen(MBan)
ケ．HTen(n)	**コ**．HTen(n) ＞ Max
サ．HTen(n) ＞ MHoz	**シ**．HTen(n) ≧ Max
ス．HTen(n) ≧ MHoz	**セ**．HTen(SBan) + Ten → HTen(SBan)
ソ．HTen(Ten) + 1 → HTen(Ten)	**タ**．k
チ．KTen(k)	**ツ**．KTen(n)
テ．MHoz	**ト**．n

＜流れ図＞

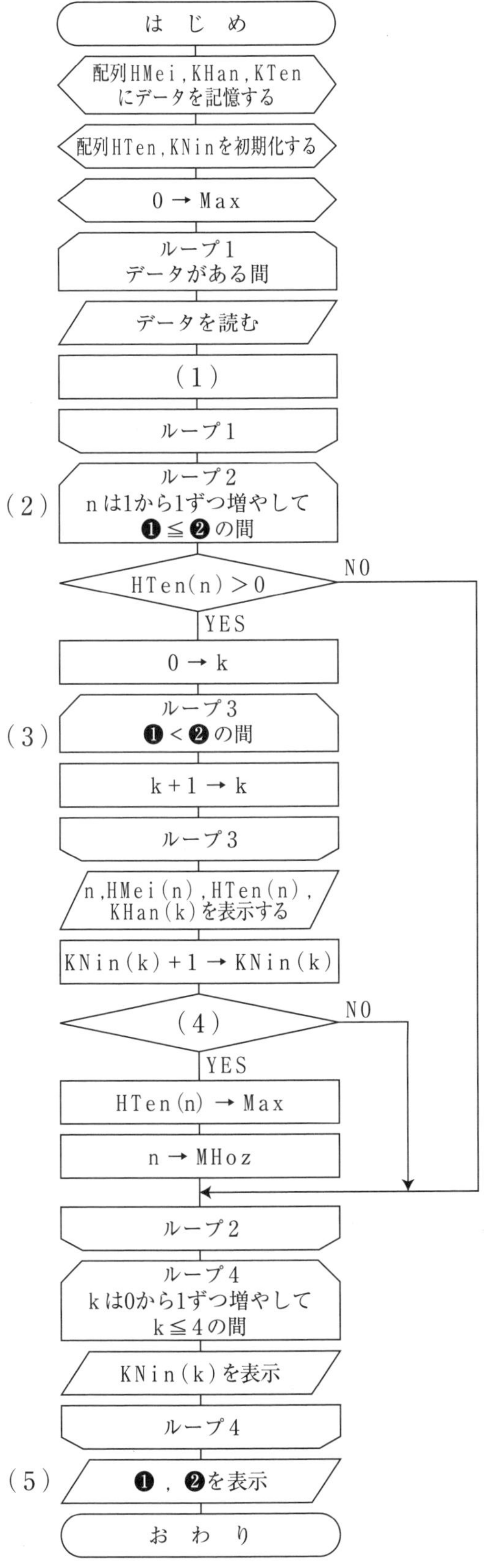

(1)	(2)		(3)		(4)	(5)	
	❶	❷	❶	❷		❶	❷

主催 公益財団法人 全国商業高等学校協会

情報処理検定模擬試験問題 第2級（第8回）

制限時間50分

【1】 次の説明文に最も適した答えを解答群から選び，記号で答えなさい。

1．携帯電話を通信接続機器として利用し，インターネットに接続すること。
2．アクセス許可のうち，読み取り・書き込み・更新・削除などのすべてが認められること。
3．機械語の命令に1対1で対応したプログラム言語。
4．各国の代表的標準化機関からなる国際標準化機構。
5．ファイル名の末尾に付ける，ファイルの種類を示す文字列。

解答群

ア．拡張子	**イ**．ANSI	**ウ**．セキュリティホール
エ．ISO	**オ**．フルコントロール	**カ**．アセンブリ言語
キ．テザリング	**ク**．ストリーミング	**ケ**．ワイルドカード
コ．C言語		

1		2		3		4		5	

【2】 次のA群の語句に最も関係の深い説明文をB群から選び，記号で答えなさい。

＜A群＞ 1．インタプリタ　2．ピアツーピア　3．解像度　4．CMYK　5．TCO

＜B群＞

ア．元のデータの意味を変えずに，圧縮されたデータを元に戻すこと。
イ．ディスプレイで色を表現するための方法で，赤・緑・青の三原色のこと。
ウ．プログラム言語で書かれた命令を1命令ずつ翻訳しながら実行するプログラム。
エ．画像のきめ細かさを示すもので，単位はdpiやppiが用いられる。
オ．コンピュータどうしが対等の立場で接続されたネットワークシステム。
カ．カラープリンタで色を表現するための方法で，藍・赤紫・黄の三原色に黒を加えたもの。
キ．初期費用と運転費用等を合計したもの。
ク．プログラム言語で書かれた命令を一括で翻訳してから実行するプログラム。
ケ．コンピュータシステムの導入にかかる設備費や教育訓練費などの総称。
コ．サービスをする側と，サービスを受ける側に立場が固定されたネットワークシステム。

1		2		3		4		5	

【3】 次の説明文に最も適した答えをア，イ，ウから選び，記号で答えなさい。

1．2進数の111101と10進数の56の差を表す2進数。

ア．101　　**イ**．110　　**ウ**．111

2．磁気ディスク装置において，アクセスアームを動かさずにデータを読み書きできるトラックの集まり。

ア．セクタ　　**イ**．シリンダ　　**ウ**．トラック

3．音声データを高い圧縮率で圧縮して保存するファイル形式。

ア．MPEG　　**イ**．MIDI　　**ウ**．MP3

4．人の顔や姿を，他人が勝手に公開できないようにする権利。

ア．知的財産権　　**イ**．肖像権　　**ウ**．著作権

5．解像度1,500×1,000ピクセル，1ピクセルあたり24ビットの色情報を持つ画像2枚分の記憶容量。ただし，1MB＝10^6Bとし，データの圧縮は行わないものとする。

ア．9MB　　**イ**．36MB　　**ウ**．72MB

1		2		3		4		5	

【4】 プログラムにしたがって処理するとき，(1)～(5)を答えなさい。

(1) xの値が3のとき，出力されるtの値はいくつか答えなさい。
(2) xの値が5のとき，㋐は何回実行されるか答えなさい。
(3) xの値が8のとき，出力されるkの値はいくつか答えなさい。
(4) xの値が8のとき，出力されるgの値はいくつか答えなさい。
(5) プログラムの処理について説明した文のうち，正しいものはどれか。**ア**，**イ**，**ウ**の中から選び，記号で答えなさい。
ア．㋑で出力されるkの値は，必ず偶数である。
イ．㋑で出力されるgの値は，必ず偶数である。
ウ．㋑で出力されるtの値は，必ず偶数である。

<プログラム>

```
Sub ProgramM8()
    Dim t As Long
    Dim g As Long
    Dim k As Long
    Dim z As Long
    Dim x As Long
    Dim b As Long
    Dim Am As Long
    t = 0
    g = 0
    k = 0
    z = 1
    x = Val(InputBox(""))
    Do While z <= x
        b = Int(z / 2)
        Am = z - 2 * b
        If Am = 1 Then
            k = k + z
        Else
            g = g + z    ㋐
        End If
        z = z + 1
    Loop
    t = g + k
    MsgBox (k & "," & g & "," & t)    ㋑
End Sub
```

(1)	(2)	(3)	(4)	(5)
	回			

【５】 流れ図の説明を読んで，流れ図の(1)～(5)にあてはまる答えを解答群から選び，記号で答えなさい。

<流れ図の説明>

処理内容

世界各大陸の絶滅危惧生物データを読み，世界の絶滅危惧生物数の表をディスプレイに表示する。

入力データ

大陸名 (Tai)	動物数 (Dou)	植物数 (Shoku)
×××××××	××××	××××

(第１図)

実行結果

(世界の絶滅危惧生物数)

(大陸名)	(動物数)	(植物数)	(合計)	(判定)
ヨーロッパ	2,516	660	3,176	
≀	≀	≀	≀	≀
アジア	6,391	3,702	10,093	！！
アフリカ	4,958	3,460	8,418	！
(最大)アジア			10,093	

(第２図)

処理条件

1．第１図の入力データを読み，合計を次の計算式で求め，第２図のように表示する。なお，判定は合計が 10,000 以上の場合は ！！ を，5,000 以上の場合は ！ を表示する。

合計 ＝ 動物数 ＋ 植物数

2．入力データが終了したら，絶滅危惧生物の合計が最大の大陸名と合計を第２図のように表示する。なお，合計に同じ値があった場合，先に入力されたデータを優先する。

3．データにエラーはないものとする。

<流れ図>

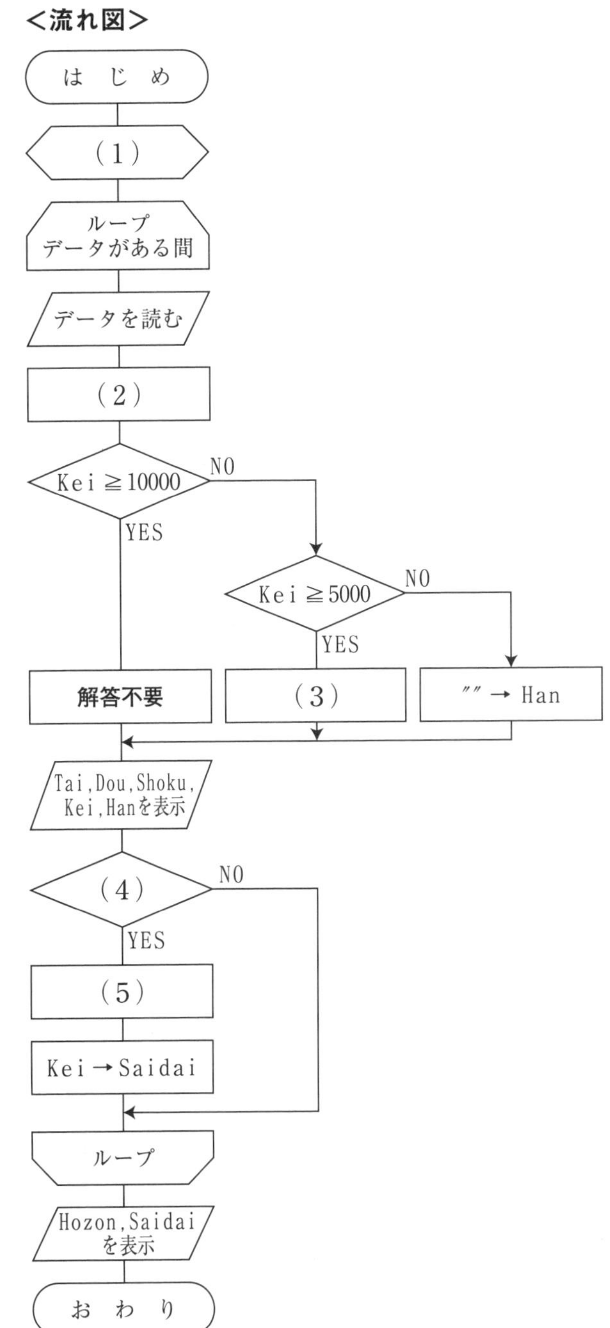

解答群

ア．Kei ＞ Saidai
イ．Dou + Shoku → Tai
ウ．Tai → Hozon
エ．Kei ＜ Saidai
オ．0 → Saidai
カ．Kei → Hozon
キ．"！！" → Han
ク．Dou + Shoku → Kei
ケ．99999 → Saidai
コ．"！" → Han

(1)	(2)	(3)	(4)	(5)

【6】 流れ図の説明を読んで，流れ図の(1)〜(5)にあてはまる答えを解答群から選び，記号で答えなさい。

<流れ図の説明>

処理内容

ある通信販売会社の販売データを読み，出庫一覧と発注一覧をディスプレイに表示する。

入力データ

商品コード (Scode)	数量 (Suryo)
××××	××

(第1図)

実行結果

	(出庫一覧)		
(商品コード)	(出庫数)	(在庫数)	(備考)
A057	28	3	
Y722	91	0	*
≀	≀	≀	≀
G693	120	0	

(発注一覧)	
(商品コード)	(発注数)
Y722	20
F079	6
H801	18

(第2図)

処理条件

1．配列 Hcode に商品コード，配列 Hzaiko に在庫数，配列 Hdasu に出庫数，配列 Htani に発注単位を記憶する。なお，各配列の添字は対応している。

配列

	(0)	(1)	〜	(299)
Hcode	D804	A057	〜	B021
Hzaiko	80	31	〜	6
Hdasu	0	0	〜	0
Htani	6	5	〜	1

2．第1図の入力データを読み，商品コードをもとに，配列 Hcode を探索し，数量を配列 Hdasu へ集計する。

3．入力データが終了したら，次の処理を行う。

- 出庫数がある商品について，在庫数で足りる場合は備考を空欄にして，出庫後の在庫数を計算する。
- 出庫数がある商品について，在庫数が足りない場合は備考に「*」を表示して，不足数を計算する。なお，在庫数までは出庫するので，出庫後の在庫数を0とする。
- 在庫が不足した場合は，発注一覧に表示できるように配列 Tcode に商品コード，配列 Tsu に発注数を記憶させる。配列 Tcode と配列 Tsu の添字は対応している。なお，発注数は次の計算式で求める。

  ロット数 ＝ 不足数 ÷ 発注単位 (小数点以下切り上げ)

  発注数 ＝ ロット数 × 発注単位

配列

	(0)	(1)	〜	(299)
Tcode			〜	
Tsu	0	0	〜	0

- 表示される在庫数は出庫後の在庫数とする。

4．最後に発注一覧を表示して処理を終了する。

5．データにエラーはないものとする。

<流れ図>

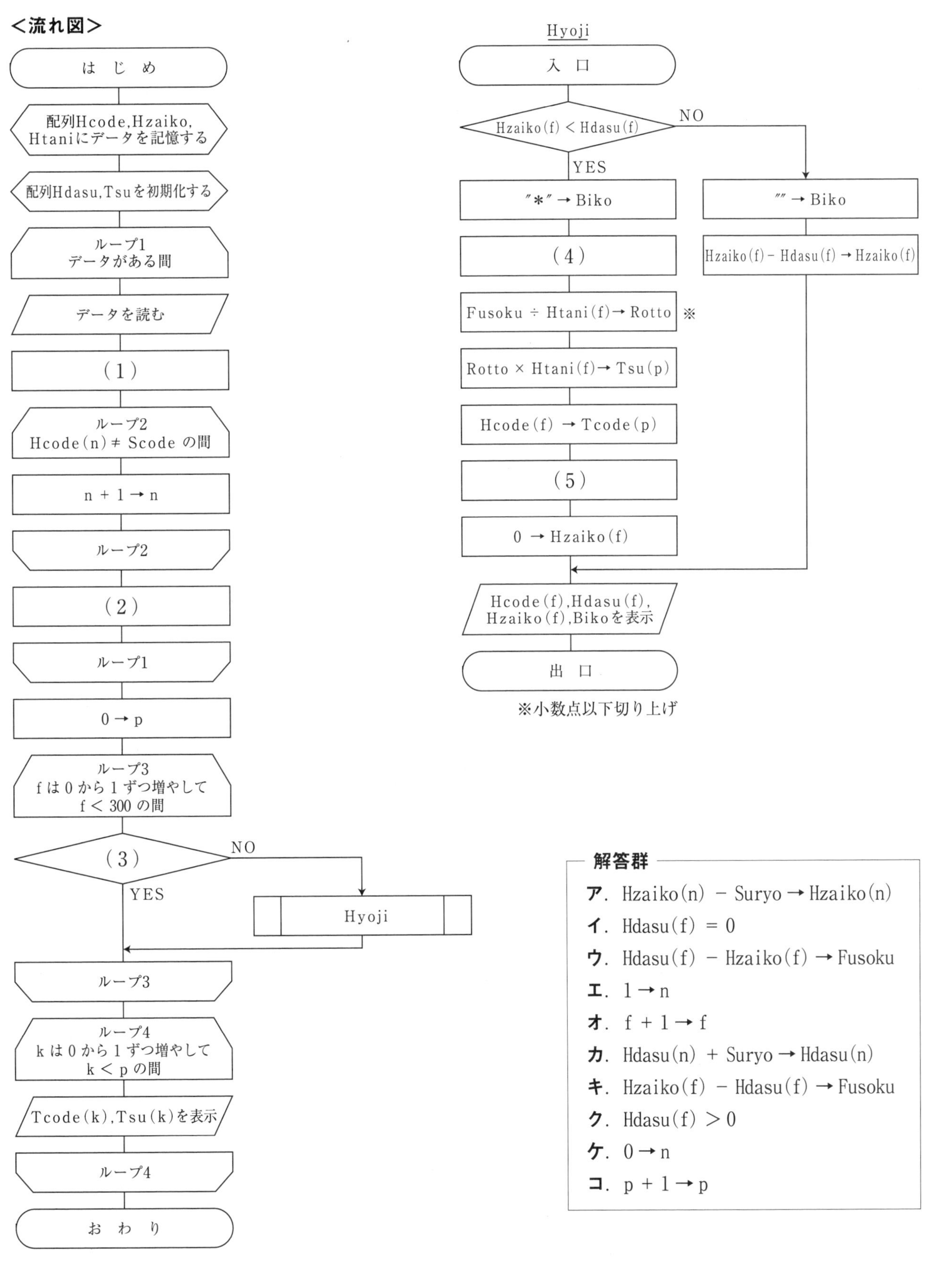

解答群

ア．Hzaiko(n) − Suryo → Hzaiko(n)
イ．Hdasu(f) = 0
ウ．Hdasu(f) − Hzaiko(f) → Fusoku
エ．1 → n
オ．f + 1 → f
カ．Hdasu(n) + Suryo → Hdasu(n)
キ．Hzaiko(f) − Hdasu(f) → Fusoku
ク．Hdasu(f) > 0
ケ．0 → n
コ．p + 1 → p

(1)	(2)	(3)	(4)	(5)

【7】 流れ図の説明を読んで，流れ図の(1)～(5)にあてはまる答えを解答群から選び，記号で答えなさい。

<流れ図の説明>

処理内容

ある都市の区別人口データと店舗データを読み，区別人口一覧と店舗数一覧をディスプレイに表示する。

入力データ

区別人口データ

区名 (NKumei)	人口 (NJin)
××××	×～×

(第1図)

店舗データ

区名 (TKumei)	店舗種類 (TTenpo)
××××	×～×

(第2図)

実行結果

```
                (区別人口一覧)
(No) (区名)      (人口)    (比率)
  1   中央区     34,323      9.0
  2   東区       35,716      9.4
  ∫    ∫           ∫         ∫
  7   緑区       66,070     17.3
   (人口合計)  381,778

                (店舗数一覧)
店舗情報を表示する区 No は？1
(店舗種類)  (店舗数)  (1万人あたり)
 コンビニ       31          9.1
 飲食店         11          3.2
   ∫             ∫           ∫
 家具店          0          0.0
```

(第3図)

処理条件

1．配列 Tenpo に店舗種類を記憶する。

配列

Tenpo	(0)	(1)	(2)	(3)	(4)	(5)
		コンビニ	飲食店	銀行	薬局	家具店

2．第1図の区別人口データを読み，次の処理を行う。

・ 区名を配列 Kumei に，人口を配列 Jin に記憶する。また，Jin(0) に人口合計を集計する。なお，Kumei と Jin の添字は対応している。データは1件以上10件以下である。

配列

Kumei	(0)	(1)	(2)	～	(9)	(10)
				～		

Jin	(0)	(1)	(2)	～	(9)	(10)
				～		

・ 比率を次の式で求め，No から比率までを第3図のように表示する。なお，No は配列 Kumei の添字を用いる。

比率 ＝ 区の人口 ÷ 人口合計 × 100 (小数第1位未満四捨五入)

3．第1図の区別人口データが終了したら，次の処理を行う。

・ 店舗情報を表示したい区の No を Kodo に入力する。No は，配列 Kumei の添字と対応している。

・ 第2図の店舗データを読み，入力された区について，店舗種類をもとに配列 Tenpo を探索し配列 Kensu に店舗数を集計する。

配列

Kensu	(0)	(1)	(2)	(3)	(4)	(5)

・ 第2図の店舗データが終了したら，1万人あたりを次の式で求め，店舗種類から1万人あたりまでを第3図のように表示する。

1万人あたり ＝ 店舗数 ÷ (区の人口 ÷ 10000) (小数第1位未満四捨五入)

・ Kodo に0が入力されたら処理を終了する。

4．データにエラーはないものとする。

(1)	(2) ❶	(2) ❷	(3)	(4)	(5)

<流れ図>

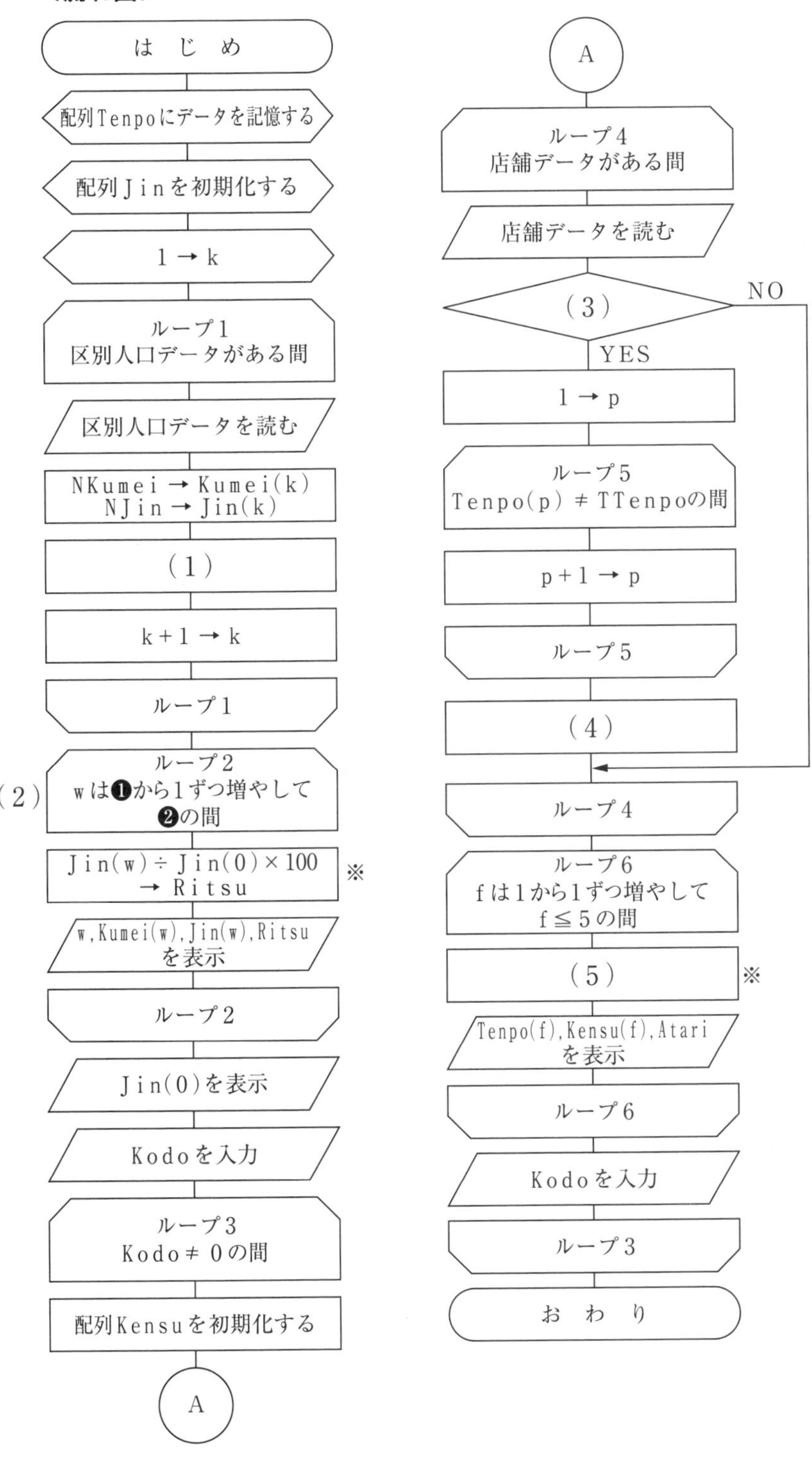

※小数第1位未満四捨五入

(注) ループ4に移る際，店舗データを再び読めるように準備する。

解答群

ア．Kensu(p) + 1 → Kensu(p)

イ．Kensu(f) ÷ (Jin(f) ÷ 10000) → Atari

ウ．w ≦ k

エ．Jin(p) + 1 → Jin(p)

オ．0

カ．Kensu(f) ÷ (Jin(Kodo) ÷ 10000) → Atari

キ．w ≦ 10

ク．Kumei(Kodo) = TKumei

ケ．Kensu(k) + 1 → Kensu(k)

コ．Jin(0) + NJin → Jin(0)

サ．Kumei(w) = TKumei

シ．w < k

ス．Kensu(f) ÷ Kensu(0) → Atari

セ．Kumei(k) = TKumei

ソ．1

主催 公益財団法人 全国商業高等学校協会

情報処理検定模擬試験問題 第2級 (第9回)

制限時間50分

【1】 次の説明文に最も適した答えを解答群から選び，記号で答えなさい。

1．アプリケーションソフト間のデータ交換に多く使われ，データをカンマで区切って並べたファイル形式。
2．無線LANにおけるアクセスポイントの識別名。
3．データを勝手に書き換え，その制限を解除するために金銭などを要求する悪意のあるソフトウェア。
4．電源トラブルが発生した際に，一定時間コンピュータシステムが稼働できるように電力を供給する装置。
5．アメリカの工業製品の標準化・規格化を行う機関。

解答群

ア．ガンブラー　イ．SSID　ウ．SSO
エ．CSV　オ．グループウェア　カ．ANSI
キ．ランサムウェア　ク．UPS　ケ．IEEE
コ．PDF

1		2		3		4		5	

【2】 次のA群の語句に最も関係の深い説明文をB群から選び，記号で答えなさい。

＜A群＞ 1．サイトライセンス　2．磁気ヘッド　3．多要素認証
4．ローカル変数　5．パケット

＜B群＞
ア．データ通信において，データを一定の容量に分割し，送信元や宛先などの制御情報を付加したもの。
イ．セキュリティレベルを高めるために，パスワードだけでなく生体情報なども組み合わせた認証方式。
ウ．磁気ディスク装置において，データを読み書きする部分を特定のトラックへ移動させる部品。
エ．パスワードで認証した後に，「秘密の質問」などで複数回の認証を行う認証方式。
オ．学校や企業などで，許可を受けた範囲内でソフトウェアを使用することができる契約方法。
カ．宣言された範囲のなかでのみ有効な変数。
キ．ソースコードを無償で公開して，誰でも自由に改良や再配布が行えるようにしたもの。
ク．無線通信を利用してデータの送受信を行うシステム。
ケ．磁気ディスク装置において，ディスク上のデータの記録・再生を直接行う部分。
コ．プログラムのどこからでも参照・更新することができる変数。

1		2		3		4		5	

【3】 次の説明文に最も適した答えをア，イ，ウから選び，記号で答えなさい。

1．2進数の1001と10進数の11との積を表す2進数。

ア．1000011　　**イ**．1100101　　**ウ**．1100011

2．知的財産権のうち特許庁に出願し登録されることによって一定期間，独占的に使用できる権利。

ア．著作権　　**イ**．産業財産権　　**ウ**．アクセス許可

3．プログラム言語で記述されたソースコードを機械語のプログラムに変換する作業。

ア．翻訳　　**イ**．デバッグ　　**ウ**．コンパイラ

4．データの内容を変えずにデータ容量を小さくすること。

ア．復号　　**イ**．圧縮　　**ウ**．暗号化

5．コンピュータシステムの日常の運転を維持するために必要なコスト。

ア．イニシャルコスト　　**イ**．TCO　　**ウ**．ランニングコスト

1		2		3		4		5	

【4】 プログラムにしたがって処理するとき，(1)～(5) を答えなさい。なお，入力する n の値は 1 桁の正の整数とする。

(1) n の値が 4 のとき，㋐の処理を何回実行するか答えなさい。
(2) n の値が 4 のとき，㋒で出力される t の値を答えなさい。
(3) n の値が 7 のとき，㋑の処理を何回実行するか答えなさい。
(4) n の値が 7 のとき，㋒で出力される t の値を答えなさい。
(5) プログラムの処理について説明した文のうち，正しいものはどれか。**ア**，**イ**，**ウ**の中から選び，記号で答えなさい。

ア．処理を終了したとき，a の値は b の値より必ず大きくなる。
イ．処理を終了したとき，a の値は b の値と必ず等しくなる。
ウ．処理を終了したとき，a の値と b の値の和は n の値と必ず等しくなる。

<プログラム>

```
Sub ProgramM9()
    Dim n As Long
    Dim x As Long
    Dim f As Long
    Dim t As Long
    Dim a As Long
    Dim b As Long
    Dim s As Long
    n = Val(InputBox(""))
    x = n
    f = 1
    t = 0
    a = 0
    b = 0
    Do While x > 0
        s = x * 10
        s = s + x
        If f = 1 Then
            s = s + 1
            a = a + 1   ㋐
        Else
            s = s - 1
            b = b + 1   ㋑
        End If
        t = t + s
        f = 1 - f
        x = x - 1
    Loop
    MsgBox (n & "," & t)   ㋒
End Sub
```

(1)	(2)	(3)	(4)	(5)
回		回		

【5】 流れ図の説明を読んで，流れ図の(1)～(5)にあてはまる答えを解答群から選び，記号で答えなさい。

<流れ図の説明>

処理内容

あるタクシーの運行記録データを読み，売上一覧表を作成する。

入力データ

日付 (Hiduke)	乗車時刻 (Jikan)	乗車距離(m) (Kyori)
××××	××××	×××××

(第1図)

実行結果

(売上一覧表)

(乗車時刻)	(乗車距離(m))	(運賃)	(備考)
435	5,635	2,670	○
721	1,104	600	
1045	8,382	3,210	
≀	≀	≀	≀
2215	12,581	5,690	○
		(運賃の合計)	35,290
		(乗車距離の平均(m))	4,252

(第2図)

処理条件

1. 第1図の乗車時刻は次のように構成されている。

   例 1234 → 12 34
   時 分

2. 第1図の入力データを読み，乗車距離(m)をもとに運賃を求める。

   乗車距離が 1,178m まで 600円
   それを超えると 251m ごとに 90円

   例 1,200m → 690円

   なお，乗車時刻が5時以前または22時以降の場合は運賃を1.2倍とし，備考に ○ を表示する。ただし，10円未満切り上げとする。また，上記以外の時間は備考を空白とする。

3. 入力データが終了したら，運賃の合計と乗車距離の平均を表示する。
4. データにエラーはないものとする。

<流れ図>

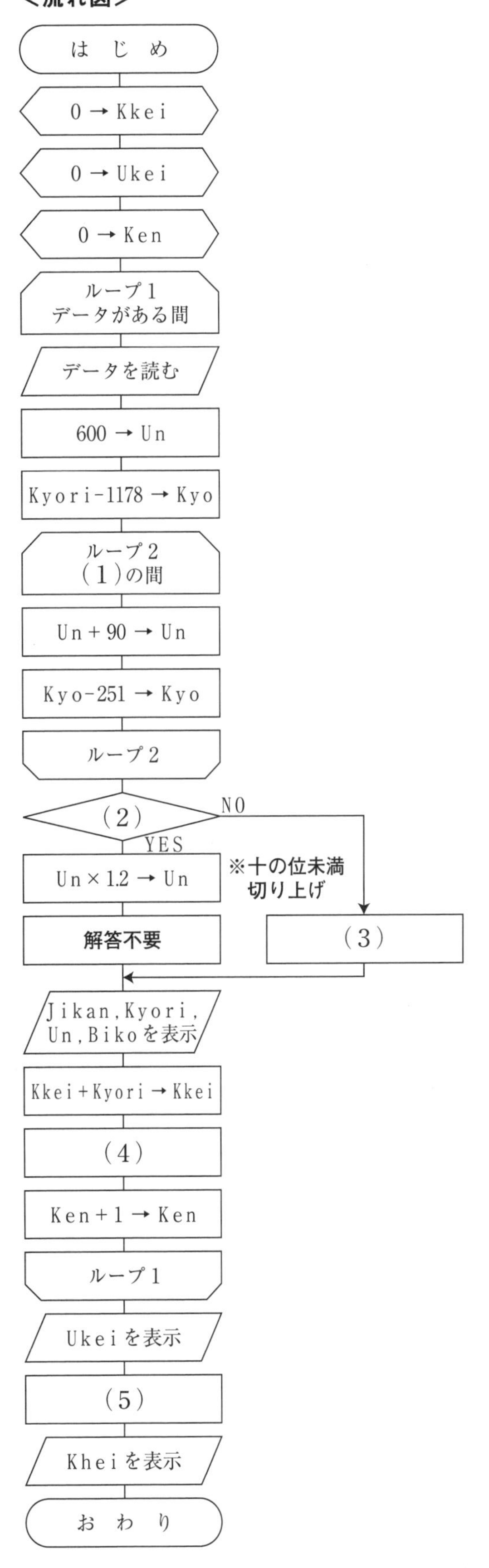

解答群

- **ア**. Kkei ÷ Ken → Khei
- **イ**. Ukei ＋ Un → Ukei
- **ウ**. Kyo ＜ 0
- **エ**. "" → Biko
- **オ**. Kyo ＞ 0
- **カ**. Jikan ≦ 500 または Jikan ≧ 2200
- **キ**. Khei ＋ Un → Khei
- **ク**. Jikan ＞ 500 かつ Jikan ＜ 2200
- **ケ**. Ukei ÷ Ken → Khei
- **コ**. "○" → Biko

(1)	(2)	(3)	(4)	(5)

【6】 **流れ図の説明を読んで，流れ図の(1)～(5)にあてはまる答えを解答群から選び，記号で答えなさい。**

<流れ図の説明>

処理内容

施設利用データを読み，利用料金一覧表をディスプレイに表示する。

入力データ

区分 (Ku)	施設1 (Si(0))	施設2 (Si(1))	施設3 (Si(2))
×	×	×	×

(第1図)

実行結果

(利用料金一覧表)

(区分)	(料金)	(施設1)	(施設2)	(施設3)
大人	2,000	水族館	展示	乗船
子ども	700	水族館		乗船
≀	≀	≀	≀	≀

(施設名)	(利用者数)
水族館	758
展示	301
乗船	468

(第2図)

処理条件

1. 第1図の区分は0が大人，1が子どもである。また，施設1～3は0が利用なし，1が利用ありである。各施設は次のとおりである。
   施設1：水族館　　施設2：展示　　施設3：乗船
2. 配列Meiに施設名を記憶する。また，配列Ninに利用者数を集計する。なお，MeiとNinの添字は対応している。

配列

	(0)	(1)	(2)
Mei	水族館	展示	乗船
Nin	0	0	0

3. 第1図のデータを読み，区分，料金，利用する施設名を第2図のように表示する。なお，料金は1施設につき大人700円，子ども350円とするが，すべて利用する場合は合計金額から大人は100円，子どもは50円を割り引く。また，利用する施設の利用者数を配列Ninへ集計する。
4. データを読み終えたあと，施設ごとに施設名と利用者数の合計を表示して処理を終える。
5. データにエラーはないものとする。

解答群

- **ア**．"" → Hyoji(b)
- **イ**．"" → Hyoji(a)
- **ウ**．Mei(a)，Nin(a)
- **エ**．Si(b)
- **オ**．0 → Kazu
- **カ**．Ryo － Wari → Ryo
- **キ**．Mei(b),Nin(b)
- **ク**．Si(a) ＝ 1
- **ケ**．Ryo － 50 → Ryo
- **コ**．0 → Ryo

<流れ図>

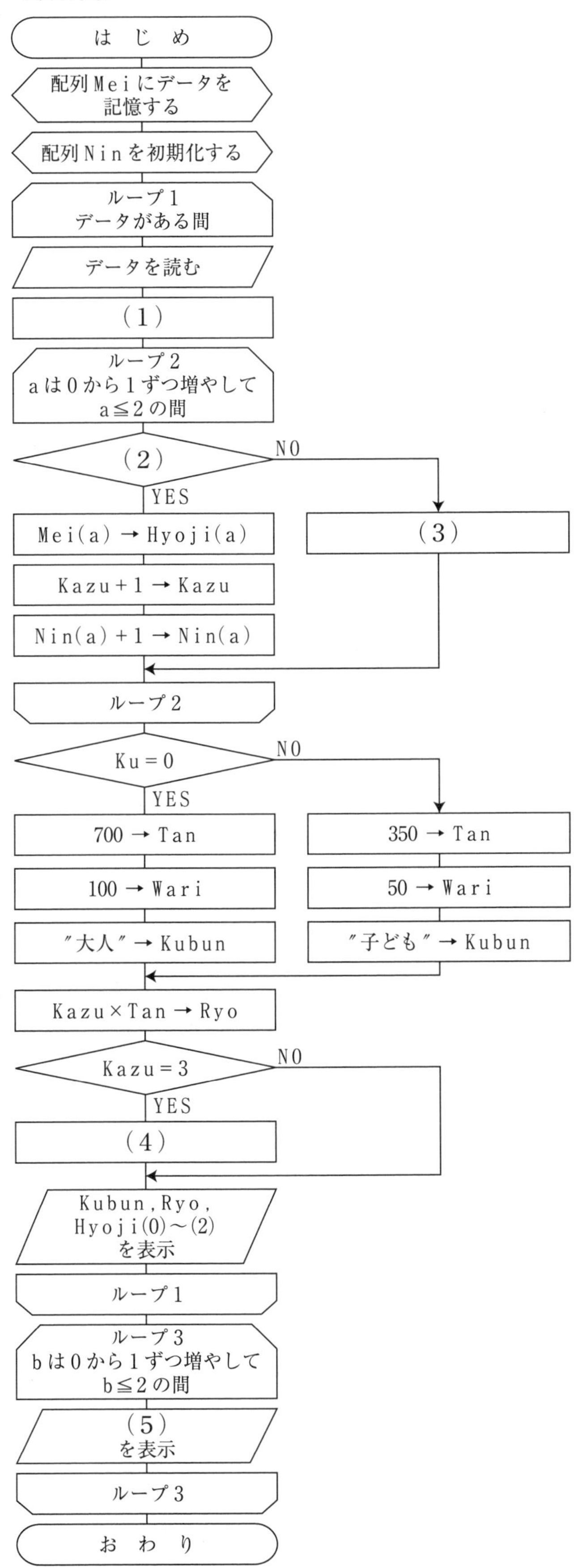
はじめ
配列Meiにデータを記憶する
配列Ninを初期化する
ループ1 データがある間
データを読む
(1)
ループ2 aは0から1ずつ増やして a≦2の間
(2)
NO
YES
Mei(a) → Hyoji(a)
Kazu＋1 → Kazu
Nin(a)＋1 → Nin(a)
(3)
ループ2
Ku＝0
NO
YES
700 → Tan
100 → Wari
″大人″ → Kubun
350 → Tan
50 → Wari
″子ども″ → Kubun
Kazu×Tan → Ryo
Kazu＝3
NO
YES
(4)
Kubun, Ryo, Hyoji(0)〜(2) を表示
ループ1
ループ3 bは0から1ずつ増やして b≦2の間
(5) を表示
ループ3
おわり

(1)	(2)	(3)	(4)	(5)

【7】 流れ図の説明を読んで，流れ図の空欄(1)～(5)にあてはまる答えを解答群から選び，記号で答えなさい。

<流れ図の説明>

処理内容

サッカーのリーグ戦データを読み，試合結果および優勝チーム名を表示する。

入力データ

ホームチーム番号 (HBan)	アウェイチーム番号 (ABan)	ホームチーム得点 (HTen)	アウェイチーム得点 (ATen)
××	××	×	×

(第1図)

実行結果

		(試合結果)		
(ホームチーム名・得点)			(アウェイチーム得点・名)	
スズマーレ	4	−	1	アンジャガーズ
レイカル	2	−	2	シガン
		～		
エムパルス	1	−	3	ブルース
(優勝チーム名)	グランシュート			

(第2図)

処理条件

1．ホームチーム番号，アウェイチーム番号は1～20である。

2．配列 TMei にチーム名を記憶する。なお，添字はホームチーム番号，アウェイチーム番号と対応している。

配列 TMei

(0)	(1)	(2)	(3)	～	(20)
	スズマーレ	アンジャガーズ	レイカル	～	ブルース

3．第1図のデータを読み，次の処理を行う。

・ 配列 KSu に勝ち数を集計する。勝ち数はホームチーム，アウェイチームのうち，得点の多いチームを勝利チームとして1を加えるものとし，引き分けの場合にはどちらのチームにも勝ち数を加えないものとする。なお，配列 KSu の添字は配列 TMei の添字と対応している。

配列 KSu

(0)	(1)	(2)	(3)	～	(20)
				～	

・ 配列 KTen に勝ち点を集計する。勝ち点は勝利チームに3を加えるものとし，引き分けの場合にはどちらのチームにも1を加えるものとする。なお，配列 KTen の添字は配列 TMei の添字と対応している。

配列 KTen

(0)	(1)	(2)	(3)	～	(20)
				～	

・ 配列 TSa に得失点差を集計する。得失点差は以下の計算式で求めるものとする。なお，配列 TSa の添字は配列 TMei と添字で対応している。

ホームチームの得失点差 ＝ ホームチームの得点 − アウェイチームの得点

アウェイチームの得失点差 ＝ アウェイチームの得点 − ホームチームの得点

配列 TSa

(0)	(1)	(2)	(3)	～	(20)
				～	

・ 第2図のようにホームチーム名，ホームチーム得点，アウェイチーム得点，アウェイチーム名を表示する。

4．データを読み終えたあと，優勝チーム名を表示する。なお，優勝チームは勝ち数が最大のチームとする。なお，勝ち数が最大のチームが複数ある場合には勝ち点が大きいチームを優先し，勝ち点も同じ場合には得失点差が大きいチームを優先する。なお，得失点差も同じ場合には，チーム番号が小さいチームを優先する。

5．データにエラーはないものとする。

<流れ図>

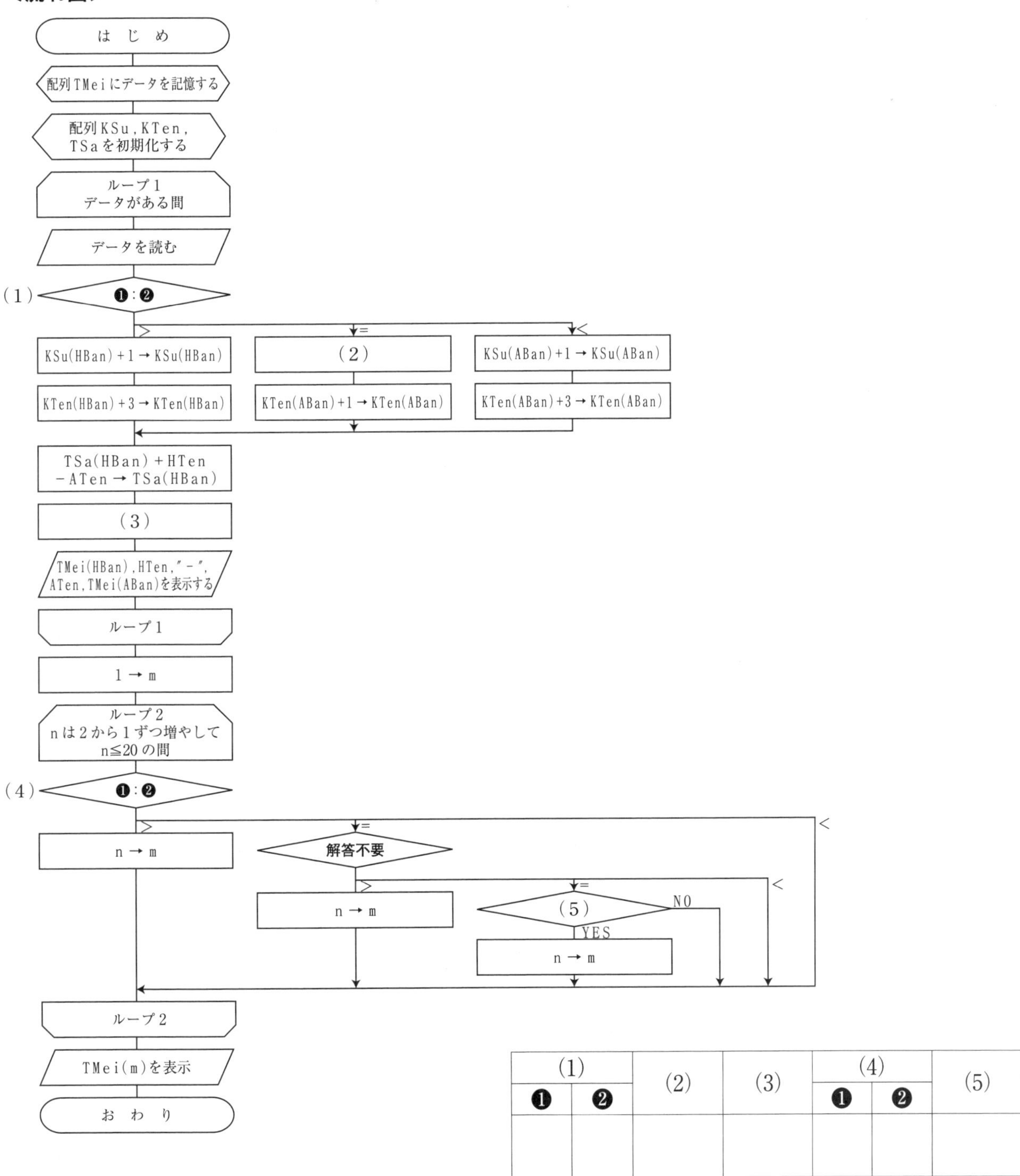

<table>
<tr><th colspan="2">(1)</th><th rowspan="2">(2)</th><th rowspan="2">(3)</th><th colspan="2">(4)</th><th rowspan="2">(5)</th></tr>
<tr><th>❶</th><th>❷</th><th>❶</th><th>❷</th></tr>
<tr><td></td><td></td><td></td><td></td><td></td><td></td><td></td></tr>
</table>

解答群

ア．ABan　　イ．ATen
ウ．HBan　　エ．HTen
オ．KSu(ABan) ＋ 1 → KSu(ABan)　　カ．KSu(HBan) ＋ 1 → KSu(HBan)
キ．KSu(m)　　ク．KSu(n)
ケ．KTen(HBan) ＋ 1 → KTen(HBan)　　コ．KTen(m)
サ．KTen(n)　　シ．TSa(ABan) ＋ ATen − HTen → TSa(ABan)
ス．TSa(n) ≧ TSa(m)　　セ．TSa(n) ＞ TSa(m)
ソ．TSa(ABan) ＋ HTen − ATen → TSa(ABan)

主催 公益財団法人 全国商業高等学校協会

情報処理検定模擬試験問題 第2級 （第10回）

制限時間50分

【1】 次の説明文に最も適した答えを解答群から選び，記号で答えなさい。

1．通信機器のメーカーや機種の違いを問わず，相互接続ができる無線LANの規格。
2．フルカラーの静止画像を多少の劣化をともなうが高い圧縮率で記録できるファイル形式。
3．プログラム実行時に正しい処理結果が得られない場合の誤り。
4．認証を一度行うだけで，複数のサービスやアプリケーションにログインできる仕組み。
5．数値として扱うデータに，文字などの数値以外のものが含まれていないかどうかをチェックすること。

解答群

ア．論理エラー	**イ**．SSID	**ウ**．ニューメリックチェック
エ．ワンタイムパスワード	**オ**．JPEG	**カ**．文法エラー
キ．Wi-Fi	**ク**．シングルサインオン	**ケ**．トータルチェック
コ．BMP		

1		2		3		4		5	

【2】 次のA群の語句に最も関係の深い説明文をB群から選び，記号で答えなさい。

＜A群＞ 1．ルートディレクトリ　2．フリーウェア　3．Java
4．キーロガー　5．ASCIIコード

＜B群＞

ア．文字を7ビットで表現するアメリカ規格協会が制定した文字コード。
イ．試用期間中は無料だが，継続して使用する場合には料金の支払いを求めるソフトウェア。
ウ．パソコンやキーボードの操作の内容を記録するためのソフトウェアで，悪意をもって個人情報を盗み取る使われ方をする場合もある。
エ．著作権は放棄されていないが，試用期間などの制限もなく，無料で使用可能なソフトウェア。
オ．ハードディスクなどで，ファイルを分類・整理するための保管場所のこと。
カ．勝手にファイルに対してパスワード設定や暗号化をして，コンピュータを正常に利用できない状態にする悪意をもったソフトウェア。
キ．オブジェクト指向のプログラミングに適した，特定のOSや機種に依存しないプログラム言語。
ク．コンピュータの機種などに依存せずに，共通して利用するために定められた国際標準の文字コード。
ケ．UNIXのOS記述用に開発された汎用性・移植性の高いプログラム言語。
コ．階層構造でファイルを管理するとき，ドライブの直下に一つだけ存在する最上位のディレクトリ。

1		2		3		4		5	

【3】 次の説明文に最も適した答えをア，イ，ウから選び，記号で答えなさい。

1．2進数の110011と2進数の10101との差を表す10進数。

ア．24　　**イ**．27　　**ウ**．30

2．磁気ディスク装置上において，同心円一周分のデータの記憶領域。

ア．セクタ　　**イ**．トラック　　**ウ**．シンリダ

3．インターネット上の動画や音楽を視聴する際，ダウンロードしながら再生する方法。

ア．ストリーミング　　**イ**．テザリング　　**ウ**．UPS

4．芸術作品やコンピュータプログラムなどを創作した人の権利とこれに隣接する権利を保護し，文化の発展に寄与することを目的とした法律。

ア．個人情報保護法　　**イ**．著作権法　　**ウ**．不正アクセス禁止法

5．解像度3,000×4,000ピクセル，1ピクセルあたり24ビットの色情報を持つ画像200枚分の記憶容量。ただし，1GB=10^9Bとする。

ア．0.72GB　　**イ**．3.6GB　　**ウ**．7.2GB

1		2		3		4		5	

【4】 **プログラムにしたがって処理するとき，(1)～(5)を答えなさい。なお，入力するnの値は正の整数とする。**

(1) aの値が10のとき，㋐の処理を何回実行するか答えなさい。
(2) aの値が10のとき，㋒で出力されるkの値を答えなさい。
(3) aの値が17のとき，㋐の処理を5回実行したあとのjの値を答えなさい。
(4) aの値が17のとき，㋒で出力されるtの値を答えなさい。
(5) プログラムの処理について説明した文のうち，正しいものはどれか。**ア**，**イ**，**ウ**の中から選び，記号で答えなさい。
ア．㋑を処理するとき，jの値はkの値と必ず等しくなる。
イ．㋑を処理するとき，jの値は必ず10の倍数になる。
ウ．㋑を処理するとき，kの値は必ず10の倍数になる。

<プログラム>

```
Sub ProgramM10()
    Dim a As Long
    Dim t As Long
    Dim f As Long
    Dim j As Long
    Dim k As Long
    a = Val(InputBox(""))
    t = 10
    f = 0
    Do While f = 0
        j = a * t ㋐
        k = t ^ 2 / 4
        If j <= k Then
            f = 1 ㋑
        Else
            t = t + 10
        End If
    Loop
    MsgBox t & "," & k ㋒
End Sub
```

(1)	(2)	(3)	(4)	(5)
回				

【5】 流れ図の説明を読んで，流れ図の(1)～(5)にあてはまる答えを解答群から選び，記号で答えなさい。

<流れ図の説明>

処理内容

部活動データを読んだ後，摂取カロリーデータを読み，カロリー一覧をディスプレイに表示する。

入力データ

部活動 (Bu)
×

(第１図)

日付 (Hiduke)	カロリー (Cal)
××	××××

(第２図)

実行結果

(日付)	(カロリー)	(備考)
1	1900k	↓
2	2400k	↑
≀	≀	≀
30	2900k	↑
(平均)	2400k	60 分の散歩をおすすめ

(カロリー一覧)　(第３図)

処理条件

1．第１図の部活動は，0 なら文化部を，1 なら運動部を示す。
2．第２図の入力データを読み，基準摂取カロリーを超えている場合は備考に ↑，下回っている場合は ↓，同数の場合は空欄にして第３図のように表示させる。なお，基準摂取カロリーは文化部は 2,200 キロカロリー，運動部は 2,800 キロカロリーとする。
3．データが終了したら，次の処理を行う。
・ 平均を次の計算式で求め，表示する。

平均　＝　カロリーの合計　÷　件数

(小数点以下四捨五入)

・ 平均と基準摂取カロリーを比較し，基準摂取カロリーを超す場合，次の計算式で求めた時間を散歩のおすすめ時間として表示する。

分　＝　超過カロリー　÷　50　×　15

(小数点以下四捨五入)

4．データにエラーはないものとする。

解答群

ア．Gokei ÷ Kensu → Heikin
イ．Bu = 1
ウ．Kijun − Heikin → Over
エ．Heikin − Kijun → Over
オ．Gokei + Kijun → Gokei
カ．0 → Heikin
キ．Bu = 0
ク．Kijun ÷ Gokei → Heikin
ケ．0 → Kensu
コ．Gokei + Cal → Gokei

<流れ図>

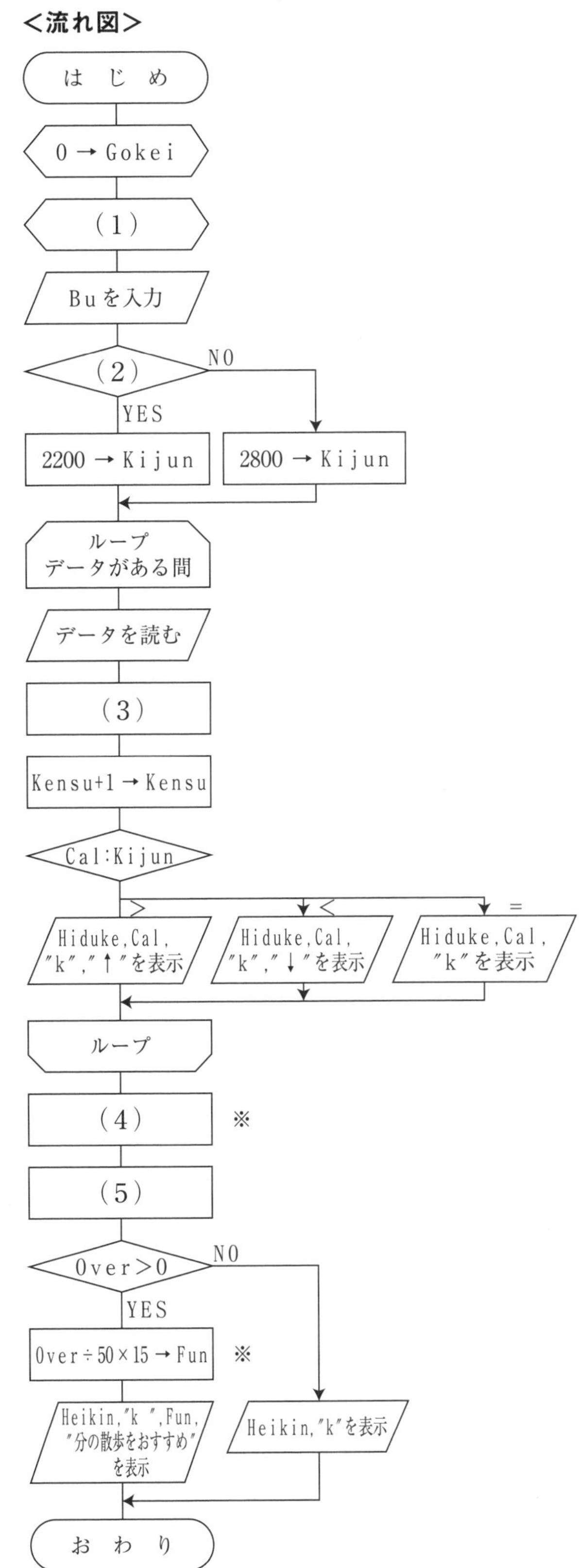

※小数点以下四捨五入

(1)	(2)	(3)	(4)	(5)

【6】 流れ図の説明を読んで，流れ図の(1)～(5)にあてはまる答えを解答群から選び，記号で答えなさい。

<流れ図の説明>

処理内容

あるインターネットカフェの1日分の売上データを読み，顧客別売上一覧表をディスプレイに表示する。

入力データ

入店時間 (Njikan)	退店時間 (Tjikan)	飲食代金 (Ikin)
××××	××××	××××

(第1図)

実行結果

(顧客別売上一覧表)					
(入店時間)	(退店時間)	(利用時間)	(利用金額)	(飲食代金)	(売上金額)
918	1815	8時間57分	1,250	1,420	2,670
925	1258	3時間33分	870	300	1,170
941	1524	5時間43分	950	680	1,630
⁓	⁓	⁓	⁓	⁓	⁓
1951	2154	2時間3分	590	0	590
		(合計)	84,810	40,320	125,130
		(平均)	831	395	1,226

(第2図)

処理条件

1．第1図の入店時間，退店時間は次の例のように構成され，時は0～23，分は0～59である。

例　1005　→　10 05
**　　　　　　　時　分**

2．配列Pfunにはパック料金となる時間(分)が，Pkinにはパック料金の金額が記憶されている。なお，Pfunと Pkinの添字は対応している。

配列

	(0)	(1)	(2)	(3)	～	(8)
Pfun	0	180	360	540	～	1440
Pkin	0	590	950	1250	～	2560

例：上記の表の場合，180分までであれば590円，360分までであれば950円のパック料金が設定されている。

3．利用金額は10分あたり70円である。ただし，パック料金が設定されており，安い方の金額で清算されるようになっている。

10分あたりの利用回数　＝　(利用時間(分)　－　パックとなる時間(分))　÷　10

利用金額　＝　パック料金　＋　10分あたりの利用回数　×　70

例：利用時間が3時間35分の場合　6時間パック：950円　3時間パック＋40分：　870円　のため，870円となる。

利用時間が4時間の場合　6時間パック：950円　3時間パック＋60分：1,010円　のため，950円となる。

4．第1図のデータを読み，次の処理を行う。

・　入店時間，退店時間をもとに利用時間(分)を計算する。なお，日をまたぐ場合(退店時間が入店時間よりも早い(小さい)場合)もあるため，その場合は退店時間に24時間を加えて計算を行う。なお，すべての利用者は24時間未満で退店している。

・　利用時間(分)をもとに配列Pfunを探索し，利用時間(分)以上で最小のパック料金を求める。

・　利用時間(分)未満で最大のパック料金に10分あたりの金額を加算した金額を計算し，先に求めたパック料金と比較し，安い方の金額を利用金額とする。

・　売上金額を次の計算式で求め，入店時間から売上金額を第2図のように表示する。

売上金額　＝　利用金額　＋　飲食代金

5．入力データが終了したら，次の処理を行う。

・　利用金額，飲食代金，売上金額の合計を第2図のように表示する。

・　利用金額，飲食代金，売上金額の平均を第2図のように表示する。

6．データにエラーはないものとする。

<流れ図>

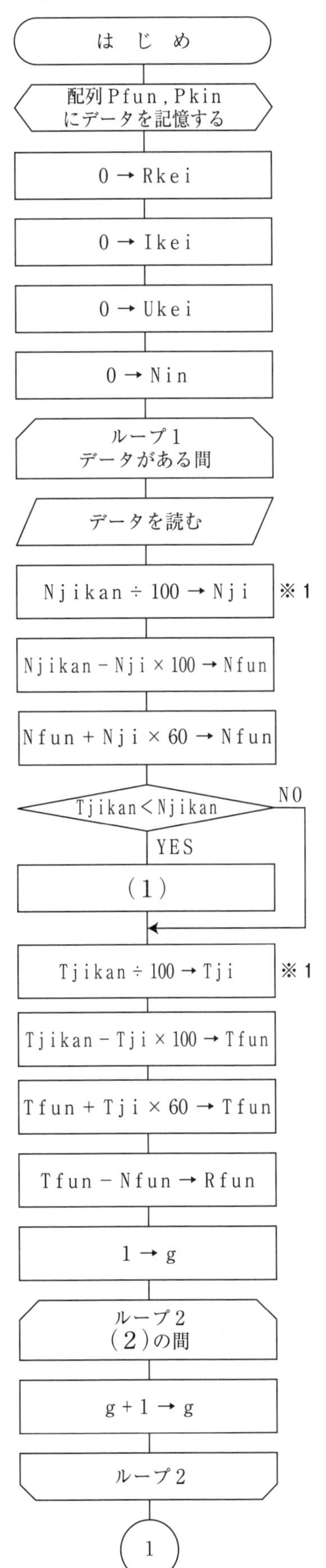

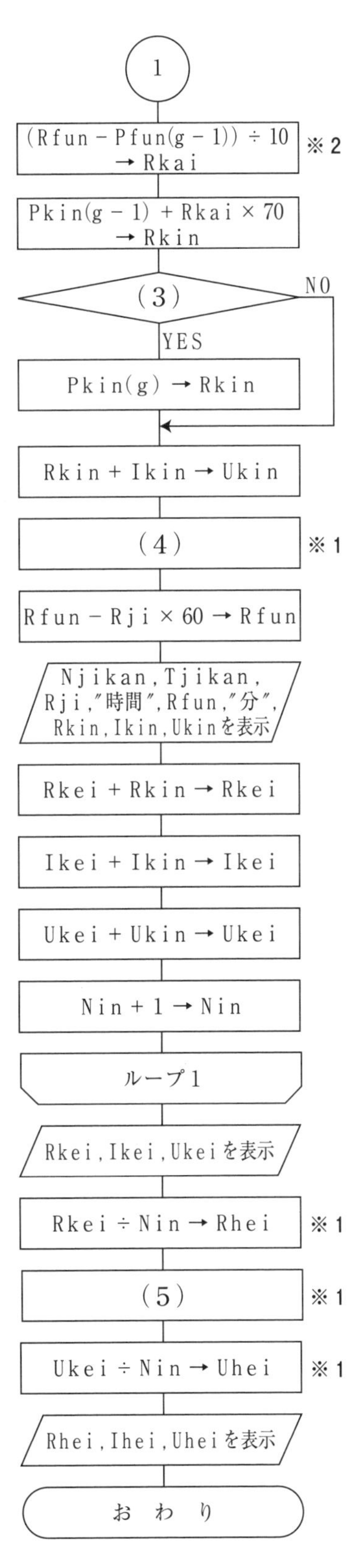

※1　小数点以下切り捨て
※2　小数点以下切り上げ

解答群

ア. Tjikan + 2400 → Tjikan
イ. Rfun ÷ 100 → Rji
ウ. Ikei ÷ Nin → Ihei
エ. Pfun(g) < Rfun
オ. Rfun ÷ 60 → Rji
カ. Pfun(g) ≧ Rfun
キ. Pkin(g) > Rkin
ク. Pkin(g) < Rkin
ケ. Ikei + Ikin → Ikei
コ. Tjikan + 1440 → Tjikan

(1)	(2)	(3)	(4)	(5)

【7】 流れ図の説明を読んで，流れ図の(1)～(5)にあてはまる答えを解答群から選び，記号で答えなさい。

＜流れ図の説明＞

処理内容

ある航空会社の利用データを読み，搭乗データおよび利用者数の一覧表を表示する。

入力データ

出発地コード (Skodo)	到着地コード (Tkodo)	クラス (Kurasu)	距離 (Kukan)	割引 (Wari)
×××	×××	×	××××	×

(第１図)

実行結果

```
         (搭乗データ一覧)
(出発地)  (到着地)  (クラス)   (料金)
 羽田      福岡       F       32,500
 中部      新千歳     B       18,000
  ≀         ≀         ≀          ≀

      (利用者数一覧)
(空港名)  (出発)   (到着)
 旭川       580      712
 新千歳   2,491    8,105
  ≀         ≀        ≀
(総利用者) 140,794
```

(第２図)

処理条件

1．第１図の各項目は次のとおりである。
- 出発地コードと到着地コードは空港コードを示している。
- クラスは，Fがファーストクラス，Bがビジネスクラス，Eがエコノミークラスを示している。
- 割引はMが招待，Cが優待，Kが家族を示している。

2．配列Kodoに空港コードを，配列Namaeに空港名を記憶する。なお，KodoとNamaeの添字は対応している。

配列

	(0)	(1)	～	(64)
Kodo	AKJ	AOJ	～	WKJ
Namae	旭川	青森	～	稚内

3．第１図のデータを読み，次の処理を行う。
- 出発地コードと到着地コードをもとに，配列Kodoを探索し，配列Sriyoに出発の利用者を，配列Triyoに到着の利用者の集計を行う。なお，配列KodoとSriyo，Triyoの添字は対応している。

配列

	(0)	(1)	～	(64)
Sriyo	0	0	～	0
Triyo	0	0	～	0

- 距離をもとに，配列Kyoriを探索し，標準料金を求める。なお，標準料金は配列Hyojunに記憶されており，KyoriとHyojunの添字は対応している。また，Kyoriは上限を示している。

配列

	(0)	(1)	～	(5)
Kyori	200	500	～	9999
Hyojun	8000	10000	～	20000

- クラスと割引をもとに，料金を求める。

ファーストクラス：標準料金の2.5倍		招待：無料
ビジネスクラス　：標準料金の２倍		優待：１割引
エコノミークラス：標準料金		家族：半額

4．データが終了したら，利用者のある空港名と利用者数と総利用者数を表示する。

5．データにエラーはないものとする。

＜流れ図＞

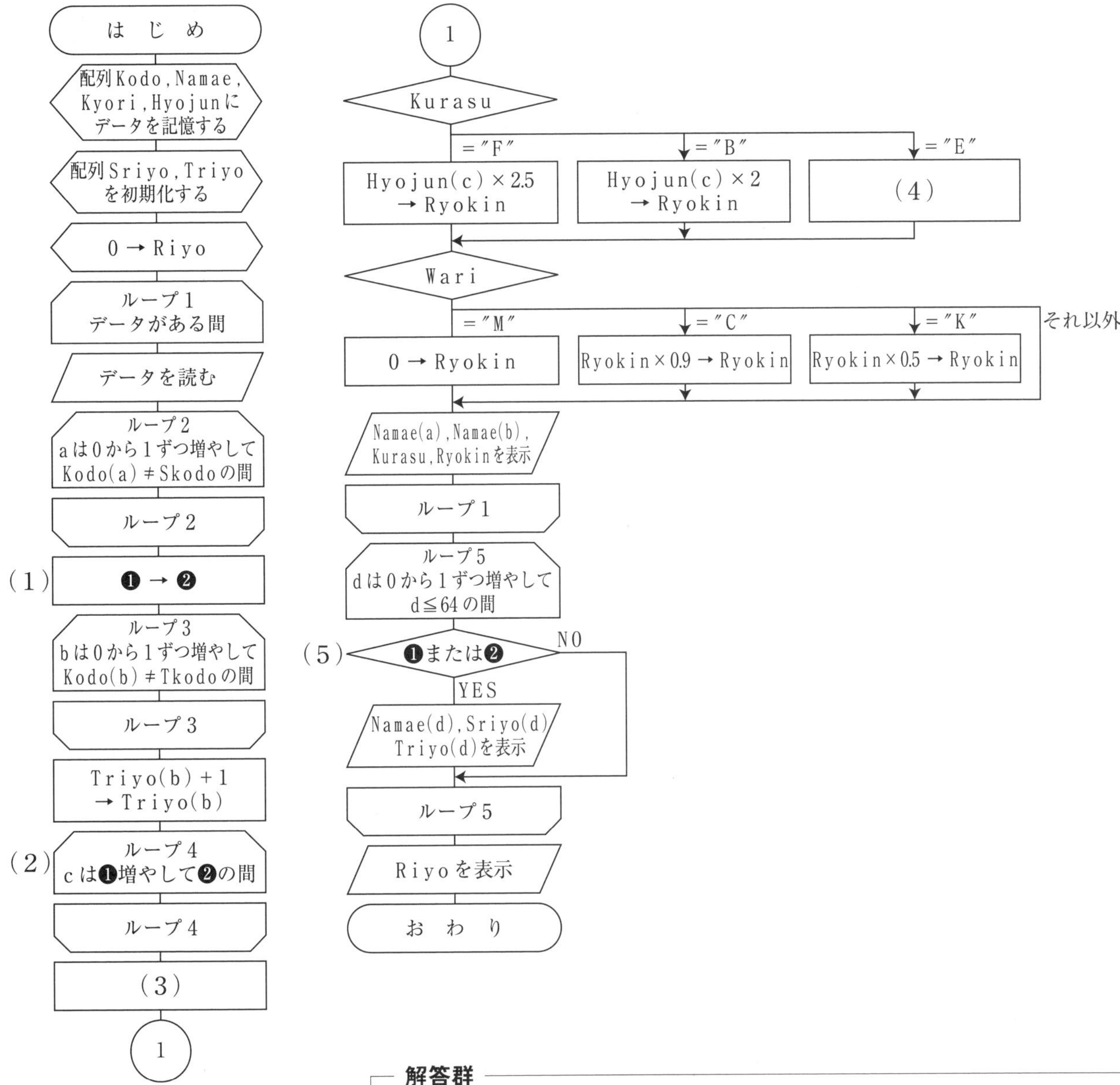

解答群

ア. Sriyo(Skodo) + 1
イ. Kyori(c) + 1 → Kyori(c)
ウ. Riyo > 0
エ. Hyojun(c) → Ryokin
オ. 0から1ずつ
カ. Sriyo(Skodo)
キ. Riyo + 1 → Riyo
ク. Kyori(c) < Kukan
ケ. Hyojun(c) × 1.5 → Ryokin
コ. 1から1ずつ
サ. Hyojun(c) > Kukan
シ. Sriyo(d) = 0
ス. Sriyo(a) + 1
セ. Sriyo(Tkodo)
ソ. Sriyo(d) > 0
タ. Riyo = 0
チ. Kyori(c) ≧ Kukan
ツ. Triyo(d) > 0
テ. Sriyo(a)
ト. Triyo(d) = 0

(1)		(2)		(3)	(4)	(5)	
❶	❷	❶	❷			❶	❷

主催 公益財団法人 全国商業高等学校協会

情報処理検定模擬試験問題　第2級（第11回）

制限時間50分

【1】 次の説明文に最も適した答えを解答群から選び，記号で答えなさい。

1．マルウェアの侵入や不正アクセスを防ぐようなシステムやコンピュータ。特定の条件に合ったアクセスに対して，許可・拒否を設定できる。
2．文法エラーを修正すること。専用のツールを使うこともある。
3．システム開発費やハードウェアの導入費など，一度だけ発生する費用。
4．ファイル名の末尾に付ける，アルファベット3文字や4文字のファイル識別子。
5．マークシートの読み取りに，光を使う入力装置。マークを正しく塗りつぶさないと読み取れないこともある。

解答群

ア．デバッグ	**イ**．ランニングコスト	**ウ**．イニシャルコスト
エ．ファイアウォール	**オ**．OMR	**カ**．アーカイバ
キ．セキュリティホール	**ク**．テストラン	**ケ**．OCR
コ．拡張子		

1		2		3		4		5	

【2】 次のA群の語句に最も関係の深い説明文をB群から選び，記号で答えなさい。

＜A群＞ 1．PDF　2．サイトライセンス　3．RGB　4．バックアップ　5．リミットチェック

＜B群＞

ア．無償で使用できることが特徴のソフトウェア。
イ．データの読み取りや書き込みを含めたすべてのアクセス権限のこと。
ウ．一括契約により，企業内であれば複数のコンピュータにインストール可能。
エ．光の三原色といわれ，ディスプレイ装置で色を表現する方法。すべて混ぜ合わせると白になる。
オ．データを複製する行為や，複製したデータそのものを指す。
カ．月の入力値が1～12の範囲内に収まっているかなど，定められた範囲内にあるかチェックすること。
キ．データをコンマ区切りで保存することが特徴のファイル形式。改行コードにより次の行に移る。
ク．金額の入力値に漢字など数値以外が入っていないかをチェックすること。
ケ．OSが異なっても閲覧可能な電子文書のファイル形式。
コ．色の三原色といわれるものに黒を加えた，プリンタで色を表現する方法。

1		2		3		4		5	

【3】 次の説明文に最も適した答えをア，イ，ウから選び，記号で答えなさい。

1．2 進数の 1100 と 10 進数の 24 との和を表す 2 進数。

ア．100100　　**イ**．101000　　**ウ**．111000

2．Java や C 言語などで記述されたプログラムを機械語へ一括で翻訳する言語プロセッサ。

ア．コンパイラ　　**イ**．インタプリタ　　**ウ**．アセンブラ

3．パスワードなどの知識で認証を行った後，指紋などの生体認証を行うなど，認証方法を組み合わせること。

ア．多段階認証　　**イ**．多要素認証　　**ウ**．シングルサインオン

4．ファイルを勝手に暗号化し，復号のために身代金を要求するなどの不正なプログラム。

ア．ガンブラー　　**イ**．ランサムウェア　　**ウ**．キーロガー

5．解像度 1,200×1,000 ピクセル，1 ピクセルあたり 3 バイトの色情報を持つ画像を 80% に圧縮したときの 1 枚分の記憶容量。ただし，1MB=1,000,000B とする。

ア．0.36MB　　**イ**．0.72MB　　**ウ**．2.88MB

1		2		3		4		5	

【4】 プログラムにしたがって処理するとき，(1)～(5) を答えなさい。なお，入力する a の値は 2 桁の正の整数とする。

(1) a の値が 25 のとき，㋐の処理を初めて実行するときの x の値を答えなさい。
(2) a の値が 25 のとき，㋑で出力される c の値を答えなさい。
(3) a の値が 91 のとき，㋐の処理を 4 回目に実行するときの x の値を答えなさい。
(4) a の値が 91 のとき，㋑で出力される c の値を答えなさい。
(5) プログラムの処理について説明した文のうち，正しいものはどれか。**ア**，**イ**，**ウ**の中から選び，記号で答えなさい。
　ア．処理を終了するとき，x の値は y の値より必ず大きくなる。
　イ．処理を終了するとき，x の値は y の値と必ず等しくなる。
　ウ．処理を終了するとき，x の値は y の値より必ず小さくなる。

<プログラム>

```
Sub ProgramM11()
    Dim a As Long
    Dim j As Long
    Dim i As Long
    Dim x As Long
    Dim y As Long
    Dim c As Long
    Dim s As Long
    a = Val(InputBox(""))
    j = Int(a / 10)
    i = a - j * 10
    If j >= i Then
        x = a
        y = 10 * i + j
    Else
        x = 10 * i + j
        y = a
    End If
    c = 0
    s = 0
    Do While s = 0
        If x > y Then    ㋐
            x = x - 9
            c = c + 1
        Else
            s = 1
        End If
    Loop
    MsgBox (c)    ㋑
End Sub
```

(1)	(2)	(3)	(4)	(5)

【5】 流れ図の説明を読んで，流れ図の(1)～(5)にあてはまる答えを解答群から選び，記号で答えなさい。

<流れ図の説明>

処理内容

　あるチェーン店の店舗別売上金額データを読み，店舗別売上金額を作成する。

入力データ

店舗名 (Tmei)	前年度 (Zkin)	今年度 (Kkin)
××××	××××××××	××××××××

(第１図)

実行結果

(店舗別売上金額)			
(店舗名)	(前年度)	(今年度)	(増加率(%))
AI 店	10,294,192	10,402,531	1.05
NK 店	9,305,183	9,302,102	－0.03
KS 店	15,302,995	16,125,534	5.38
≀	≀	≀	≀
TU 店	13,685,493	12,903,786	－5.71
OK 店	21,501,982	22,094,192	2.75
TY 店	13,091,894	12,978,068	－0.87
(合計)	124,019,531	126,412,853	
	(増加率(%)が最大の店舗名)		KS 店
	(増加率(%)の最大)		5.38
	(売上金額増加の店舗数)		14

(第２図)

処理条件

1．第１図の入力データを読み，増加率(%)を次の計算式で求め，第２図のように表示する。

増加率(%)　＝　(今年度　－　前年度)

×　100　÷　前年度

(小数第３位以下四捨五入)

2．入力データが終了したら，前年度と今年度の売上金額合計，増加率(%)が最大の店舗名，増加率(%)の最大，売上金額増加の店舗数を第２図のように表示する。なお，最大は同じ増加率(%)があった場合，後に入力されたデータを優先する。

3．データにエラーはないものとする。

解答群

ア．Ritu → Mmei
イ．Tmei → Mmei
ウ．(Zkin － Kkin) × 100 ÷ Zkin → Ritu
エ．Ritu ＞ Max
オ．(Kkin － Zkin) × 100 ÷ Zkin → Ritu
カ．0 → Max
キ．Zou ＋ 1 → Zou
ク．0 → Mmei
ケ．Zou ＋ Kkin → Zou
コ．Ritu ≧ Max

<流れ図>

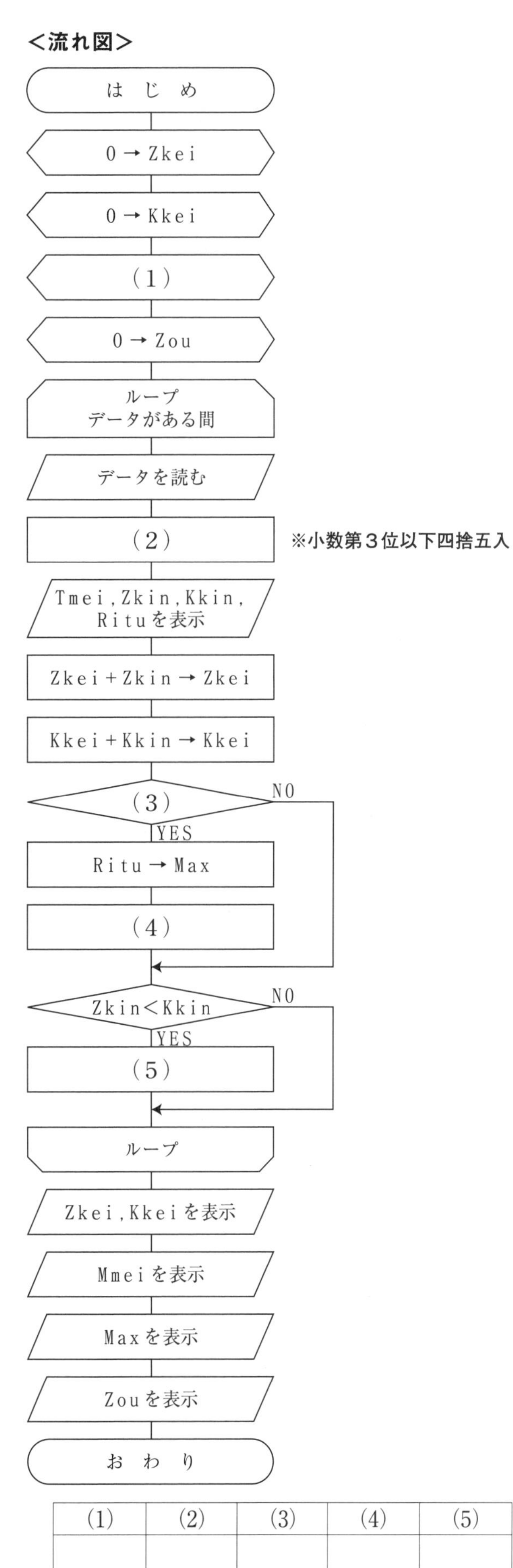

(1)	(2)	(3)	(4)	(5)

【6】 流れ図の説明を読んで，流れ図の(1)～(5)にあてはまる答えを解答群から選び，記号で答えなさい。

<流れ図の説明>

処理内容

あるガソリンスタンドのガソリン販売量の記録を読み，月別販売量一覧表と油種別販売量一覧表を作成する。

入力データ

日付 (Hiduke)	油種番号 (Yban)	販売量(L) (Hryo)	販売金額 (Hkin)
××××	×	×××.××	×××××

(第1図)

実行結果

	(月別販売量一覧表)		
(月)	(販売量(L))	(販売金額)	(1Lあたり)
1	185,252.15	29,881,172	161.3
2	175,298.63	27,977,661	159.6
3	193,582.89	30,431,230	157.2
～	～	～	～
12	201,295.57	33,898,174	168.4
(合計)	2,059,144.71	339,347,048	164.8
	(販売量(L)が最大の月)		8
	(油種別販売量一覧表)		
(油種名)	(販売量(L))	(販売金額)	(1Lあたり)
軽油	350,054.60	51,528,096	147.2
レギュラー	1,461,992.75	244,008,589	166.9
ハイオク	247,097.36	43,810,363	177.3

(第2図)

処理条件

1. 油種名はあらかじめ Ymei に記憶されている。なお，Ymei の添字は油種番号と対応している。

配列 Ymei

(0)	(1)	(2)	(3)
	軽油	レギュラー	ハイオク

2. 第1図の日付は次のように構成されている。

例　1231　→　12 31
月 日

3. 第1図の入力データを読むたびに，次の処理を行う。

・ 月ごとに配列 Thryo に販売量(L)を，配列 Thkin に販売金額を集計する。なお，Thryo(0)には販売量(L)の合計を，Thkin(0)には販売金額の合計を求める。また，Thryo，Thkin の添字は月と対応している。

配列 Thryo

(0)	(1)	(2)	(3)	～	(12)
				～	
(合計)					

Thkin

(0)	(1)	(2)	(3)	～	(12)
				～	
(合計)					

・ 油種ごとに配列 Yhryo に販売量(L)を，配列 Yhkin に販売金額を集計する。なお，Yhryo，Yhkin の添字は油種番号と対応している。

配列 Yhryo

(0)	(1)	(2)	(3)

Yhkin

(0)	(1)	(2)	(3)

4. 入力データが終了したら，次の処理を行う。

・ 月ごとの販売量(L)，販売金額，1Lあたりの販売金額を第2図のように表示する。

・ 販売量(L)と販売金額の合計と，1Lあたりの販売金額を第2図のように表示する。

・ 販売量(L)が最大の月を求め，第2図のように表示する。なお，最大の月が複数ある場合は，先の月を優先する。

・ 油種名ごとの販売量(L)，販売金額，1Lあたりの販売金額を第2図のように表示する。

5. データにエラーはないものとする。

<流れ図>

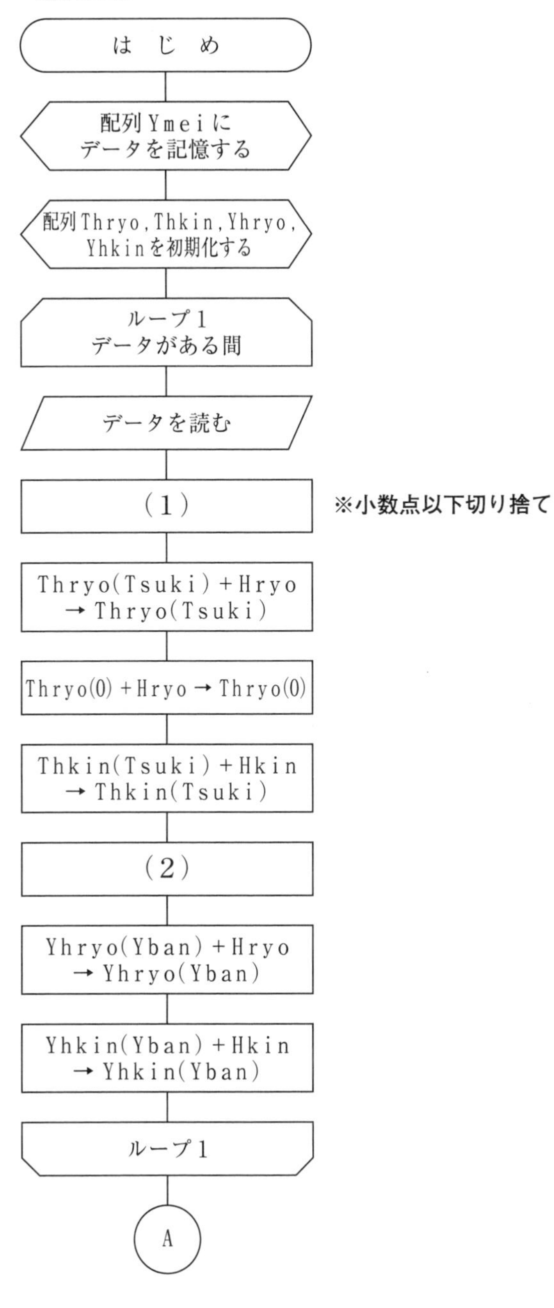

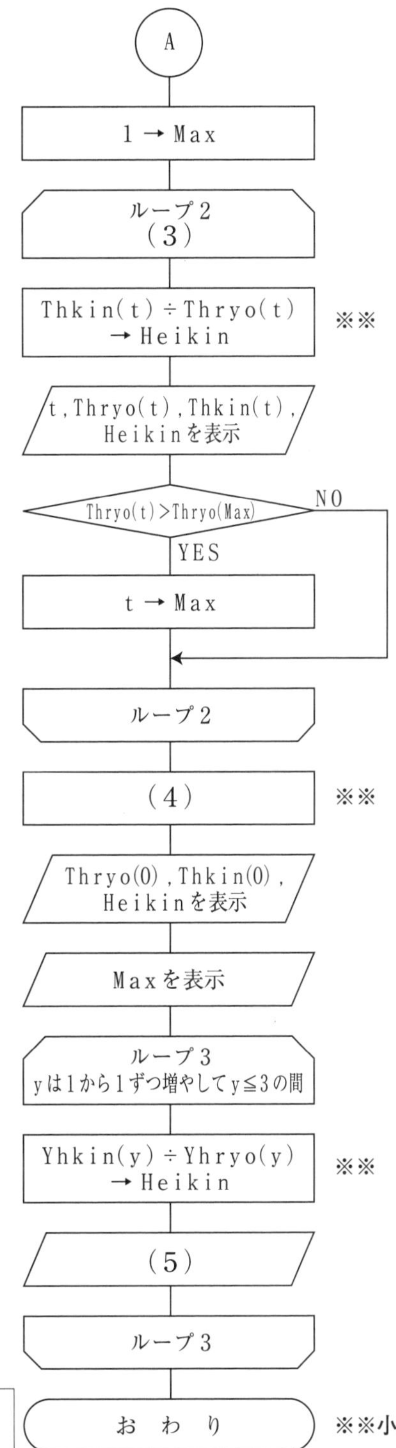

解答群

ア. Thkin(12) ÷ Thryo(12) → Heikin
イ. y, Yhryo(y), Yhkin(y), Heikinを表示
ウ. Ymei(y), Yhryo(y), Yhkin(y), Heikinを表示
エ. Thkin(0) + Hryo → Thkin(0)
オ. Hiduke ÷ 10 → Tsuki
カ. tは1から1ずつ増やしてt ≦ 12の間
キ. Hiduke ÷ 100 → Tsuki
ク. tは0から1ずつ増やしてt ≦ 12の間
ケ. Thkin(0) ÷ Thryo(0) → Heikin
コ. Thkin(0) + Hkin → Thkin(0)

(1)	(2)	(3)	(4)	(5)

【7】 **流れ図の説明を読んで，流れ図の(1)～(5)にあてはまる答えを解答群から選び，記号で答えなさい。**

<流れ図の説明>

処理内容

あるホテルの1日の宿泊記録データを読み，利用状況一覧を表示する。

入力データ

部屋番号 (Ban)	客数 (Su)	利用料金 (Kin)
×××	×	×××××

(第1図)

実行結果

(利用状況一覧)

(部屋番号)	(ルームタイプ)	(客数)	(利用料金)	(一人あたり料金)
502	シングル	1	6,900	6,900
805	ダブル	2	10,800	5,400
～	～	～	～	～
902	スイート	4	59,800	14,950
			(客数の合計)	214
			(利用料金の合計)	1,459,480
			(全利用者の一人あたり料金)	6,820

(ルームタイプごとの利用状況)

(ルームタイプ)	(部屋数)	(利用部屋数)	(利用率)	(備考)
シングル	32	30	93.8	
ダブル	16	12	75.0	※
ツイン	16	15	93.8	
～	～	～	～	
スイート	4	4	100.0	
	(部屋数の合計)	140		
	(利用部屋数の合計)	118		
	(全体の利用率)	84.3		

(第2図)

処理条件

1．配列 Hban に部屋番号を，Hshu にはルームタイプ番号を記憶する。なお，Hban と Hshu の添字は対応している。

配列

	(0)	(1)	(2)	(3)	～	(138)	(139)
Hban	201	202	203	205	～	903	904
Hshu	1	1	1	2	～	9	9

2．配列 Hmei にルームタイプ名を，Hkazu にはルームタイプごとの部屋数を記憶する。なお，Hmei と Hkazu の添字はルームタイプ番号と対応している。

配列

	(0)	(1)	(2)	(3)	～	(8)	(9)
Hmei		シングル	ダブル	ツイン	～	クワッド	スイート
Hkazu		32	16	16	～	8	4

3．第1図の入力データを読むたびに，以下の処理を行う。

・ 部屋番号をもとに配列 Hban を探索し，第2図のように部屋番号から一人あたり料金までを表示する。なお，一人あたり料金は以下の計算式で求める。

一人あたり料金 ＝ 利用料金 ÷ 客数 （小数点以下切り捨て）

・ ルームタイプごとに配列 Hsu に利用部屋数を集計する。なお，Hsu の添字はルームタイプ番号と対応している。

配列

	(0)	(1)	(2)	(3)	～	(8)	(9)
Hsu					～		

4．入力データが終了したら，次の処理を行う。

・ 客数の合計，利用料金の合計を第2図のように表示する。

・ 全利用者の一人あたり料金を第2図のように表示する。なお，全利用者の一人あたり料金は以下の計算式で求める。

全利用者の一人あたり料金 ＝ 利用料金の合計 ÷ 客数の合計 （小数点以下切り捨て）

・ ルームタイプごとに，ルームタイプ名，ルームタイプごとの部屋数，ルームタイプごとの利用部屋数，利用率，備考を第2図のように表示する。なお，利用率は以下の計算式で求める。また，備考は利用率が80未満だった場合に ※ を表示する。

利用率 ＝ ルームタイプごとの利用部屋数 × 100 ÷ ルームタイプごとの部屋数

（小数点第2位以下四捨五入）

・ 部屋数の合計と，利用部屋数の合計を第2図のように表示する。

・ 全体の利用率を次の計算式で求め，第2図のように表示する。

全体の利用率 ＝ 利用部屋数の合計 × 100 ÷ 部屋数の合計 （小数点第2位以下四捨五入）

5．データにエラーはないものとする。

<流れ図>

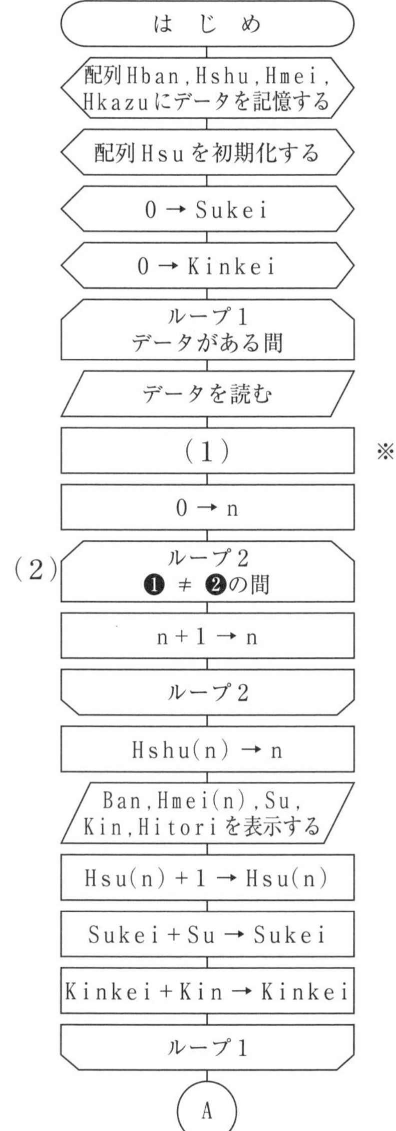

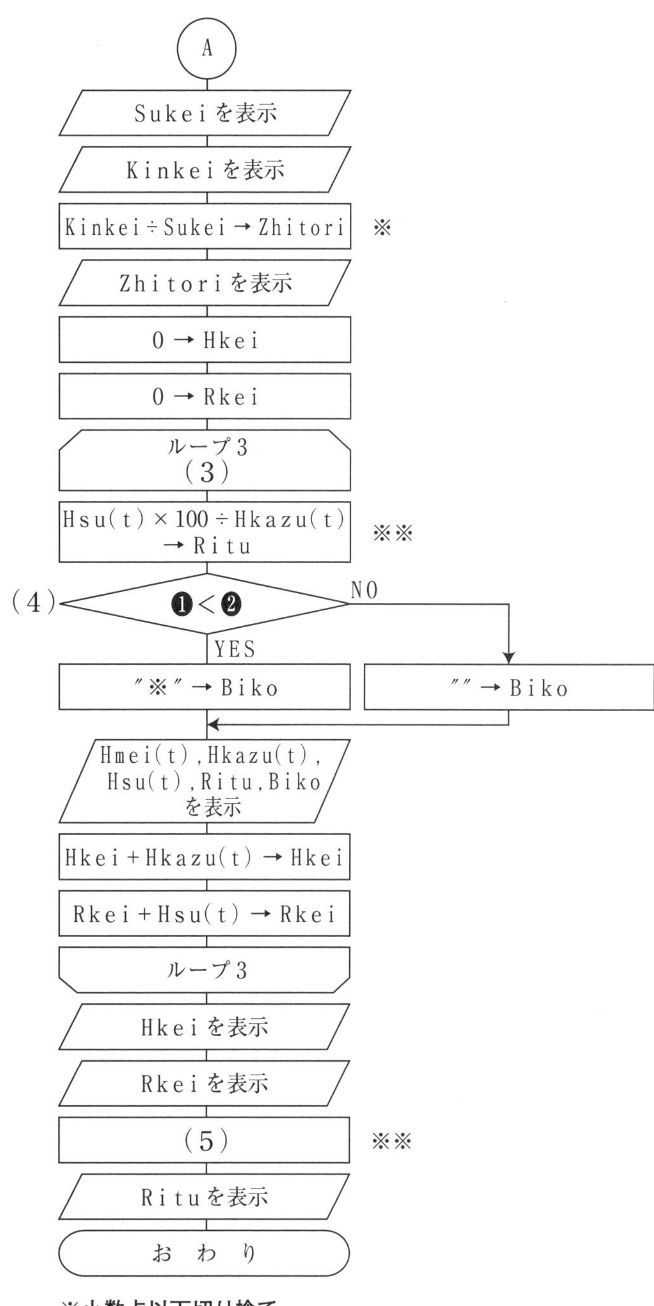

※小数点以下切り捨て
※※小数第2位以下四捨五入

解答群

- **ア**. tは1から1ずつ増やしてt＜9の間
- **イ**. Hsu(t)
- **ウ**. Hban(t)
- **エ**. Hkei × 100 ÷ Rkei → Ritu
- **オ**. Hban(n)
- **カ**. Su
- **キ**. Kin ÷ Su → Hitori
- **ク**. Ban
- **ケ**. Rkei × 100 ÷ Hkei → Ritu
- **コ**. Hkazu(t)
- **サ**. tは1から1ずつ増やしてt≧9の間
- **シ**. 80
- **ス**. Su ÷ Kin → Hitori
- **セ**. Ritu
- **ソ**. tは1から1ずつ増やしてt≦9の間

(1)	(2)		(3)	(4)		(5)
	❶	❷		❶	❷	

主催 公益財団法人 全国商業高等学校協会

情報処理検定模擬試験問題 第2級 (第12回)

制限時間50分

【1】 次の説明文に最も適した答えを解答群から選び，記号で答えなさい。

1．プリンタで文字や画像を出力する際の最小単位の点。
2．さまざまなソフトウェアで汎用的に利用でき，文字コードのみで構成されたファイル。
3．不正ログイン等を防止するための，有効期間の短い一度しか使えないパスワード。
4．Webサイトを改ざんし，そのWebサイトの閲覧者を他の不正サイトに誘導して，不正プログラムに感染させようとする攻撃手法。
5．磁気ディスク装置において，同じ大きさの同心円状の記録領域の集合体。

解答群

ア．シリンダ	**イ**．ドット	**ウ**．SSO
エ．ガンブラー	**オ**．解像度	**カ**．テキストファイル
キ．バイナリファイル	**ク**．ワンタイムパスワード	**ケ**．キーロガー
コ．トラック		

1		2		3		4		5	

【2】 次のA群の語句に最も関係の深い説明文をB群から選び，記号で答えなさい。

<A群> 1．知的財産権　2．アーカイバ　3．イニシャルコスト　4．アセンブリ言語　5．クライアントサーバシステム

<B群>

ア．ファイルの圧縮・解凍や複数ファイルを一つにまとめたり，まとめたものを元に戻すソフトウェア。
イ．生産活動に関係した知的財産を保護することを目的とし，管轄官庁への取得手続きを経て認められる権利の総称。
ウ．プログラム言語で記述されたソースコードを，1命令ずつ機械語に翻訳・実行させるソフトウェア。
エ．人間の知的活動によって生み出されたアイデアや創作物などを保護する権利の総称。
オ．命令や機能を限定し，簡単に開発・実行できるようにしたプログラム言語。
カ．サービスを提供するコンピュータとサービスを利用するコンピュータで構成されるネットワークシステム。
キ．コンピュータシステム導入後，システムを運用するのに必要な費用。
ク．無線通信機能を持ったコンピュータが相互に接続されたネットワークシステム。
ケ．新規コンピュータシステムの導入時にかかる費用。
コ．機械語を英字や数字と対応させたプログラム言語。

1		2		3		4		5	

【3】 次の説明文に最も適した答えをア，イ，ウから選び，記号で答えなさい。

1．2進数の10110と10進数の13との積を表す10進数。

ア．72　　**イ**．143　　**ウ**．286

2．1ピクセルが8ビットで最大256色まで表現でき，アイコンやイラストに多く用いられている画像ファイルの形式。

ア．GIF　　**イ**．JPEG　　**ウ**．MPEG

3．アメリカに本部を置き，電気・情報工学分野における標準規格の策定を行う世界規模の学術研究団体。

ア．IEEE　　**イ**．ANSI　　**ウ**．JIS

4．ソースプログラムを翻訳する際に，言語プロセッサから指摘されるスペル間違いなどの誤り。

ア．テストラン　　**イ**．論理エラー　　**ウ**．文法エラー

5．データの値が規定の範囲内にあるかを調べるデータチェック。

ア．シーケンスチェック　　**イ**．リミットチェック　　**ウ**．チェックディジットチェック

1		2		3		4		5	

【4】 プログラムにしたがって処理するとき，(1)～(5)を答えなさい。なお，入力するnの値は1桁の正の整数，bの値は正の整数とする。

(1) nの値が4，bの値が10のとき，㋐の処理を初めて実行したあとのaの値を答えなさい。
(2) nの値が4，bの値が10のとき，㋑で出力されるmの値を答えなさい。
(3) nの値が7，bの値が2022のとき，㋑で出力されるmの値を答えなさい。
(4) nの値が7，bの値が2022のとき，㋑で出力されるdの値を答えなさい。
(5) プログラムの処理について説明した文のうち，正しいものはどれか。**ア**，**イ**，**ウ**の中から選び，記号で答えなさい。

ア．処理を終了するとき，mの値は必ず奇数になる。
イ．処理を終了するとき，mの値は必ず偶数になる。
ウ．処理を終了するとき，cの値は必ず4以下になる。

<プログラム>

```
Sub ProgramM12()
    Dim n As Long
    Dim b As Long
    Dim k As Long
    Dim m As Long
    Dim c As Long
    Dim s As Long
    Dim a As Long
    Dim d As Long
    n = Val(InputBox(""))
    b = Val(InputBox(""))
    k = n
    m = n
    c = 1
    s = 0
    Do While s = 0
        k = k * n
        a = k Mod 10    ㋐
        If a = n Then
            s = 1
        Else
            m = m * 10 + a
            c = c + 1
        End If
    Loop
    d = b Mod c
    If d = 0 Then
        d = c
    End If
    MsgBox (m & "," & d)    ㋑
End Sub
```

(1)	(2)	(3)	(4)	(5)

【5】 流れ図の説明を読んで，流れ図の(1)〜(5)にあてはまる答えを解答群から選び，記号で答えなさい。

<流れ図の説明>

処理内容

バスケットボールの得点データを読み，選手別得点一覧表をディスプレイに表示する。

入力データ

選手名 (Senshu)	フリースロー (Free)	2点ゴール (Niten)	3点ゴール (Santen)
×××××××	×××	×××	×××

(第1図)

実行結果

(バスケットボール選手別得点一覧表)

(選 手 名)	(ゴール数)	(得点数)	(判定)
田淵 勇太	19	39	
折武 茂彦	29	55	○
〜	〜	〜	
七村 塁	30	46	○
河浦 卓也	18	35	
(最大)	30	55	

(第2図)

処理条件

1．第1図の入力データを読み，ゴール数と得点数をそれぞれ次の計算式で求め，第2図のように表示する。なお，判定は得点数が40以上の場合は ○ を表示する。

ゴール数 ＝ フリースロー ＋ 2点ゴール ＋ 3点ゴール

得点数 ＝ フリースロー ＋ 2点ゴール × 2 ＋ 3点ゴール × 3

2．入力データが終了したら，ゴール数および得点数の最大を第2図のように表示する。なお，最大は同じ値があった場合，先に入力されたデータを優先する。

3．データにエラーはないものとする。

<流れ図>

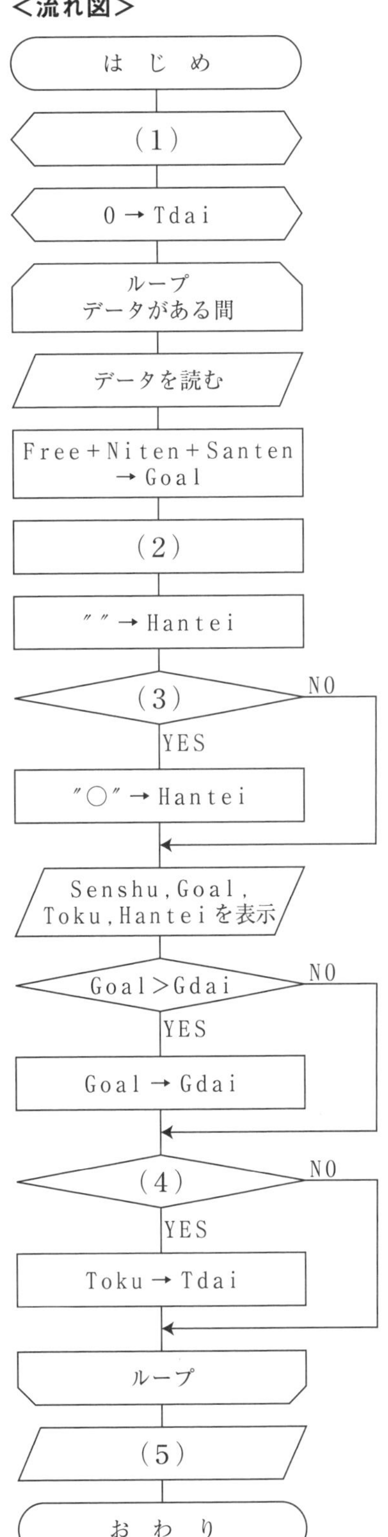

解答群

- **ア**．0 → Gdai
- **イ**．Free + Niten × 2 + Santen × 3 → Toku
- **ウ**．Toku ＞ 40
- **エ**．Toku ＜ Tdai
- **オ**．Hantei を表示
- **カ**．0 → Goal
- **キ**．Gdai，Tdai を表示
- **ク**．Toku ＞ Tdai
- **ケ**．Free + Niten + Santen → Toku
- **コ**．Toku ≧ 40

(1)	(2)	(3)	(4)	(5)

【6】 流れ図の説明を読んで，流れ図の(1)～(5)にあてはまる答えを解答群から選び，記号で答えなさい。

＜流れ図の説明＞

処理内容

ある学校の購買部における1週間の売上データを読み，分類別売上集計表と曜日別売上集計表をディスプレイに表示する。

入力データ

曜日番号 (Youbi)	商品コード (Hin)	分類コード (Bunrui)	販売額 (Kin)
×	××	×××	×××××

（第1図）

実行結果

	（分類別売上集計表）		
（分類名）		（販売額計）	
おにぎり		70,120	
惣菜パン		29,900	
≀		≀	
スポーツドリンク		14,280	
	（曜日別売上集計数）		
（曜日）	（販売額合計）	（備考）	
月	64,330	○	
火	68,790		
≀	≀	≀	
金	73,220	○	
（合計）	350,270	（営業日数）	5

（第2図）

処理条件

1．第1図の曜日番号は1(月)～5(金)である。なお，商品コードは24種類，分類コードは6種類である。また，1週間のうち少なくとも1日以上営業し，営業した日には必ず売上があるものとする。

2．配列 You に曜日を，配列 Zen に前週の曜日別販売額を，配列 Bco に分類コードを，配列 Bmei に分類名を記憶する。なお，You と Zen の添字は曜日番号と対応し，Bco と Bmei の添字は対応している。

配列 You

(0)	(1)	(2)	(3)	(4)	(5)
	月	火	水	木	金

Zen

(0)	(1)	(2)	(3)	(4)	(5)
	63340	71400	68900	69920	72900

Bco

(0)	(1)	(2)	～	(6)
	F01	F02	～	D03

Bmei

(0)	(1)	(2)	～	(6)
	おにぎり	惣菜パン	～	スポーツドリンク

3．第1図の入力データを読み，次の処理を行う。

・ 分類コードをもとに配列 Bco を探索し，分類ごとに配列 Bhan に販売額を集計する。なお，Bhan の添字は Bco の添字と対応している。

配列 Bhan

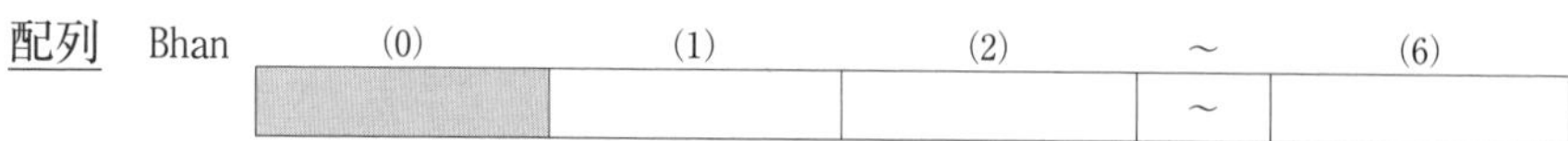

(0)	(1)	(2)	～	(6)
			～	

・ 曜日ごとに配列 Yhan に販売額を集計する。なお，Yhan の添字は曜日番号と対応しており，Yhan(0) には1週間の合計を集計するものとする。

配列 Yhan

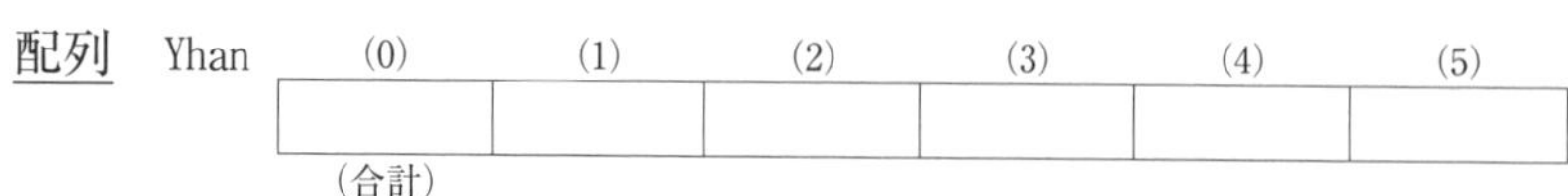

(0)	(1)	(2)	(3)	(4)	(5)
（合計）					

4．入力データが終了したら，次の処理を行う。

・ 分類ごとに，分類名と販売額計を第2図のように表示する。

・ 曜日ごとに，営業した日における曜日別の販売額合計と備考を第2図のように表示する。なお，備考は前週の同じ曜日の販売額以上の場合は ○ を表示する。曜日別に表示した後，1週間の販売額合計と営業日数を表示する。

5．データにエラーはないものとする。

<流れ図>

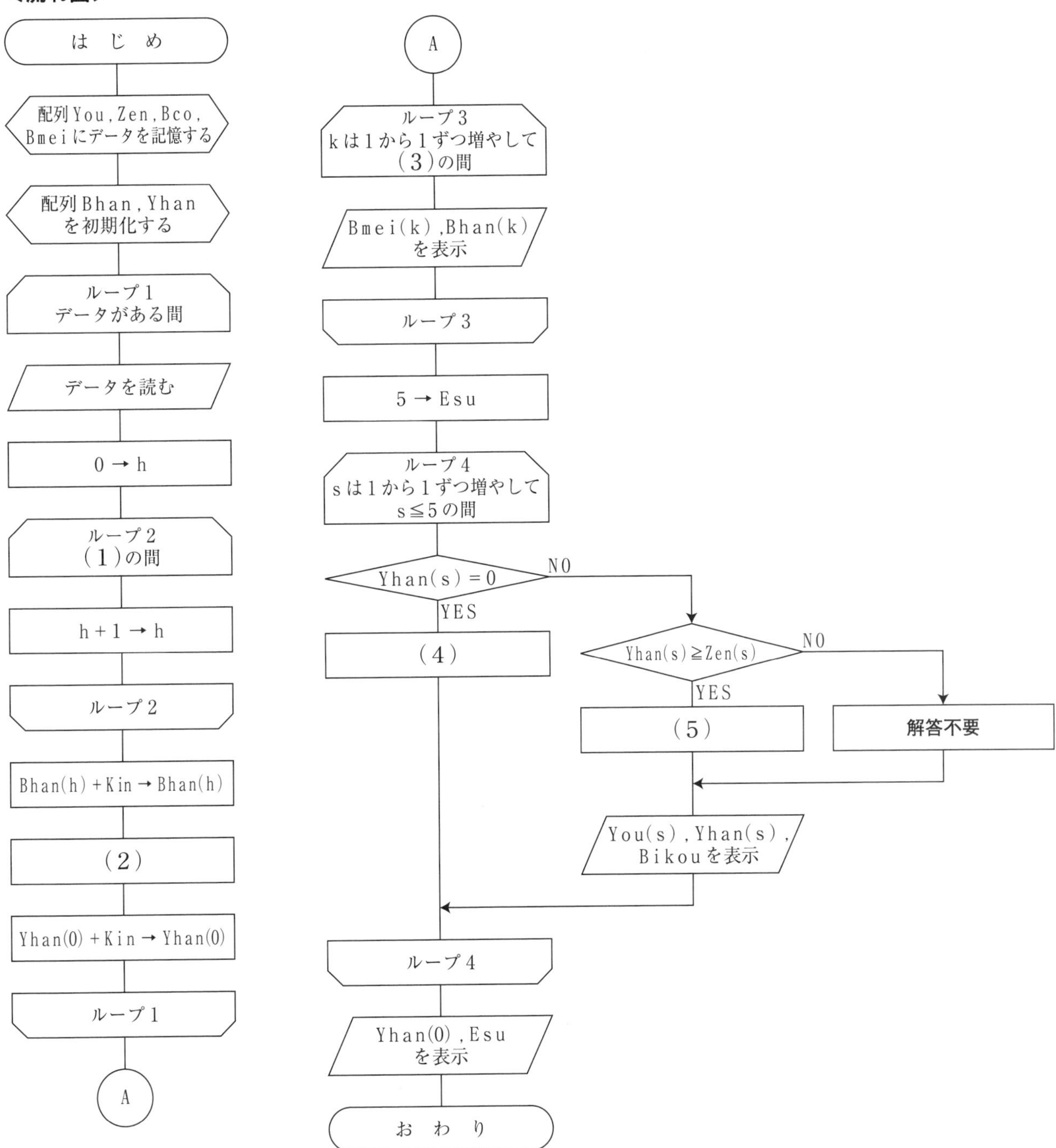

解答群

ア. k ≦ 6
イ. Esu + 1 → Esu
ウ. Bco(h) ≠ Bunrui
エ. Yhan(Youbi) + Kin → Yhan(Youbi)
オ. Esu − 1 → Esu
カ. "" → Bikou
キ. k ≦ 5
ク. Yhan(h) + Kin → Yhan(h)
ケ. Bco(h) = Bunrui
コ. "○" → Bikou

(1)	(2)	(3)	(4)	(5)

第12回模擬

【7】 流れ図の説明を読んで，流れ図の(1)～(5)にあてはまる答えを解答群から選び，記号で答えなさい。

<流れ図の説明>

処理内容

あるシネマコンプレックスの入場券販売データを読み，売上集計一覧表を表示する。

入力データ

時刻 (Jikoku)	映画コード (Code)	券種 (Ken)	販売数 (Su)
××××	××	×	××

(第1図)

実行結果

(売上集計一覧表)

(映画名)	(販売数計)	(売上金額)	(割合)
ピンチヒッター	761	1,208,400	6.03(%)
忘れ物の泉	299	562,100	2.81(%)
≀	≀	≀	
ブルーインパルス	1,328	2,443,200	12.20(%)
(合計)	10,866	20,026,200	
		(最大)	12.20(%)

(券種別販売数)

(一　般)	(中高生)	(シニア)
6,634	2,419	1,813

(第2図)

処理条件

1．第1図のデータを読み，販売数と売上金額を集計してから第2図のように表示する。

2．映画コードと映画名は，全部で14種類あり，配列Ec，Emに記憶されており，各配列は添字で対応している。

配列 Ec

(0)	(1)	～	(13)
11	12	～	28

Em

(0)	(1)	～	(13)
ピンチヒッター	忘れ物の泉	～	ブルーインパルス

3．入場料は券種ごとに設定されており，全映画で共通の金額である。

券種	名称	単価
1	一般	1,900
2	中高生	1,200
3	シニア	1,600

4．映画コードをもとに配列Ecを探索し，配列Hanに映画ごとの販売数を，配列Kinに売上金額を集計する。なお，配列HanとKinは配列Ecと添字で対応している。

配列 Han

(0)	(1)	～	(13)
		～	

Kin

(0)	(1)	～	(13)
		～	

5．配列Shuに券種ごとの販売数を集計する。配列Shuの添字は券種の値と対応している。

配列 Shu

(0)	(1)	(2)	(3)

6．入力データが終了したら，次の処理を行う。

・ 映画ごとに割合を次の式で求め，映画名から割合までを第2図のように表示する。

割合 ＝ 売上金額 × 100 ÷ 売上金額合計 (小数第2位未満四捨五入)

・ 販売数計と売上金額の合計，割合の最大を第2図のように表示する。

・ 券種ごとの販売数を第2図のように表示する。

7．データにエラーはないものとする。

<流れ図>

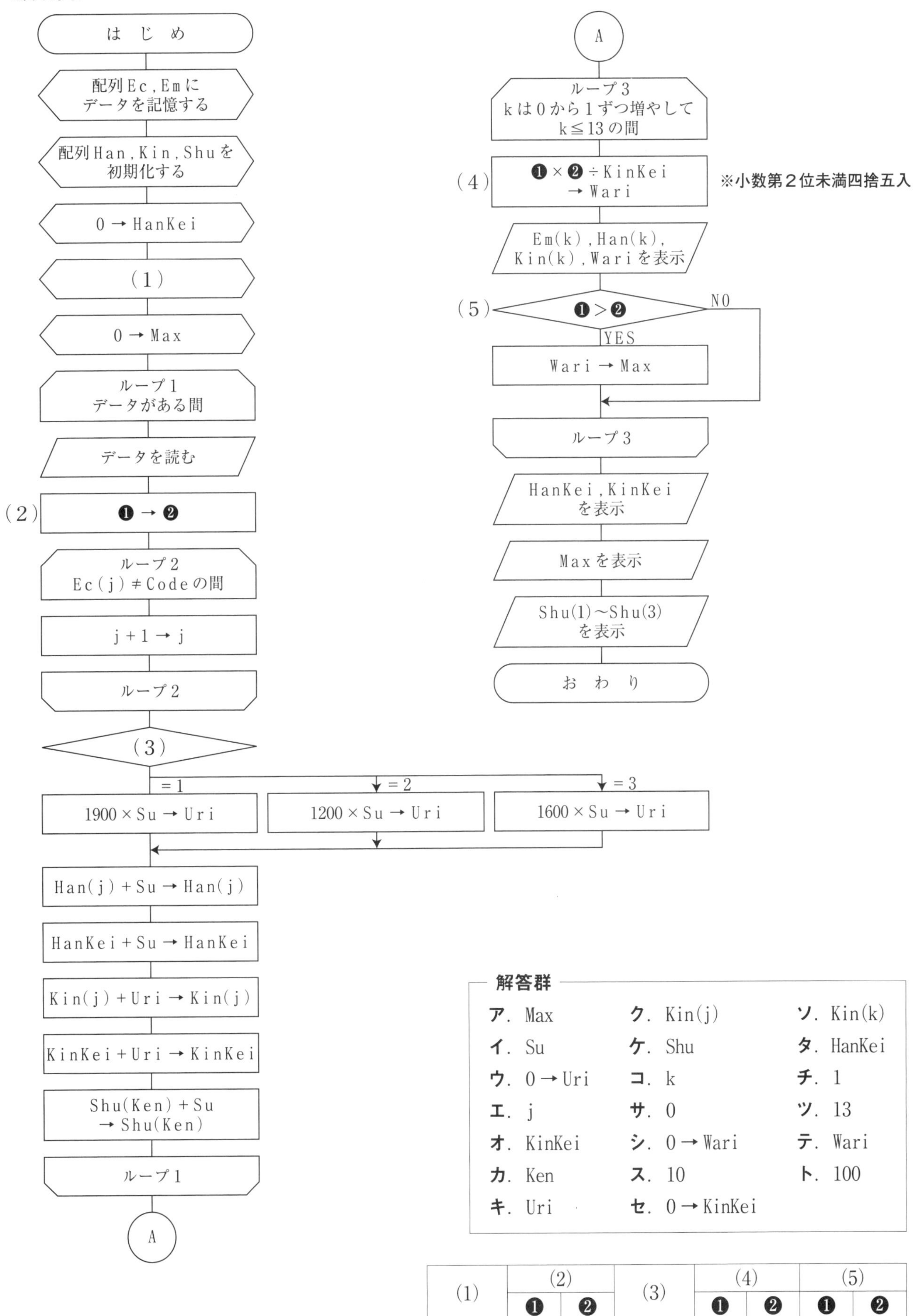

解答群

ア. Max	ク. Kin(j)	ソ. Kin(k)
イ. Su	ケ. Shu	タ. HanKei
ウ. 0 → Uri	コ. k	チ. 1
エ. j	サ. 0	ツ. 13
オ. KinKei	シ. 0 → Wari	テ. Wari
カ. Ken	ス. 10	ト. 100
キ. Uri	セ. 0 → KinKei	

(1)	(2)		(3)	(4)		(5)	
	❶	❷		❶	❷	❶	❷

「問題を読みやすくするために,
このページは空白にしてあります。」

2023年９月24日実施

令和５年度（第69回）
情報処理検定試験
〈プログラミング部門〉
第２級　試験問題

注意事項

1．監督者の指示があるまで，試験問題に手を触れないでください。

2．試験問題は８ページあります。

3．解答はすべて解答用紙に記入してください。

4．電卓などの計算用具は使用できません。

5．筆記用具などの物品の貸借はできません。

6．問題用紙の回収については監督者の指示にしたがってください。

7．制限時間は50分です。

主催　公益財団法人 全国商業高等学校協会

受験番号

【1】 次の説明文に最も適した答えを解答群から選び，記号で答えなさい。

1．動画や音声データの標準的な圧縮方式として広く普及している，ファイル形式。
2．対象データの値が，規定された上限もしくは下限に収まっているかを確認する検査。
3．局所変数とも呼ばれ，プログラム内の特定範囲のみ参照できる変数。
4．磁気ディスク装置において，複数のディスクにまたがった同心円状の記憶領域を筒状にとらえた集まりで，アクセスアームを動かさずにデータを読み書きできる領域。
5．データ通信を行う際，0と1の組み合わせで表現された信号を送受信する通信回線。

解答群

ア．GIF	**イ**．ディジタル回線	**ウ**．セクタ
エ．アナログ回線	**オ**．リミットチェック	**カ**．MPEG
キ．シリンダ	**ク**．グローバル変数	**ケ**．シーケンスチェック
コ．ローカル変数		

【2】 次のA群の語句に最も関係の深い説明文をB群から選び，記号で答えなさい。

<A群>
1．テストラン　　2．フリーウェア　　3．コンパイラ
4．テキストファイル　　5．ランニングコスト

<B群>

ア．コンピュータ機器やシステムなどを導入し，稼働するまでにかかる費用。機器代金や工事代金，設置費用などがあげられる。
イ．ソースコードを1命令ずつ解釈し，そのつど機械語に変換して実行するプログラム。
ウ．無償で提供されており，期間や機能に制限なく使用することができるソフトウェア。利用者は利用規約にしたがい自由に使うことができるが，著作権は放棄されていない。
エ．欠陥のあるプログラムを，正しい処理結果が得られるように修正する作業。
オ．文字データのみで構成された，アプリケーションソフトウェアに依存しない，汎用性のあるファイル。
カ．取得や初期の利用は無料であるが，期間や機能に一定の制限があり，その制限を解除する場合は代金の支払いが必要となるソフトウェア。
キ．ソースコードを読み込んで解析し，機械語などに一括変換するプログラム。
ク．コンピュータ機器やシステムなどの導入後に発生する，システムを継続して運用していくために必要な費用。メンテナンス費用や，消耗品の購入代金などがあげられる。
ケ．試験用のデータを使用し，作成したプログラムが，正しく動作するかを確認する作業。
コ．実行形式であるプログラムのファイルなど，文字データとして読み出すことができないファイル。

【3】　次の説明文に最も適した答えをア，イ，ウの中から選び，記号で答えなさい。

1．10進数の 5 と2進数の 1011 との積を表す2進数。

ア．101101　　**イ**．110111　　**ウ**．111011

2．コンピュータが直接解釈できる機械語を，一対一で文字や記号に変換したプログラミング言語。

ア．アセンブリ言語　　**イ**．Java　　**ウ**．簡易言語

3．ハードウェアやOSなどに依存せず，元の文書とほぼ同様の状態で閲覧，印刷などができるファイル形式。

ア．ZIP　　**イ**．CSV　　**ウ**．PDF

4．パスワードを使用したログイン時に，連続して知識情報である秘密の質問に答えるなど，同じ要素である二つ以上の情報を用いて，アクセスを行う認証方式。

ア．多段階認証　　**イ**．多要素認証　　**ウ**．シングルサインオン

5．ソフトウェアにおいて，プログラムの不具合や設計上のミスが原因となって生じた安全上の欠陥。

ア．ファイアウォール　　**イ**．セキュリティホール　　**ウ**．ランサムウェア

【4】 プログラムにしたがって処理するとき，⑴～⑸を答えなさい。なお，入力する a の値は 2 以上の整数であり，c の値は a 未満の正の整数とする。

⑴ a の値が 3，c の値が 2 のとき，㋐で1回目に出力される g の値を答えなさい。
⑵ a の値が 3，c の値が 2 のとき，㋐の出力を何回実行するか答えなさい。
⑶ a の値が 20，c の値が 7 のとき，㋐で2回目に出力される h の値を答えなさい。
⑷ a の値が 20，c の値が 7 のとき，㋑の処理を何回実行するか答えなさい。
⑸ プログラムの処理について説明した文のうち，正しいものはどれか。**ア**，**イ**，**ウ**の中から選び，記号で答えなさい。

ア．処理を終了したとき，e の値は必ず f の値より小さくなる。
イ．処理を終了したとき，e の値は必ず f の値より大きくなる。
ウ．処理を終了したとき，e の値は必ず f の値と等しい。

<プログラム>

```
Sub Program1()
    Dim a As Long
    Dim c As Long
    Dim e As Long
    Dim f As Long
    Dim g As Long
    Dim h As Long
    Dim j As Long
    a = Val(InputBox("aの値を入力してください"))
    c = Val(InputBox("cの値を入力してください"))
    e = c
    f = 0
    Do While e >= f
        g = a - f
        h = a + e
        MsgBox (g & "," & h) ㋐
        f = f + 1
        j = f * 2 + 1
        c = c - j
        If c < 0 Then
            e = e - 1 ㋑
            j = (e - 1) * 2
            c = c + j
        End If
    Loop
End Sub
```

【5】　流れ図の説明を読んで，流れ図の(1)～(5)にあてはまる答えを解答群から選び，記号で答えなさい。

＜流れ図の説明＞

処理内容

あるスポーツリーグのチーム別1年間の主催試合観客動員数データを読み，観客動員数一覧をディスプレイに表示する。

入力データ

チーム名 (Tmei)	大人 (Otona)	子供 (Kodomo)
×	×～×	×～×

(第1図)

実行結果

		(観客動員数一覧)			
(チーム名)	(大人)	(子供)	(計)	(子供割合(%))	(判定)
A	37,002	7,475	44,477	16.8	＊
B	28,783	2,720	31,503	8.6	
≀	≀	≀	≀	≀	≀
Q	17,073	2,695	19,768	13.6	＊
R	25,963	922	26,885	3.4	
(総計)			581,521		
(平均観客動員数)			32,307		
(全体の子供割合(%))				10.6	

(第2図)

処理条件

1．第1図の入力データを読み，計と子供割合(%)を次の計算式で求め，第2図のように表示する。なお，判定は子供割合(%)が 10 より大きい場合は ＊ を表示する。

計 ＝ 大人 ＋ 子供

子供割合(%) ＝ 子供 × 100 ÷ 計

2．入力データが終了したら，総計と平均観客動員数，全体の子供割合(%)を次の計算式で求め，第2図のように表示する。

総計 ＝ 大人の合計 ＋ 子供の合計

平均観客動員数 ＝ 総計 ÷ チーム数

全体の子供割合(%) ＝ 子供の合計 × 100 ÷ 総計

3．データにエラーはないものとする。

解答群

ア． Otona ＋ Kodomo → Kei
イ． Kkei × 100 ÷ Tsu → Zwari
ウ． Kodomo × 100 ÷ Kei → Wari
エ． "" → Han
オ． Skei ÷ Tsu → Hei
カ． Kodomo ÷ Kei → Wari
キ． Kei ÷ Tsu → Hei
ク． "＊" → Han
ケ． Kkei × 100 ÷ Skei → Zwari
コ． Okei ＋ Kkei → Kei

＜流れ図＞

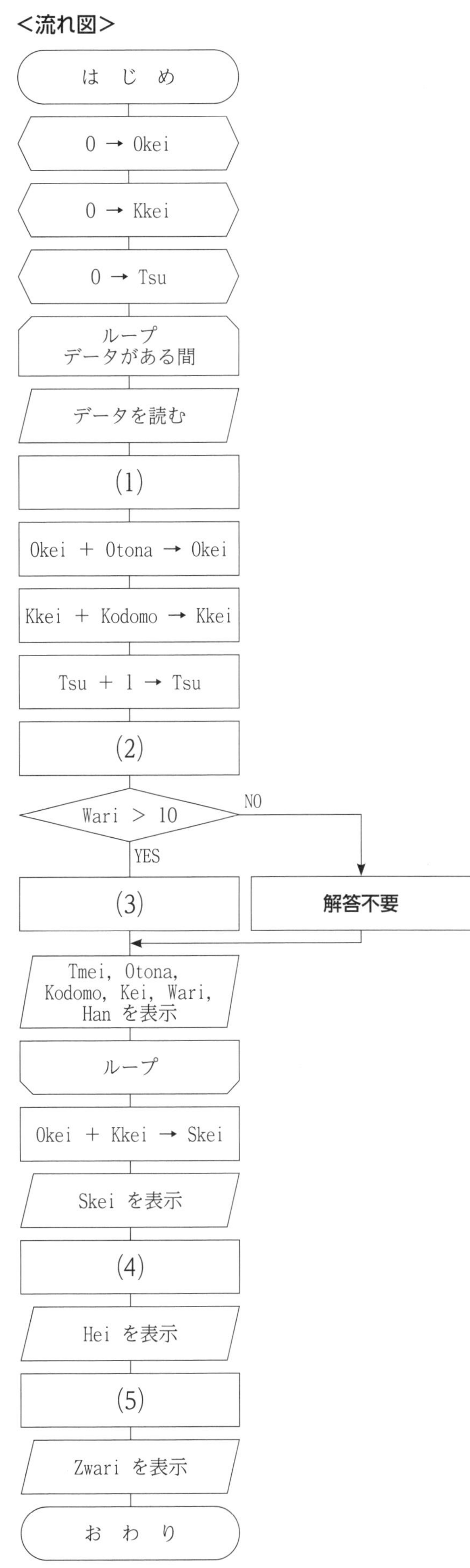

【6】 **流れ図の説明を読んで，流れ図の(1)～(5)にあてはまる答えを解答群から選び，記号で答えなさい。**

<流れ図の説明>

処理内容

ある果汁100%ジュース販売店の1か月分のインターネット売上データを読み，時間帯別売上数一覧表とセット別売上数一覧表をディスプレイに表示する。

入力データ

月日 (Tukihi)	時分 (Jifun)	セット番号 (Sban)
××××	××××	×

(第1図)

実行結果

(時間帯別売上数一覧表)

(時間帯)	(売上件数)	(売上本数)
0時台～ 5時台	28	244
6時台～11時台	99	884
12時台～17時台	122	1,268
18時台～23時台	217	2,134

(セット別売上数一覧表)

(セット(本))	(売上件数)	(売上本数)	(売上金額)
2	54	108	151,200
4	99	396	495,000
≀	≀	≀	≀
18	42	756	819,000
24	48	1,152	1,200,000
(合計)	466	4,530	5,039,000

(最高売上件数のセット(本)) 12

(第2図)

処理条件

1．第1図の時分は次の例のように構成され，時は 0～23，分は 0～59 であり，セット番号は 1（2本入り）～7（24本入り）の7種類である。

例 1005 → 10 05
時 分

2．配列 Setto にセットごとの本数を，配列 Kakaku にセットごとの価格を記憶する。なお，Setto と Kakaku の添字はセット番号と対応している。

配列

	(0)	(1)	(2)	(3)	(4)	(5)	(6)	(7)
Setto		2	4	6	8	12	18	24
Kakaku		2800	5000	7000	9200	13200	19500	25000

3．第1図の入力データを読み，次の処理を行う。

・ 時間帯ごとに配列 Jiken に売上件数を求め，配列 Jihon に売上本数を集計する。なお，Jiken と Jihon の添字は対応している。

配列

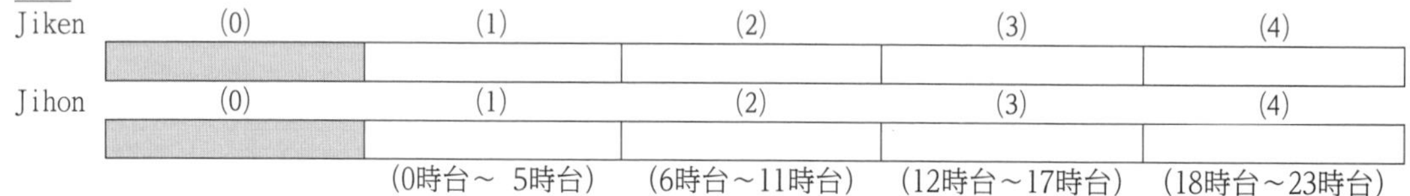

・ セットごとに配列 Ken に売上件数を求める。なお，Ken(0) には合計を求める。また，Ken の添字はセット番号と対応している。

配列

	(0)	(1)	(2)	(3)	(4)	(5)	(6)	(7)
Ken								
	(合計)							

4．入力データが終了したら，次の処理を行う。

・ 時間帯ごとに時間帯から売上本数までを第2図のように表示する。

・ セットごとに売上本数と売上金額を次の式で求め，セット(本)から売上金額までを第2図のように表示する。

売上本数 ＝ セットごとの本数 × 売上件数

売上金額 ＝ セットごとの価格 × 売上件数

・ 売上件数の合計から売上金額の合計までを第2図のように表示する。

・ 最高売上件数のセット(本)を第2図のように表示する。なお，最高は同じ売上件数があった場合，先に入力されたデータを優先する。

5．データにエラーはないものとする。

解答群

ア． Ken(Sban) ＋ Soe → Ken(Sban)
イ． Ken(0), Hon, Kin
ウ． Ken(r) ≧ Max
エ． k ≦ 4
オ． Ji ÷ 6 → Soe
カ． Ken(Sban) ＋ 1 → Ken(Sban)
キ． Ji ÷ 6 ＋ 1 → Soe
ク． k ＜ 4
ケ． Ken(r) ＞ Max
コ． Ken(0), Honkei, Kinkei

<流れ図>

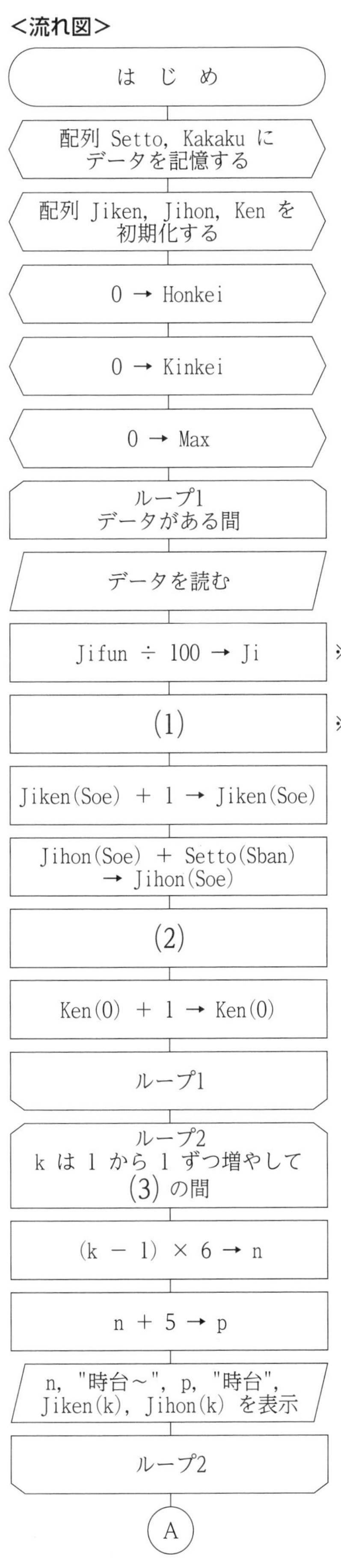

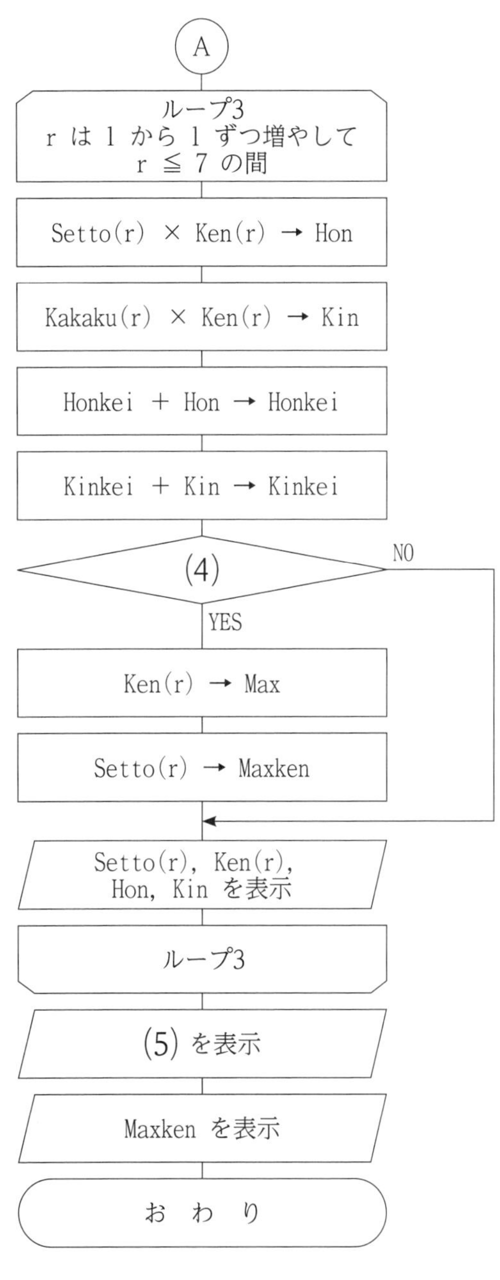

※ 小数点以下切り捨て

【7】 **流れ図の説明を読んで，流れ図の(1)〜(5)にあてはまる答えを解答群から選び，記号で答えなさい。**

<流れ図の説明>

処理内容

ある映画館のチケット販売データと関連商品の物品販売データを読み，映画別入場者数およびチケット売上金額一覧表と物品別売上金額一覧表をディスプレイに表示する。

入力データ

チケット販売データ

日付 (Hi)	映画コード (Eco)	入場者数 (Nsu)	チケット売上金額 (Tkin)
××××	×××	×〜×	×〜×

(第1図)

物品販売データ

日付 (Hi)	ジャンル番号 (Jban)	物品番号 (Bban)	物品売上金額 (Bkin)
××××	×	×	×〜×

(第2図)

実行結果

(映画別入場者数およびチケット売上金額一覧表)

(映画名)	(入場者数計)	(チケット売上金額計)	(備考)
▽▽の銀河	10,639	14,150,200	
◇◇と少年	5,949	7,501,600	△
〜	〜	〜	〜
▲ドラゴン	7,805	12,714,300	
■ヒーロー	12,509	15,139,100	◎
(合計)	219,283	317,098,900	

(物品別売上金額一覧表)

(ジャンル番号(1〜6)を入力) **2**

(物品名)	(物品売上金額計)
パンフレット	1,576,537
文房具	2,206,828
〜	〜

(第3図)

処理条件

1．第1図の映画コードは20種類である。

2．第2図のジャンル番号は 1 (SF) 〜6 (アクション) であり，物品番号は 1 (パンフレット) 〜5 (その他) である。

3．配列 Ecod に映画コードを，配列 Emei に映画名を，配列 Bmei に物品名を記憶する。なお，Ecod と Emei の添字は対応しており，Bmei の添字は物品番号と対応している。

配列

Ecod

(0)	(1)	(2)	〜	(19)	(20)
	G01	G02	〜	R03	A01

Emei

(0)	(1)	(2)	〜	(19)	(20)
	▽▽の銀河	◇◇と少年	〜	▲ドラゴン	■ヒーロー

Bmei

(0)	(1)	(2)	(3)	(4)	(5)
	パンフレット	文房具	ホビー	衣類	その他

4．第1図のチケット販売データを読み，次の処理を行う。

・ 映画コードをもとに配列 Ecod を探索し，配列 Nkei に入場者数を，配列 Tkei にチケット売上金額を集計する。なお，Nkei(0) と Tkei(0) には合計を求める。また，Nkei と Tkei の添字は，Ecod の添字と対応している。

配列

Nkei

(0)	(1)	(2)	〜	(19)	(20)
			〜		
(合計)					

Tkei

(0)	(1)	(2)	〜	(19)	(20)
			〜		
(合計)					

・ 映画名から備考までを第3図のように表示する。なお，備考は入場者数計が 10000 以上かつチケット売上金額計が 15000000 以上の場合は ◎ を，入場者数計が 6000 未満かつチケット売上金額計が 8000000 未満の場合は △ を表示する。

・ 入場者数計とチケット売上金額計の合計を第3図のように表示する。

5．第1図のチケット販売データが終了したら，次の処理を行う。

・ 分析したいジャンル番号 (1〜6) を Jb に入力する。

・ 第2図の物品販売データを読み，Jb をもとに，配列 Bkei に物品売上金額を集計する。なお，Bkei の添字は，物品番号と対応している。

配列

Bkei

(0)	(1)	(2)	(3)	(4)	(5)

・ Jb をもとに物品名と物品売上金額計を，第3図のように表示する。

・ Jb に 0 が入力されたら処理を終了する。

6．データにエラーはないものとする。

解答群

ア. Tkei(Bban) ＋ 1 → Tkei(Bban)
イ. Tkei(k)
ウ. Nkei(0) ＋ Tkin → Nkei(0)
エ. Ecod(g) ≠ Eco の間
オ. Tkei(i) ＞ 15000000
カ. Bkei(Bban) ＋ Bkin → Bkei(Bban)
キ. Ecod(g) ＝ Eco の間
ク. Emei(k)
ケ. Bkei(Bban) ＋ 1 → Bkei(Bban)
コ. Nkei(i) ＞ 15000000
サ. Tkei(i) ≧ 15000000
シ. Nkei(0) ＋ Nsu → Nkei(0)
ス. Bmei(k)
セ. Nkei(i) ≧ 10000
ソ. Nkei(i) ＞ 10000

<流れ図>

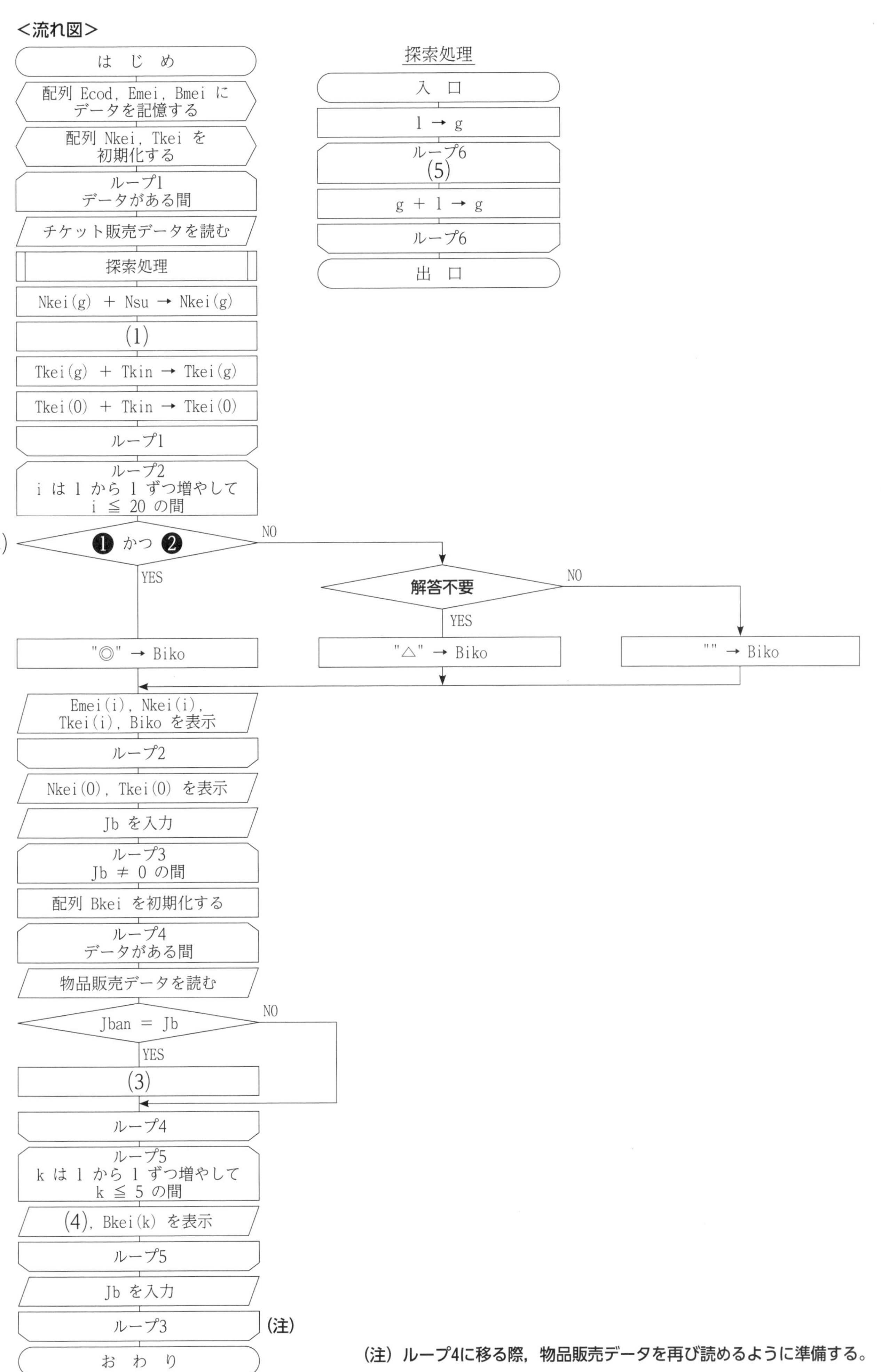

(注) ループ4に移る際，物品販売データを再び読めるように準備する。

「問題を読みやすくするために，
このページは空白にしてあります。」

プログラミング部門２級

2024年１月21日実施

令和５年度（第70回）
情報処理検定試験
〈プログラミング部門〉
第２級　試験問題

注意事項

1．監督者の指示があるまで，試験問題に手を触れないでください。

2．試験問題は８ページあります。

3．解答はすべて解答用紙に記入してください。

4．電卓などの計算用具は使用できません。

5．筆記用具などの物品の貸借はできません。

6．問題用紙の回収については監督者の指示にしたがってください。

7．制限時間は50分です。

主催　公益財団法人 全国商業高等学校協会

受験番号

【1】　次の説明文に最も適した答えを解答群から選び，記号で答えなさい。

1．磁気ディスク装置において，ディスク上のデータを直接読み書きする部品。
2．ファイルをディレクトリで管理する階層型のファイルシステムにおける，最上位のディレクトリ。
3．標的のファイルを不正に暗号化したり，コンピュータを利用不能な状態にしたりするなどして，元に戻すことと引き換えに身代金の支払いを要求する不正プログラム。
4．建物などの限られた範囲内において，通信ケーブルを用いてコンピュータやプリンタなどを接続するネットワーク。
5．コンピュータ同士でデータを送受信する際，互いが対等な関係にあるネットワーク形態。

解答群

ア．磁気ヘッド	イ．ピアツーピア	ウ．無線LAN
エ．有線LAN	オ．シェアウェア	カ．サブディレクトリ
キ．アクセスアーム	ク．ルートディレクトリ	ケ．ランサムウェア
コ．クライアントサーバシステム		

【2】　次のＡ群の語句に最も関係の深い説明文をＢ群から選び，記号で答えなさい。

<Ａ群>　1．CSV　2．パケット　3．個人情報保護法　4．文法エラー　5．インタプリタ

<Ｂ群>

ア．小説や絵画およびコンピュータプログラムなどの著作物において，創作者の権利保護を図ることを目的とする法律。
イ．プログラム言語で記述されたソースコードを，一括して機械語に翻訳し実行する言語プロセッサ。
ウ．言語プロセッサを用いてソースコードを翻訳する際，プログラムの記述がその言語の記述規則にしたがっていないエラーやスペルミスなどの誤り。
エ．無線通信で構築されたネットワークにおいて，アクセスポイントを識別するために設定される，最大32文字までの任意の文字列。
オ．個人情報を扱う事業者や団体を対象に，個人情報の適正な取り扱いや遵守すべき義務などを定めた法律。
カ．コンピュータの機種や使用環境に依存せず，専用のソフトウェアを使うことで，文章や表，グラフなどを想定したレイアウト通りに閲覧することができる電子文書のファイル形式。
キ．プログラム言語で記述されたソースコードを1行ずつ機械語に翻訳し，そのつど実行する言語プロセッサ。
ク．アプリケーションソフトウェア間のデータ交換で用いられ，データをコンマで区切って記録するファイル形式。
ケ．言語プロセッサを用いてソースコードを翻訳する際，その言語の記述規則にしたがっていないエラーやスペルミスはないが，実行結果が意図した結果にならない誤り。
コ．通信を行う際，ディジタルデータを一定のサイズに分割し，送信元や宛先情報などを付加した伝送単位。

【3】　次の説明文に最も適した答えをア，イ，ウの中から選び，記号で答えなさい。

1．2進数の 10110 と10進数の 8 との和を表す10進数。

ア． 22　　**イ．** 30　　**ウ．** 52

2．米国に本部を置く，電気電子技術分野の世界規模の研究組織。コンピュータや通信技術における規格の標準化活動を行っている。

ア． ISO　　**イ．** JIS　　**ウ．** IEEE

3．データが特定の項目において昇順であるなど，一定の順序に並んでいるかを確認する検査。

ア． シーケンスチェック　　**イ．** ニューメリックチェック　　**ウ．** トータルチェック

4．オブジェクト指向のプログラム言語であり，コンピュータの機種やOSの種類などに依存することなく幅広い環境で実行可能な言語。

ア． C言語　　**イ．** Java　　**ウ．** アセンブリ言語

5．解像度2,400×1,800ピクセル，1ピクセルあたり24ビットの色情報を持つ画像250枚分を保存する記憶容量。ただし，1GB＝10^9Bとする。

ア． 3.24GB　　**イ．** 25.92GB　　**ウ．** 32.4GB

【4】　プログラムにしたがって処理するとき，(1)〜(5)を答えなさい。なお，入力する x の値，y の値は正の整数とする。

(1)　x の値が 5，y の値が 40 のとき，㋐の処理を何回実行するか答えなさい。
(2)　x の値が 5，y の値が 40 のとき，㋑で出力される h の値を答えなさい。
(3)　x の値が 7，y の値が 11 のとき，㋐の処理を2回目に実行したあとの c の値を答えなさい。
(4)　x の値が 7，y の値が 11 のとき，㋑で出力される h の値を答えなさい。
(5)　プログラムの処理について説明した文のうち，正しいものはどれか。**ア，イ，ウ**の中から選び，記号で答えなさい。

ア．処理を終了したとき，e の値は必ず x の値より小さくなる。
イ．処理を終了したとき，e の値は必ず x の値と等しい。
ウ．処理を終了したとき，e の値は必ず x の値より大きくなる。

<プログラム>

```
Sub Program1()
    Dim x As Long
    Dim y As Long
    Dim a As Long
    Dim b As Long
    Dim c As Long
    Dim e As Long
    Dim f As Long
    Dim g As Long
    Dim h As Long
    x = Val(InputBox("xの値を入力してください"))
    y = Val(InputBox("yの値を入力してください"))
    a = 0
    b = 0
    c = 0
    Do While a < 10
        a = a + 1
        If a > b Then
            b = b + 2
            c = c + x  ㋐
        End If
    Loop
    e = 0
    f = 0
    g = 0
    Do While e < x
        e = e + 1
        f = f + c
        g = g + y
    Loop
    h = f + g
    MsgBox (h)  ㋑
End Sub
```

【5】　流れ図の説明を読んで，流れ図の(1)～(5)にあてはまる答えを解答群から選び，記号で答えなさい。

<流れ図の説明>

処理内容

あるギター買取専門店の1か月の買取データを読み，買取商品一覧をディスプレイに表示する。

入力データ

買取コード (Code)	製造年 (Nen)	商品状態 (Jotai)	買取価格 (Kakaku)
×～×	××××	×	×～×

(第1図)

実行結果

(買取商品一覧)				
(買取コード)	(製造年)	(商品状態)	(買取価格)	(備考)
JB00274	1955	A	398,000	
MD15343	1974	B	750,000	*
≀	≀	≀	≀	≀
GC05441	1978	A	240,000	
YM36443	1932	C	1,340,000	*
(買取価格の合計)			23,830,000	
(買取価格が500,000円以上の商品数)			23	
(最も古い製造年)			1930	
(最も古い製造年の買取コード)			EP02892	

(第2図)

処理条件

1. 第1図の入力データを読み，第2図のように表示する。なお，備考は買取価格が 500000 以上の場合は * を表示する。
2. 入力データが終了したら，買取価格の合計，買取価格が500,000円以上の商品数，最も古い製造年，最も古い製造年の買取コードを，第2図のように表示する。なお，最も古い製造年と同じ製造年があった場合，先に入力されたデータを優先する。
3. データにエラーはないものとする。

解答群

ア. Su を表示
イ. 0 → Minnen
ウ. Biko を表示
エ. Kakaku ≧ 500000
オ. Kakaku → Mincode
カ. Code → Mincode
キ. Kei + Kakaku → Kei
ク. Kakaku ≦ 500000
ケ. 9999 → Minnen
コ. Kei + Nen → Kei

<流れ図>

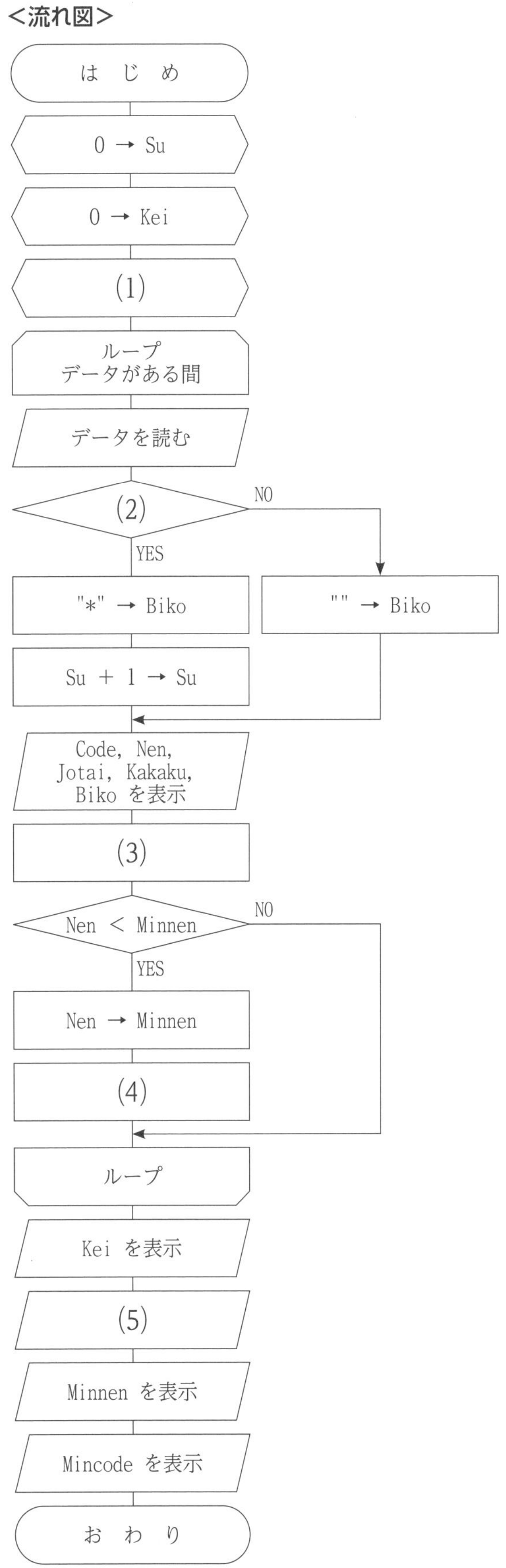

【6】 流れ図の説明を読んで，流れ図の(1)～(5)にあてはまる答えを解答群から選び，記号で答えなさい。

＜流れ図の説明＞

処理内容

ある期間におけるアーティスト管理会社の会員売上データを読み，アーティスト別売上枚数計と会員分析表をディスプレイに表示する。

入力データ

売上日 (Uhi)	会員コード (Kkod)	チケット売上金額 (Tkin)
×～×	×～×	×～×

(第1図)

実行結果

```
   (アーティスト別売上枚数計)
 White○○      ～      TAKARA☆☆
    2,330      ～        1,890
              (会員分析表)
(会員番号) (売上金額計) (売上枚数計)(ランク)
     1         5,200          1        B
     ≀           ≀            ≀        ≀
   10000      29,000         10        S
(Sランクの会員番号)
     1201
      ≀
    10000
(Sランクの人数計)192
```

(第2図)

処理条件

1．第1図の会員コードは次のように構成されており，アーティスト番号は 1 (White○○) ～7 (TAKARA☆☆) の7種類である。なお，会員番号は 1～10000 である。

例　701025 →　7 (アーティスト番号)　01025 (会員番号)

2．配列 Amei にアーティスト名を記憶する。なお，Amei の添字はアーティスト番号と対応している。

配列

Amei	(0)	(1)	～	(7)
		White○○	～	TAKARA☆☆

3．第1図の入力データを読み，次の処理を行う。

・ アーティストごとに配列 Amai に売上枚数計を求める。なお，配列 Amai の添字はアーティスト番号と対応している。

配列

Amai	(0)	(1)	～	(7)
			～	

・ 会員ごとに配列 Kgo にチケット売上金額を集計し，配列 Kmai に売上枚数計を求める。なお，Kgo と Kmai の添字は会員番号と対応している。

配列

Kgo	(0)	(1)	～	(10000)
			～	

Kmai	(0)	(1)	～	(10000)
			～	

4．入力データが終了したら，次の処理を行う。

・ アーティストごとにアーティスト名と売上枚数計を第2図のように表示する。

・ 次の表のように，ランクを求める。なお，Sランクの人数を集計する。

売上金額計	20,000円以上	10,000円以上 20,000円未満	5,000円以上 10,000円未満	5,000円未満
ランク	S	A	B	C

・ 配列 Sran にSランクの会員番号を記憶する。なお，Sran は，集計に十分な範囲が用意されている。

配列

Sran	(0)	(1)	～	(1000)
			～	

・ 会員ごとに，会員番号からランクまでを第2図のように表示する。

・ Sランクの会員番号とSランクの人数計を第2図のように表示する。

5．データにエラーはないものとする。

解答群

ア． Kban
イ． Kgo(m) ≦ 5000
ウ． Kmai(Kban) ＋ 1 → Kmai(Kban)
エ． 1
オ． m, Kgo(m), Kmai(m), Kran を表示
カ． Kkod
キ． m, Kgo(m), Kmai(m), Sran(m) を表示
ク． Kgo(m) ≧ 5000
ケ． Kmai(Aban) ＋ 1 → Kmai(Aban)
コ． Snin

<流れ図>

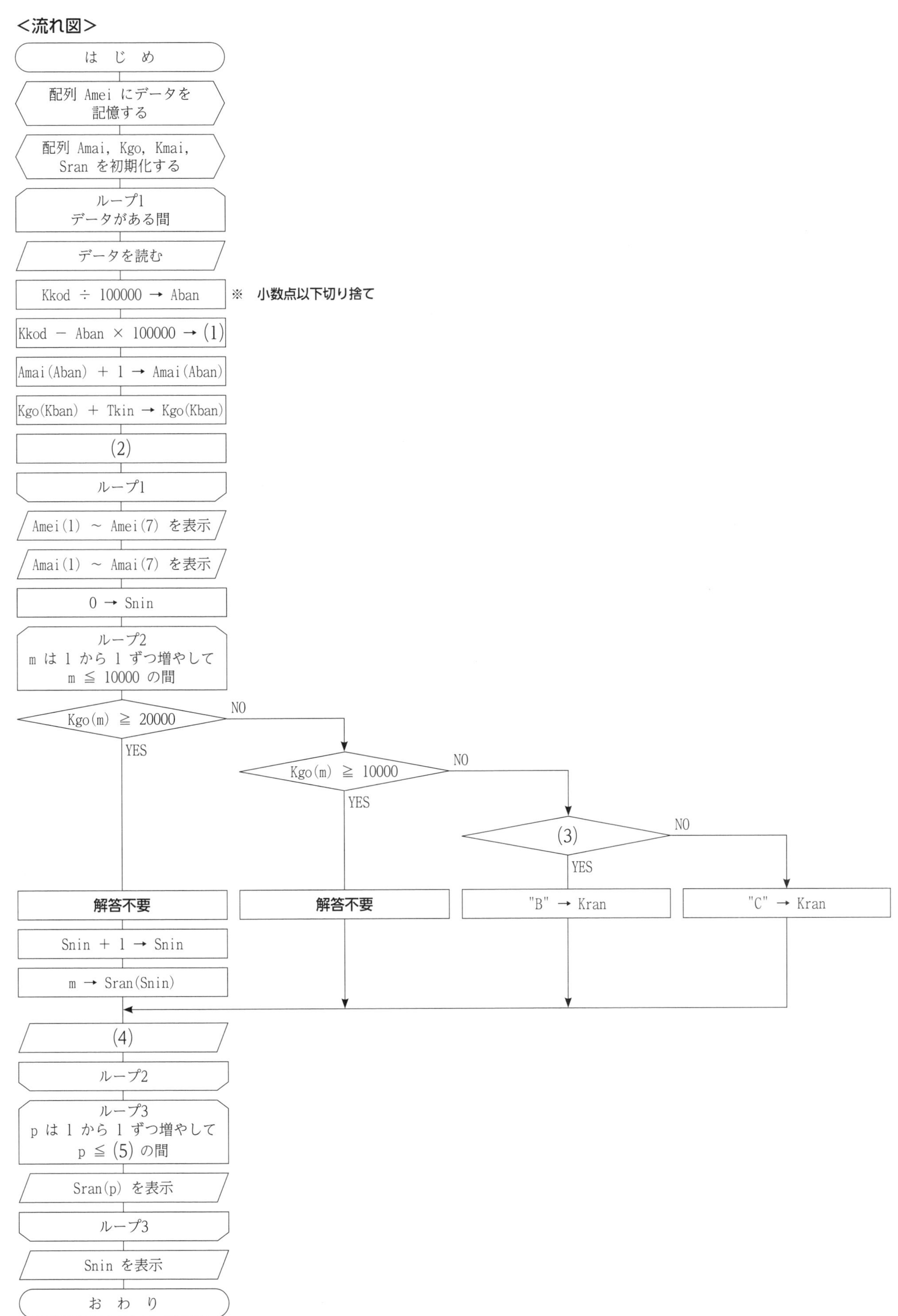
はじめ
配列 Amei にデータを記憶する
配列 Amai, Kgo, Kmai, Sran を初期化する
ループ1 データがある間
データを読む
Kkod ÷ 100000 → Aban
※ 小数点以下切り捨て
Kkod − Aban × 100000 → (1)
Amai(Aban) + 1 → Amai(Aban)
Kgo(Kban) + Tkin → Kgo(Kban)
(2)
ループ1
Amei(1) ~ Amei(7) を表示
Amai(1) ~ Amai(7) を表示
0 → Snin
ループ2 m は 1 から 1 ずつ増やして m ≦ 10000 の間
Kgo(m) ≧ 20000
NO
YES
Kgo(m) ≧ 10000
NO
YES
(3)
NO
YES
解答不要
解答不要
"B" → Kran
"C" → Kran
Snin + 1 → Snin
m → Sran(Snin)
(4)
ループ2
ループ3 p は 1 から 1 ずつ増やして p ≦ (5) の間
Sran(p) を表示
ループ3
Snin を表示
おわり

第70回検定

【7】 **流れ図の説明を読んで，流れ図の(1)～(5)にあてはまる答えを解答群から選び，記号で答えなさい。**

<流れ図の説明>

処理内容

ある国産茶葉販売店の1か月分の売上データを読み，商品別売上一覧表と当月の分類別売上一覧表をディスプレイに表示する。

入力データ

月日 (Thi)	分類番号 (Bban)	商品コード (Scod)	売上数量 (Usu)
×～×	×	×××	××

(第1図)

実行結果

```
                          (商品別売上一覧表)
(商品名)(当月売上数量計)(当月売上金額計)(前月売上金額計)(前月比(%))
煎茶            714        325,800        285,500       114.1
 ≀               ≀            ≀              ≀             ≀
紫芽茶           73        226,880        233,600        97.1
(合計)        2,378      2,091,920      1,948,700
(売上があった商品の平均)   139,461        129,913
              (当月の分類別売上一覧表)
    (分類名)      (分類別売上金額計) (割合(%))
不発酵(緑茶)         1,123,970        53.7
    ≀                    ≀              ≀
後発酵(プーアル茶)     345,880        16.5
```

(第2図)

処理条件

1. 分類番号は 1 (不発酵(緑茶)) ～4 (後発酵(プーアル茶))の4種類であり，商品コードは SEN (煎茶) ～MUR (紫芽茶) の15種類である。なお，1か月のうち少なくとも1日以上営業し，営業した日には必ず売上があるものとする。
2. 配列 Bmei に分類名を，配列 Sco に商品コードを，配列 Smei に商品名を，配列 Stan に単価を，配列 Zkin に前月売上金額計を記憶する。なお，Zkin(0) には前月売上金額計の合計を記憶する。また，Bmei の添字は分類番号と，Sco，Smei，Stan，Zkin の添字は対応している。

配列

Bmei

(0)	(1)	(2)	(3)	(4)
	不発酵(緑茶)	半発酵(ウーロン茶)	発酵(紅茶)	後発酵(プーアル茶)

Sco

(0)	(1)	(2)	～	(14)	(15)
	SEN	FUK	～	BUR	MUR

Smei

(0)	(1)	(2)	～	(14)	(15)
	煎茶	深蒸し茶	～	ブレンド	紫芽茶

Stan

(0)	(1)	(2)	～	(14)	(15)
	500	600	～	2500	3200

Zkin

(0)	(1)	(2)	～	(14)	(15)
1948700	285500	87000	～	135000	233600

3. 第1図の入力データを読み，次の処理を行う。
   - 商品コードをもとに配列 Sco を探索し，売上金額を次の計算式で求める。なお，売上数量が 3 以上の場合は，売上金額の10%を値引きする。
     売上金額 ＝ 売上数量 × 単価
   - 配列 Tsu に売上数量を，配列 Tkin に売上金額を集計する。なお，Tsu(0) と Tkin(0) には合計を求める。また，Tsu と Tkin の添字は配列 Sco の添字と対応している。

配列

Tsu

(0)	(1)	(2)	～	(14)	(15)
			～		

Tkin

(0)	(1)	(2)	～	(14)	(15)
			～		
(合計)					

   - 配列 Bkin に分類ごとの売上金額を集計する。なお，Bkin の添字は分類番号と対応している。

配列

Bkin

(0)	(1)	(2)	(3)	(4)

4. 入力データが終了したら，次の処理を行う。
   - 当月の売上があった商品数と前月の売上があった商品数を求める。
   - 前月比(%)を次の計算式で求め，商品名から前月比(%)までを第2図のように表示する。なお，前月売上金額計が 0 の場合は前月比(%)に － を表示する。
     前月比(%) ＝ 当月売上金額計 × 100 ÷ 前月売上金額計
   - 当月売上数量計の合計から前月売上金額計の合計までを第2図のように表示する。
   - 当月の売上があった商品の平均と前月の売上があった商品の平均を次の計算式で求め，第2図のように表示する。
     当月の売上があった商品の平均 ＝ 当月売上金額計の合計 ÷ 当月の売上があった商品数
     前月の売上があった商品の平均 ＝ 前月売上金額計の合計 ÷ 前月の売上があった商品数
   - 当月の分類ごとの割合(%)を次の計算式で求め，分類名から割合(%)までを第2図のように表示する。
     割合(%) ＝ 分類別売上金額計 × 100 ÷ 当月売上金額計の合計
5. データにエラーはないものとする。

解答群

ア. Bkin(Bban) ＋ 1 → Bkin(Bban)	**イ.** Zkin(0) ÷ Tcnt → Zhei
ウ. Tkin(0) × 100 ÷ Zkin(r)	**エ.** Bkin(Bban) ＋ Ukin → Bkin(Bban)
オ. Bkin(s) × 100 ÷ Tkin(0) → Wariai	**カ.** Hiritu
キ. Tkin(0)	**ク.** Sco(p) ＝ Scod
ケ. Tkin(r) × 100 ÷ Zkin(r)	**コ.** Tsu(0) ÷ Zcnt → Thei
サ. Bkin(s) × 100 ÷ Tkin(s) → Wariai	**シ.** Sco(p) ≠ Scod
ス. Ukin	**セ.** Bkin(s) × 100 ÷ Zkin(0) → Wariai
ソ. Tkin(0) ÷ Tcnt → Thei	

＜流れ図＞

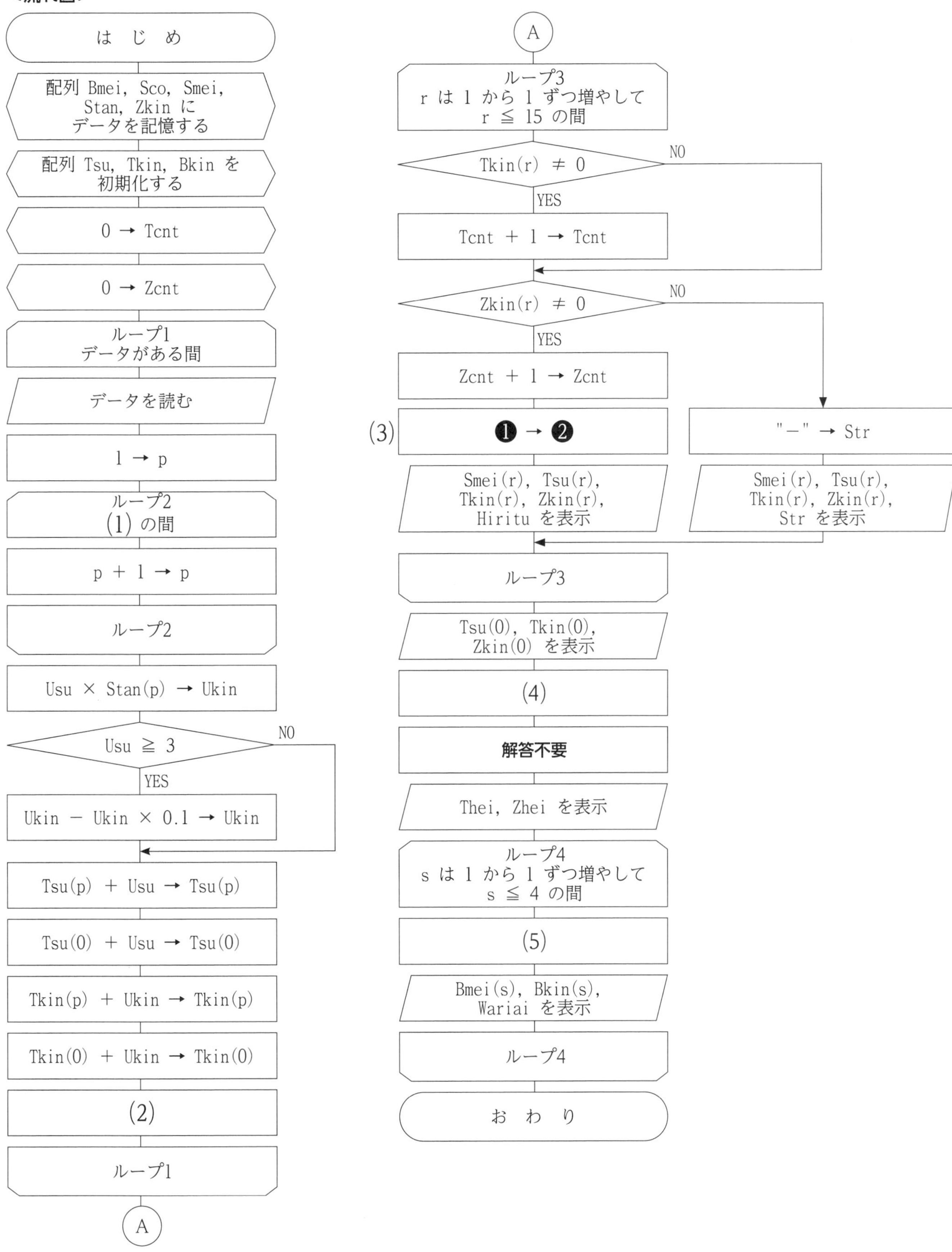
はじめ
配列 Bmei, Sco, Smei, Stan, Zkin にデータを記憶する
配列 Tsu, Tkin, Bkin を初期化する
0 → Tcnt
0 → Zcnt
ループ1 データがある間
データを読む
1 → p
ループ2 (1) の間
p + 1 → p
ループ2
Usu × Stan(p) → Ukin
Usu ≧ 3
NO
YES
Ukin − Ukin × 0.1 → Ukin
Tsu(p) + Usu → Tsu(p)
Tsu(0) + Usu → Tsu(0)
Tkin(p) + Ukin → Tkin(p)
Tkin(0) + Ukin → Tkin(0)
(2)
ループ1
A
A
ループ3 r は 1 から 1 ずつ増やして r ≦ 15 の間
Tkin(r) ≠ 0
NO
YES
Tcnt + 1 → Tcnt
Zkin(r) ≠ 0
NO
YES
Zcnt + 1 → Zcnt
(3)
❶ → ❷
"−" → Str
Smei(r), Tsu(r), Tkin(r), Zkin(r), Hiritu を表示
Smei(r), Tsu(r), Tkin(r), Zkin(r), Str を表示
ループ3
Tsu(0), Tkin(0), Zkin(0) を表示
(4)
解答不要
Thei, Zhei を表示
ループ4 s は 1 から 1 ずつ増やして s ≦ 4 の間
(5)
Bmei(s), Bkin(s), Wariai を表示
ループ4
おわり

直前 check

ハードウェア・ソフトウェアに関する知識

【ハードウェアの構成】

郵便番号の読み取りのように，手書きや印刷された文字を光学的に読み取る装置。	①
マークシートなどの専用用紙の所定の位置に記入された，マークの有無を光学的に読み取る装置。	②
磁性体を塗った薄い円盤(ディスク)を，高速回転させてデータを読み書きする装置。	③
磁気ディスク装置において，ディスク上のデータの読み書きを直接行う部分。	④
磁気ディスク装置において，磁気ヘッドをデータの読み書きする位置に移動させる部品。	⑤
磁気ディスク装置において，同心円状の複数のトラックが，論理的な円筒状になっている記録単位。	⑥
磁気ディスク装置の記録面で，同心円状の１周分の記憶場所。	⑦
磁気ディスク装置において，データの読み書きをする最小単位。	⑧
自然災害などでコンピュータシステムへの電源供給が止まった際，一定の時間，電源を供給する装置。	⑨
①OCR　②OMR　③磁気ディスク装置　④磁気ヘッド　⑤アクセスアーム　⑥シリンダ　⑦トラック　⑧セクタ　⑨UPS	

【ソフトウェアに関する知識】

文字や画像(写真やイラストなど)を構成する，色情報を持たない小さな点。	①
色調や階調などの色情報を持ったドットのこと。	②
ディスプレイの表示能力など，きめ細かさや画質の滑らかさを表す尺度で，dpi(ディーピーアイ)とppi(ピーピーアイ)の２つの指標がある。	③
光の三原色(赤：Red，緑：Green，青：Blue)のことで，ディスプレイ装置などは，３色の光を組み合わせて表現している。	④
色の三原色(藍：Cyan(シアン)，赤紫：Magenta(マゼンタ)，黄：Yellow(イエロー))に，黒(Keyplate)を加えたもので，カラー印刷はその４色の色料を組み合わせて表現している。	⑤
データの内容を保ったまま，一定の手順にしたがってデータの記憶容量を小さくすること。	⑥
元のデータの意味を変えずに，圧縮されたデータを元に戻すこと。	⑦
複数のファイルを一つにまとめたり，元に戻したりするソフトウェア。	⑧
コンピュータに周辺機器などを接続した際，ユーザが手動で設定を行わなくても，OSが最適な設定を自動的に行う機能。	⑨
①ドット　②ピクセル(画素)　③解像度　④RGB　⑤CMYK　⑥圧縮　⑦解凍　⑧アーカイバ　⑨プラグアンドプレイ	

【ディレクトリとファイル】

ファイルを階層構造で管理する場合，最上位にあるディレクトリ。	①
ファイルを階層構造で管理する場合，最上位ディレクトリの下位に作成されるすべてのディレクトリ。	②

直前チェック

ファイルの種類を識別するために付ける，ファイル名の後ろに記述される３文字程度の文字列。	③
文字コードと改行やタブだけで構成された文書ファイルのことで，コンピュータの機種や使用環境に関係なく利用することができる。	④
画像や動画，実行可能なプログラムファイルなど，文字として読み込むことのできない２進数形式のファイル。	⑤
圧縮しないで記録するファイル形式で，静止画像を点の集まりとして保存する。	⑥
フルカラー(16,777,216 色)の静止画を，画質は劣化するが，圧縮して記録するファイル形式。	⑦
インターネット上のイラストやアイコンなどの保存に使われているファイル形式で，256 色までの画像を保存することができる。	⑧
透明度などの情報を持ち，フルカラー（16,777,216 色）の静止画を，画質を落とさずに圧縮して保存するファイル形式。	⑨
用途により数種類の規格があるが，動画や音声データを圧縮して保存したファイル。	⑩
電子ピアノなどの電子楽器とパソコンを接続するための規格で，音楽情報を保存したファイル形式。	⑪
音声データを高音質に保ったまま，圧縮して記録できるファイル形式。	⑫
主にデータベースソフトや表計算ソフトの保存形式として使用されていて，データをコンマで区切って並べたファイル形式。	⑬
電子文書の形式のことで，コンピュータの機種や使用環境に関係なく閲覧できる。	⑭
世界的に広く利用されている，ファイル圧縮形式の一つ。	⑮

①ルートディレクトリ　②サブディレクトリ　③拡張子　④テキストファイル　⑤バイナリファイル　⑥ BMP　⑦ JPEG　⑧ GIF　⑨ PNG　⑩ MPEG　⑪ MIDI　⑫ MP3　⑬ CSV　⑭ PDF　⑮ ZIP

【関連知識】

工業関連分野の技術発展や規格の標準化を目的として設立された国際標準化機構。	①
日本国内における工業製品などの標準規格。	②
日本の JIS に相当する，工業製品の標準化・規格化を行うアメリカの非営利団体。	③
本部は米国にあり，LAN の標準規格を定めるなど，電気・電子・通信分野における世界規模の研究組織。	④
JIS 規格によって規定されている日本語の文字コード。	⑤
米国規格協会が制定した，標準の文字コードで，半角の英数字，記号などの文字を７ビットで表現する。	⑥
世界各国の文字を統一した文字コードで表現するための規格。	⑦
コンピュータシステムなどの設備の導入から，廃棄までの時間と費用の総額。	⑧
パソコンや机など，コンピュータシステムなどの設備を導入する際にかかる初期費用。	⑨
コピー用紙や保守点検費用など，コンピュータシステムなどの設備の運用・保守・管理するために必要となる費用。	⑩
ファイルを検索する際に，任意の文字列や一つの文字の代用として，使うことができる特殊文字。	⑪

① ISO　② JIS　③ ANSI　④ IEEE　⑤ JIS コード　⑥ ASCII コード　⑦ Unicode　⑧ TCO（総保有コスト）　⑨イニシャルコスト　⑩ランニングコスト　⑪ワイルドカード

通信ネットワークに関する知識

【ネットワークの構成】

電話回線のように，音声やデータを連続性のある信号でやり取りする通信回線。	①
文字や音声，画像などのデータを「ON」・「OFF」のように，２種類の電気信号の０と１で表し，データの送受信を行う通信回線。	②
デジタル通信においてデータを送受信する際に，データを一定のサイズに分割したもの。	③
企業や学校などの建物や敷地など，特定の限られた範囲におけるネットワーク。	④
コンピュータやプリンタなどを，通信ケーブルで接続したLAN。	⑤
コンピュータネットワークにおいて，通信ケーブルを使わずに，無線通信を利用してデータの送受信を行うLANシステム。	⑥
無線LANにおいて，相互接続が保証された機器に与えられる名称。	⑦
無線LANを利用するときにアクセスポイントに付ける混信を避けるための識別子。	⑧
パソコンや携帯ゲーム機などで手軽にインターネットを利用できるように，スマートフォンなどの通信機器をモデムとしてインターネットに接続すること。	⑨
①アナログ回線　②デジタル回線　③パケット　④LAN　⑤有線LAN　⑥無線LAN　⑦Wi-Fi　⑧SSID　⑨テザリング	

【ネットワークの活用】

接続された各コンピュータが互いに対等な関係で，サーバ専用のコンピュータを置かないネットワーク形態のこと。	①
サーバ専用のコンピュータを置き，サーバとクライアントが互いに処理を分担して運用しているネットワーク形態のこと。	②
インターネット上の動画や音楽のデータを，すべてダウンロードする前に，受信しながら再生する方式。	③
企業や学校などで，LANやインターネットを活用して情報共有やコミュニケーションを効率的に行うためのソフトウェア。	④
①ピアツーピア　②クライアントサーバシステム　③ストリーミング　④グループウェア	

情報モラルとセキュリティに関する知識

【権利の保護と管理】

人間の知的創作活動によって生み出されたものを，創作した人の財産として保護する権利。	①
知的財産権のうち，特許権，実用新案権，意匠権および，商標権の四つの総称。特許庁に出願し認可されることによって，一定期間独占的に利用できる権利。	②
小説，音楽，美術などの著作物が，完成した時点で自動的に発生する権利で，その創作者と相続人が利用できる権利。	③
自分の姿の写真，イラスト，動画などを，無断で公表されたり利用されたりすることがないように主張できる権利。	④

著作権の権利や，権利の存続期間などを定めて，著作者の権利の保護を図ることを目的とした法律。	⑤
個人情報を取り扱う企業などに，安全管理措置を行うことを義務付け，個人に関する情報の保護を図ることを目的とする法律。	⑥
利用する権限がない者が，他人のユーザ ID やパスワードを利用して，コンピュータを不正利用することを禁止する法律。	⑦
使用期間に関係なく，無料で利用できるソフトウェア。	⑧
一定の期間は無料で試用できるが，その後も続けて使用する場合は，料金を支払い使用権を取得して継続して利用できるソフトウェア。	⑨
学校や企業などの特定の場所において，一つのソフトウェアを複数のパソコンで利用できる契約。	⑩
ソフトウェアのプログラムコードを無償で公開し，誰でもそのソフトウェアの利用，改良などが行えるソフトウェア。	⑪

①知的財産権　②産業財産権　③著作権　④肖像権　⑤著作権法　⑥個人情報保護法　⑦不正アクセス禁止法　⑧フリーウェア　⑨シェアウェア　⑩サイトライセンス　⑪ OSS

直前チェック

【セキュリティ管理】

第三者による不正ログインを防止するために，「知識」，「所有」，「生体」の要素のうち二つ以上組み合わせて認証を行う方法。	①
第三者による不正ログインを防止するために，２回以上連続して認証を行う方法。	②
短時間のみ有効なその場限りの，一度しか使用できないパスワード。	③
１回の認証で，複数のソフトウェアや Web サービスなどを利用できる仕組み。	④
ファイルやディレクトリ(フォルダ)の「変更」，「読み取り」，「実行」，「書き込み」，「削除」など，すべてのアクセス権限のこと。	⑤
ファイルやディレクトリ(フォルダ)への，参照だけのアクセス権限のこと。	⑥
ファイルやディレクトリ(フォルダ)を読み込んで，データを追加したり，書き込むアクセス権限のこと。	⑦
組織内のコンピュータネットワークに対する外部からの不正な侵入を防ぎ，安全を維持することを目的としたシステム。	⑧
プログラムの設計ミスなどにより発生する，セキュリティ上の欠陥のこと。	⑨
キーボードから入力された ID やパスワードなどの入力情報を盗み取るスパイウェア。	⑩
ファイルを勝手に暗号化するなどして，正常にコンピュータを利用できない状態にするコンピュータウイルス。正常に利用できるように復元するための対価として，ユーザに金銭の支払いを要求する。	⑪
企業などの Web サイトを改ざんすることにより，他の有害サイトに閲覧者を自動的に誘導して，コンピュータウイルスを感染させようとする一連の攻撃手法。	⑫
第三者に意味がわからないようにするために，ある規則にしたがってデータを変換すること。	⑬
ある規則にしたがって内容がわからないように変換したデータを，元のデータに戻すこと。	⑭
データの破損や紛失に備え，データを複製し，別の場所や媒体に保存しておくこと。	⑮

①多要素認証　②多段階認証　③ワンタイムパスワード　④シングルサインオン(SSO)　⑤フルコントロール　⑥読み取り　⑦書き込み　⑧ファイアウォール　⑨セキュリティホール　⑩キーロガー　⑪ランサムウェア　⑫ガンブラー　⑬暗号化　⑭復号　⑮バックアップ

プログラミング部門関連知識

【関連知識】

プログラム言語で記述されたプログラムを，機械語に変換すること。	①
コンピュータが直接理解することのできるプログラム言語。	②
作成されたプログラムに誤りがないかを検査するため，仮のデータを用いてプログラムを実行すること。	③
原始プログラムの翻訳（コンパイル）時に発見される，プログラム記述の誤り。	④
プログラム記述に誤りはないが，実行結果が意図した結果と違う場合の誤り。	⑤
プログラムの文法的な誤りや論理的な誤りを探し，その誤りを修正する作業。	⑥
プログラム言語を機械語に変換するプログラムの総称。	⑦
Ｃ言語，Ｊａｖａなどで作成されたプログラム言語を一括して機械語に翻訳する言語プロセッサ。	⑧
プログラム言語で記述された命令文を，１行ずつ解釈し実行するもの。	⑨
アセンブリ言語を機械語に翻訳（アセンブル）する言語プロセッサ。	⑩
プログラムを記述する言語。人間に分かりやすい言葉で記述されており，翻訳されて機械語に変換される。	⑪
ＵＮＩＸというＯＳの記述用に開発された言語で，汎用性・移植性が高いプログラム言語。	⑫
特定のＯＳに依存することのない，オブジェクト指向型のプログラム言語。	⑬
機械語の命令と１対１で対応したプログラム言語。	⑭
命令や機能を制限して，簡単に記述・実行できるようにしたプログラム言語。	⑮
入力データが正しく作成されているか調べること。	⑯
データが特定の項目で順番に並んでいるか確認する検査。	⑰
データの値が，定められた範囲内にあるか確認する検査。	⑱
コンピュータで求めた合計と手計算による合計が一致しているか確認する検査。	⑲
数値データを記憶すべき場所に，数値以外のデータが含まれていないか確認する検査。	⑳
本来のコードに，検査用数字（チェックディジット）を付加し，そのコードに誤りがないか確認する検査。	㉑
プログラムの最も外側で宣言され，どこからでも参照・更新することができる変数。	㉒
宣言されたプログラムの一部分だけで有効となる変数。	㉓

①翻訳（コンパイル）　②機械語　③テストラン　④文法エラー　⑤論理エラー　⑥デバッグ　⑦言語プロセッサ
⑧コンパイラ　⑨インタプリタ　⑩アセンブラ　⑪プログラム言語　⑫Ｃ言語　⑬Ｊａｖａ　⑭アセンブリ言語　⑮簡易言語
⑯データチェック　⑰シーケンスチェック　⑱リミットチェック　⑲トータルチェック　⑳ニューメリックチェック
㉑チェックディジットチェック　㉒グローバル変数　㉓ローカル変数

直前チェック

令和６年度版　全国商業高等学校協会主催

情報処理検定模擬試験問題集

プログラミング　2級　解答編

年　　組　　番

実教出版

第２級　解答編目次

※ 検定試験問題の解説と本冊に掲載しているソースコードのデータは，弊社 Web サイトからダウンロードできます。

用語解説

【ハードウェア・ソフトウェアに関する知識】

p.7 **【1】**

1	イ	2	キ	3	エ	4	ク	5	カ

解説 解答以外の語句の説明は，以下のとおりである。
ア．手書きの文字や印刷された文字を光学的に読み取る装置。
ウ．ディスク上のデータの読み書きを直接行う部分。
オ．アクセスアームを動かすことなくデータの読み書きができる，円筒状に並んだトラックの集まり。

【2】

1	オ	2	エ	3	イ	4	ア	5	キ

解説 解答以外の語句の説明は，以下のとおりである。
ウ．文字や画像を構成する最小の要素である点のこと。
カ．シアン，マゼンタ，イエロー，ブラックのインクで色を表現する方法。
ク．圧縮されたデータを元に戻すこと。

【3】

1	キ	2	イ	3	カ	4	サ	5	ウ

解説 解答以外の語句の説明は，以下のとおりである。
ア．静止画像を点の集まりとして，圧縮せずに記録するファイル形式。
エ．動画や音声データを圧縮して保存したファイル。
オ．データをコンマで区切って並べたファイル形式。
ク．文字として読み込むことのできない形式のファイル。
ケ．ファイルの種類を識別する目的で使われる，ファイル名の後ろに付ける文字列。
コ．ルートディレクトリの下位に作成されるすべてのディレクトリ。

p.8 **【4】**

1	オ	2	コ	3	カ	4	ア	5	エ

解説 解答以外の語句の説明は，以下のとおりである。
イ．日本国内における工業製品などの標準規格。
ウ．アメリカにおける工業製品の規格の標準化を行う団体。
キ．世界の主要言語を標準化した文字コード体系。
ク．システムの導入から廃棄までにかかる費用の総額。
ケ．システムの導入にかかる費用。

【5】

1	エ	2	コ	3	ケ	4	ア	5	カ

解説 解答以外の語句の説明は，以下のとおりである。
イ．システムの導入にかかる費用。
ウ．用紙の所定の位置に記入されたマークを光学的に読み取る装置。
オ．赤，緑，青の光でディスプレイ装置にカラー画像を表示するしくみ。
キ．OSなどの機種に依存しない，文字コードと改行やタブだけで構成された文書ファイル。
ク．動画や音声データを圧縮して保存したファイル。

【6】

1	960 KB	2	2.4 MB

解説 1．画像容量 ＝ 横方向画素数×縦方向画素数×1画素あたりのビット数÷8
＝ 800 × 600 × 16 ÷ 8
＝ 960,000 B（バイト）
1 KB ＝ 10^3 B とすると
1 KB ＝ 1,000 B
960,000 ÷ 1,000 ＝ 960 KB

解説 2．画像容量 ＝ 解像度×横（インチ）×解像度×縦（インチ）×1画素あたりのビット数÷8
＝ 200 ×（12.5 ÷ 2.5）× 200 ×（10.0 ÷ 2.5）× 24 ÷ 8
＝ 200 × 5 × 200 × 4 × 24 ÷ 8
＝ 2,400,000 B（バイト）
1 MB ＝ 10^6 B とすると
1 MB ＝ 1,000,000 B
2,400,000 ÷ 1,000,000 ＝ 2.4 MB

【7】

1	36	2	10111	3	322	4	100100	5	41	6	1000110

解説 1.

$$\begin{array}{r} 10111 \\ +\quad 1101 \\ \hline 100100 \end{array}$$

2進数100100を10進数に変換すると

$$\begin{array}{cccccccl} 1 & 0 & 0 & 1 & 0 & 0 & \\ \times & \times & \times & \times & \times & \times & \\ 2^5 & 2^4 & 2^3 & 2^2 & 2^1 & 2^0 & \\ \parallel & \parallel & \parallel & \parallel & \parallel & \parallel & \\ 32 & 0 & 0 & 4 & 0 & 0 & \rightarrow 32+0+0+4+0+0=36 \end{array}$$

2.

$$\begin{array}{r} 110100 \\ -\quad 11101 \\ \hline 10111 \end{array}$$

3.

$$\begin{array}{r} 10111 \\ \times\quad 1110 \\ \hline 10111 \\ 10111 \\ 10111 \\ \hline 101000010 \end{array}$$

2進数101000010を10進数に変換すると

$$\begin{array}{cccccccccl} 1 & 0 & 1 & 0 & 0 & 0 & 0 & 1 & 0 & \\ \times & \times & \times & \times & \times & \times & \times & \times & \times & \\ 2^8 & 2^7 & 2^6 & 2^5 & 2^4 & 2^3 & 2^2 & 2^1 & 2^0 & \\ \parallel & \parallel & \parallel & \parallel & \parallel & \parallel & \parallel & \parallel & \parallel & \\ 256 & 0 & 64 & 0 & 0 & 0 & 0 & 2 & 0 & \rightarrow 256+0+64+0+0+0+0+2+0=322 \end{array}$$

4. 10進数9を2進数に変換すると,

$$\begin{array}{rll} 2\,) & \underline{9} & \\ 2\,) & \underline{4} & \cdots 1 \\ 2\,) & \underline{2} & \cdots 0 \\ 2\,) & \underline{1} & \cdots 0 \\ & 0 & \cdots 1 \end{array} \uparrow$$

2進数1001となる。2進数11011との和を求めるため,

$$\begin{array}{r} 1001 \\ +11011 \\ \hline 100100 \end{array}$$

5. 2進数101100を10進数に変換すると,

$$\begin{array}{cccccccl} 1 & 0 & 1 & 1 & 0 & 0 & \\ \times & \times & \times & \times & \times & \times & \\ 2^5 & 2^4 & 2^3 & 2^2 & 2^1 & 2^0 & \\ \parallel & \parallel & \parallel & \parallel & \parallel & \parallel & \\ 32 & 0 & 8 & 4 & 0 & 0 & \rightarrow 32+0+8+4+0+0=44 \end{array}$$

10進数85との差を求めるため,

$85-44=41$

6. 10進数7を2進数に変換すると,

$$\begin{array}{rll} 2\,) & \underline{7} & \\ 2\,) & \underline{3} & \cdots 1 \\ 2\,) & \underline{1} & \cdots 1 \\ & 0 & \cdots 1 \end{array} \uparrow$$

2進数111となる。2進数1010との積を求めるため,

$$\begin{array}{r} 111 \\ \times 1010 \\ \hline 111 \\ 111 \\ \hline 1000110 \end{array}$$

【通信ネットワークに関する知識】

p.10　【1】

1	ケ	2	ア	3	カ	4	ク	5	エ
6	ウ	7	イ						

解説　解答以外の語句の説明は，以下のとおりである。
オ．コンピュータやプリンタなどを，通信ケーブルを用いて接続したLAN。
キ．Wi-Fi Allianceが IEEE 802.11規格を利用したデバイスの相互接続を保証した機器に与える名称。

【2】

1	エ	2	ウ	3	ア	4	イ

【情報モラルとセキュリティに関する知識】

p.13　【1】

1	エ	2	ウ	3	ク	4	カ	5	ア
6	キ	7	イ						

解説　解答以外の語句の説明は，以下のとおりである。
オ．個人情報を適切に扱うために定められた法律。
ケ．ソースコードが無償で公開され，改良などが誰でも行えるソフトウェア。

【2】

1	ア	2	シ	3	カ	4	ク	5	ウ
6	エ	7	ケ	8	サ	9	ス	10	キ

解説　解答以外の語句の説明は，以下のとおりである。
イ．コンピュータシステムにログインするときに，認証を２回以上行う認証方式。
オ．ファイルやディレクトリへ書き込むことができるアクセス権限。
コ．企業などのWebサイトを改ざんし，閲覧者を自動的に有害サイトに誘導してマルウェアに感染させようとする手法。
セ．１組のユーザIDとパスワードによる認証を１度行うだけで複数のWebサービスなどにログインできる仕組み。
ソ．ファイルやディレクトリを読み込むことができるアクセス権限。

p.14　【3】

1	イ	2	キ	3	サ	4	カ	5	コ	6	ア

解説　解答以外の語句は，以下のとおりである。
ウ．書き込み
エ．ワンタイムパスワード
オ．ランサムウェア
ク．不正アクセス禁止法
ケ．フリーウェア
シ．知的財産権

【プログラミング部門関連知識】

p.16 【1】

1	イ	2	オ	3	ア	4	カ	5	ウ
6	エ	7	キ	8	ク				

解説 解答以外の語句の説明は，以下のとおりである。

ケ．開発を容易にするために工夫されたプログラム言語。

p.17 【2】

1	キ	2	ウ	3	エ	4	ク	5	ア
6	イ	7	オ	8	ケ				

解説 解答以外の語句の説明は，以下のとおりである。

カ．データが特定の順番で並んでいるか調べること。

【3】

1	イ	2	ク	3	カ	4	エ	5	ケ
6	ウ	7	オ						

解説 解答以外の語句の説明は，以下のとおりである。

ア．コンピュータで求めた合計と手計算による合計が一致しているか調べること。

キ．機械語の命令と１対１に対応したプログラム言語。

流れ図とプログラム

【流れ図の確認】

p.18 【1】

(1)	(2)	(3)	(4)
ア	オ	ク	エ

p.19 【2】

(1)	(2)	(3)	(4)	(5)
イ	ウ	コ	キ	オ

p.20 【3】

(1)	(2)	(3)	(4)
ク	キ	ア	オ

p.21 【4】

(1)	(2)	(3)	(4)
ウ	ク	カ	キ

p.22 【5】

(1)	(2)	(3)	(4)	(5)
コ	オ	ウ	キ	ア

p.23 【6】

(1)	(2)	(3)	(4)	(5)
ク	ウ	ア	イ	コ

p.24 【7】

(1)	(2)	(3)	(4)
エ	カ	キ	ア

p.25 【8】

(1)	(2)	(3)	(4)	(5)
ウ	ア	ク	オ	キ

p.26 【9】

(1)	(2)	(3)	(4)	(5)
エ	ケ	オ	キ	イ

p.27 【10】

(1)	(2)	(3)	(4)	(5)
エ	コ	オ	ア	ク

p.28 【11】

(1)	(2)	(3)	(4)
イ	オ	ア	エ

p.29 【12】

(1)	(2)	(3)	(4)	(5)
エ	イ	カ	オ	キ

p.30 【13】

(1)	(2)	(3)	(4)	(5)
ウ	カ	エ	コ	ク

【マクロ言語（トレース）の確認】

p.31 【1】

(1)	(2)	(3)	(4)	(5)
9	18	216	18	7

p.32 【2】

(1)	(2)	(3)	(4)	(5)
3	4	13	20	ア

p.33 【3】

(1)	(2)	(3)	(4)	(5)
15	奇数	0	偶数	ウ

別解：(2)"奇数"　(4)"偶数"

p.34 【4】

(1)	(2)	(3)	(4)	(5)
0	23	1	703	ア

p.35 【5】

(1)	(2)	(3)	(4)	(5)
1	0	0	375	ウ

p.36 【6】

(1)	(2)	(3)	(4)	(5)
6	5	9回	45	ウ

p.37 【7】

(1)	(2)	(3)	(4)	(5)
4	14	6回	91	イ

p.38 【8】

(1)	(2)	(3)	(4)	(5)
32	4	5回	4	イ

p.39 【9】

(1)	(2)	(3)	(4)	(5)
4回	0	2	1	ウ

p.40 【10】

(1)	(2)	(3)	(4)	(5)
2	1010	5回	11010	ア

情報処理検定模擬試験プログラミング部門　**第２級**　(第１回)

審　査　基　準

【1】

1	2	3	4	5
ア	イ	ケ	カ	エ

【2】

1	2	3	4	5
ク	ウ	キ	オ	イ

【3】

1	2	3	4	5
ア	イ	ア	ウ	イ

各２点 15問	小計	30

【4】

(1)	(2)	(3)	(4)	(5)
2回	3	2	4	ウ

【5】

(1)	(2)	(3)	(4)	(5)
エ	ケ	カ	ウ	ク

【6】

(1)	(2)	(3)	(4)	(5)
オ	カ	ケ	ウ	イ

各３点 15問	小計	45

【7】

(1)	(2)		(3)	(4)	(5)	
	❶	❷			❶	❷
エ	イ	シ	サ	ス	キ	ク

※　【7】(2)・(5)は，問ごとにすべてができて正答とする。

各５点 5問	小計	25

合　計
100

【4】 解説

処理の概要

入力したxの約数の個数kを求めるプログラムである。

入力したxをy(1からxまで)で順に割っていき，割り切れた場合は約数として数える。割り切れたかの判定は，xをyで割ったあまりであるmを使い，m=0のとき割り切れるので約数として数える(k=k+1　により　kに1加えている)。

xの値が2のとき

	x	y	k	z	m
	2	1	0	2	0
㋐	2	1	1	2	0
	2	2	1	2	0
	2	2	1	1	0
	2	2	1	1	0
㋐	2	2	2	1	0
㋑		3			

xの値が6のとき

	x	y	k	z	m
	6	1	0	6	0
㋐	6	1	1	6	0
	6	2	1	6	0
	6	2	1	3	0
	6	2	1	3	0
㋐	6	2	2	3	0
	6	3	2	3	0
	6	3	2	2	0
	6	3	2	2	0
㋐	6	3	3	2	0
	6	4	3	2	0
	6	4	3	1	0
	6	4	3	1	2
	6	5	3	1	2
	6	5	3	1	2
	6	5	3	1	1
	6	6	3	1	1
	6	6	3	1	1
	6	6	3	1	0
㋐	6	6	4	1	0
		7			

【5】 解説

主な変数の意味

Nj：入庫(時)　Nf：入庫(分)　Sj：出庫(時)

Sf：出庫(分)　Fun：利用時間(分)　Ryo：料金

ポイント

(1) 入庫(分)の計算

(2) 料金の初期値設定

(3) 利用時間の残りを判断

(4) 追加料金の加算

(5) 料金の上限を判断

【6】 解説

主な変数の意味

p：会員配列の添字　　f：商品配列の添字
Kin：金額　　Seikyu：請求額
Kaku：獲得ポイント数

ポイント

２つの線形探索が行われている。どの添字がどの配列に対応しているかしっかり把握すること。

(1) 金額の計算
(2) 使用ポイントの修正(獲得済みポイント数を代入)
(3) ゲスト時の獲得ポイント
(4) 獲得済みポイント数の再計算
(5) 添字の初期化

【7】 解説

主な変数の意味

Dai：最も高い年齢
Shou：最も低い年齢
p：線形探索時に使用している添字
r：配列 Sou や Kei に用いる添字
s：r のひとつ前を示す添字
Ka：各年齢層の下限
Jou：各年齢層の上限
Wari：割合

ポイント

(1) 線形探索の条件
(2) 最大値の判定
(3) 最小値の記憶
(4) 添字が 0 以外のときの下限値の設定
(5) 割合の計算

情報処理検定模擬試験プログラミング部門　**第2級**　(第2回)

審　査　基　準

【1】

1	2	3	4	5
カ	オ	エ	キ	ウ

【2】

1	2	3	4	5
コ	イ	ア	ケ	ク

【3】

1	2	3	4	5
イ	ア	ア	イ	ウ

各2点 15問	小計	30

【4】

(1)	(2)	(3)	(4)	(5)
1	36	3回	450	イ

【5】

(1)	(2)	(3)	(4)	(5)
カ	ク	ア	オ	イ

【6】

(1)	(2)	(3)	(4)	(5)
カ	ア	ウ	ケ	ク

各3点 15問	小計	45

【7】

(1)	(2)	(3)		(4)		(5)
		❶	❷	❶	❷	
ソ	ク	エ	サ	カ	イ	コ

※　【7】(3)・(4)は，問ごとにすべてができて正答とする。

各5点 5問	小計	25

合　計
100

【4】 解説

処理の概要

入力したａとｂの最大公約数 Ans と最小公倍数 Ans2 を求めるプログラムである。

入力したａとｂを共通の素因数ｉで分解することで，最大公約数 Ans を求めている。共通の素因数であるかの判定は，ａをｉで割ったあまり Am とｂをｉで割ったあまり Bm がともに０(Am＝0 And Bm＝0)のときである。なお，ａとｂは，共通の素因数が見つかった場合は，ａとｂを共通の素因数で割った値に更新される。

最小公倍数 Ans2 は最大公約数 Ans と残ったａとｂの３つをかけて求めている。

ａの値が 144，ｂの値が 180 のとき

a	b	Ans	i	Ad	Am	Bd	Bm	Ans2	
144	180	—	—	—	—	—	—	—	
144	180	1	—	—	—	—	—	—	
144	180	1	2	—	—	—	—	—	
144	180	1	2	72	—	—	—	—	
144	180	1	2	72	0	—	—	—	
144	180	1	2	72	0	90	—	—	
144	180	1	2	72	0	90	0	—	㋐
144	180	2	2	72	0	90	0	—	
72	180	2	2	72	0	90	0	—	
72	90	2	2	72	0	90	0	—	
72	90	2	2	36	0	90	0	—	
72	90	2	2	36	0	90	0	—	
72	90	2	2	36	0	45	0	—	
72	90	2	2	36	0	45	0	—	㋐
72	90	4	2	36	0	45	0	—	
36	90	4	2	36	0	45	0	—	
36	45	4	2	36	0	45	0	—	
36	45	4	2	18	0	45	0	—	
36	45	4	2	18	0	45	0	—	
36	45	4	2	18	0	22	0	—	
36	45	4	2	18	0	22	1	—	㋐
36	45	4	3	18	0	22	1	—	㋑
36	45	4	3	12	0	22	1	—	
36	45	4	3	12	0	22	1	—	
36	45	4	3	12	0	15	1	—	
36	45	4	3	12	0	15	0	—	㋐
36	45	12	3	12	0	15	0	—	
12	45	12	3	12	0	15	0	—	
12	15	12	3	12	0	15	0	—	
12	15	12	3	4	0	15	0	—	
12	15	12	3	4	0	15	0	—	
12	15	12	3	4	0	5	0	—	
12	15	12	3	4	0	5	0	—	㋐
12	15	36	3	4	0	5	0	—	
4	15	36	3	4	0	5	0	—	
4	5	36	3	4	0	5	0	—	
4	5	36	3	1	0	5	0	—	
4	5	36	3	1	1	5	0	—	
4	5	36	3	1	1	1	0	—	
4	5	36	3	1	1	1	2	—	㋐
4	5	36	4	1	1	1	2	—	㋑
4	5	36	4	1	1	1	2	—	
4	5	36	4	1	0	1	2	—	
4	5	36	4	1	0	1	2	—	
4	5	36	4	1	0	1	1	—	㋐
4	5	36	5	1	0	1	1	—	㋑
4	5	36	5	1	0	1	1	720	

ａの値が 90，ｂの値が 225 のとき

a	b	Ans	i	Ad	Am	Bd	Bm	Ans2	
90	225	—	—	—	—	—	—	—	
90	225	1	—	—	—	—	—	—	
90	225	1	2	—	—	—	—	—	
90	225	1	2	45	—	—	—	—	
90	225	1	2	45	0	—	—	—	
90	225	1	2	45	0	112	—	—	
90	225	1	2	45	0	112	1	—	㋐
90	225	1	3	45	0	112	1	—	㋑
90	225	1	3	30	0	112	1	—	
90	225	1	3	30	0	112	1	—	
90	225	1	3	30	0	75	1	—	
90	225	1	3	30	0	75	0	—	㋐
90	225	3	3	30	0	75	0	—	
30	225	3	3	30	0	75	0	—	
30	75	3	3	30	0	75	0	—	
30	75	3	3	10	0	75	0	—	
30	75	3	3	10	0	75	0	—	
30	75	3	3	10	0	25	0	—	
30	75	3	3	10	0	25	0	—	㋐
30	75	9	3	10	0	25	0	—	
10	75	9	3	10	0	25	0	—	
10	25	9	3	10	0	25	0	—	
10	25	9	3	3	0	25	0	—	
10	25	9	3	3	1	25	0	—	
10	25	9	3	3	1	8	0	—	
10	25	9	3	3	1	8	1	—	㋐
10	25	9	4	3	1	8	1	—	㋑
10	25	9	4	2	1	8	1	—	
10	25	9	4	2	2	8	1	—	
10	25	9	4	2	2	6	1	—	
10	25	9	4	2	2	6	1	—	㋐
10	25	9	5	2	2	6	1	—	㋑
10	25	9	5	2	2	6	1	—	
10	25	9	5	2	0	6	1	—	
10	25	9	5	2	0	5	1	—	
10	25	9	5	2	0	5	0	—	㋐
10	25	45	5	2	0	5	0	—	
2	25	45	5	2	0	5	0	—	
2	5	45	5	2	0	5	0	—	
2	5	45	5	2	0	5	0	450	

【5】 解説

主な変数の意味

Fst：１位のタイム　　　Snd：２位のタイム

Fno：１位の選手番号　　Sno：２位の選手番号

ポイント

(1) １位のタイムの初期値設定
(2) １位の選手番号を２位の選手番号に保存
(3) ２位のタイムか判断
(4) 選手番号を保存
(5) 最後から２番目に表示されるもの

【6】 解説

主な変数の意味

Takahi：最高値日にち

Yasuhi：最安値日にち

ポイント

(1) ループの初期値
(2) Taka(Ni) を変更するための条件
(3) 日ごとの安値を記憶
(4) 最安値を記憶する条件
(5) 明細行を表示する条件

【7】 解説

主な変数の意味

t：線形探索時に使用している添字

Khi：次回権利確認日

h：権利名と申請件数表示用の添字

ポイント

(1) 線形探索の条件
(2) 該当権利の申請件数に１を加算
(3) その他の権利ではないかの判定
(4) 次回権利確認日の計算
(5) 各権利表示用の添字設定

情報処理検定模擬試験プログラミング部門　**第２級**　（第３回）

審　査　基　準

【1】

1	2	3	4	5
イ	ウ	カ	ア	キ

【2】

1	2	3	4	5
オ	ケ	ウ	カ	キ

【3】

1	2	3	4	5
ウ	ウ	イ	ア	ウ

各２点 15問	小計	30

【4】

(1)	(2)	(3)	(4)	(5)
3	2回	243	3	ア

【5】

(1)	(2)	(3)	(4)	(5)
ウ	コ	ケ	エ	ア

【6】

(1)	(2)	(3)	(4)	(5)
ウ	カ	オ	イ	キ

各３点 15問	小計	45

【7】

(1)	(2)	(3)		(4)		(5)
		❶	❷	❶	❷	
イ	シ	カ	ア	オ	エ	サ

※　【7】(3)・(4)は，問ごとにすべてができて正答とする。
　　【7】(3)順不同可。

各５点 5問	小計	25

合　計
100

【4】 解説

処理の概要

入力したaをn乗した値sを求めるプログラムである。

aの値はa^1, a^2, a^4, a^8と変化する。fの値はnを順に2で割ったあまりである。例えば，aの値が3，nの値が5のとき，aの値は順に3，9，81，6561と変化し，fの値は順に1，0，1となる。fの値が1のときに対応するaの値を掛けるので3×81＝243となる。つまり，指数を使って表すと$3^1 \times 3^4 = 3^5$となる。

c	s	a	n	m	f	
0	—	—	—	—	—	
0	1	—	—	—	—	
0	1	3	—	—	—	
0	1	3	5	—	—	
0	1	3	5	2	—	
0	1	3	5	2	1	
0	3	3	5	2	1	㋐
0	3	9	5	2	1	
0	3	9	2	2	1	
1	3	9	2	2	1	
1	3	9	2	1	1	
1	3	9	2	1	0	
1	3	81	2	1	0	
1	3	81	1	1	0	
2	3	81	1	1	0	
2	3	81	1	0	0	
2	3	81	1	0	1	
2	243	81	1	0	1	㋐
2	243	6561	1	0	1	
2	243	6561	0	0	1	
3	243	6561	0	0	1	
3	243	6561	0	0	1	㋑

【5】 解説

主な変数の意味

Max：合計点最大
Min：合計点最小
Gokei：合計点
Xban：合計点最大の競技番号
Nban：合計点最小の競技番号
Biko：備考

ポイント

(1) 合計点最小の初期値設定
(2) 合計点の計算
(3) 合計点最大の競技番号の記憶
(4) 合計点最小の判断
(5) 合計点最小の競技番号と値の表示

【6】 解説

主な変数の意味

Syainsu：全社員数　　　　　Kinkei：食費合計

Ritsu：比率(%)　　　　　　Heikin：1か月の食費の平均

i：2万円刻みの段階を表す添字

ポイント

(1) 食費合計に0を入れる

(2) 社員数のカウント

(3) 1か月の食費が10万円以上はすべて配列Nin(5)で集計

(4) 段階ごとの社員数のカウント

(5) 比率の計算

【7】 解説

主な変数の意味

Max：日替わり弁当以外の人気弁当の売上金額

u：線形探索時に使用している添字

t：各弁当の割合計算時に使用している添字

Wari：割合

MaxMei：日替わり弁当以外の人気弁当の弁当名

ポイント

(1) 線形探索の初期値設定

(2) 合計に単価 × 数量を加算

(3) 日替わり弁当は人気弁当の判定から除外する

(4) 最大値の判定(後のデータ優先)

(5) 日替わり弁当以外の人気弁当の弁当名を記憶

情報処理検定模擬試験プログラミング部門　**第２級**　(第４回)

審　査　基　準

【1】

1	2	3	4	5
キ	ア	イ	コ	エ

【2】

1	2	3	4	5
ア	イ	コ	オ	キ

【3】

1	2	3	4	5
イ	ウ	ウ	ウ	ア

各２点 15問　小計 30

【4】

(1)	(2)	(3)	(4)	(5)
21	7回	25	2	ア

【5】

(1)	(2)	(3)	(4)	(5)
ウ	ク	ア	ケ	オ

【6】

(1)	(2)	(3)	(4)	(5)
ケ	エ	ウ	ク	イ

各３点 15問　小計 45

【7】

(1) ❶	(1) ❷	(2)	(3) ❶	(3) ❷	(4)	(5) ❶	(5) ❷
サ	チ	カ	シ	ア	ス	コ	ツ

※　【7】(1)・(3)・(5)は，問ごとにすべてができて正答とする。
【7】(1)順不同可。

各５点 ５問　小計 25

合　計
100

【4】 解説

処理の概要

入力したmを10になるまで1ずつ増やして，そのつど10からmを引いた値とnとの積をsに求めて表示し，さらにsの最大値をMxに求めるプログラムである。

値nを10－mで求めるので，mとnの和は必ず10になる。例えば，入力したmが7の場合，sは7×(10－7)＝21，8×(10－8)＝16，9×(10－9)＝9となりsの最大値Mxは21となる。

mの値が3のとき

	m	Mx	n	s
	3	-	-	-
	3	0	-	-
	3	0	7	-
㋐	3	0	7	21
	3	21	7	21
	4	21	7	21
	4	21	6	21
㋐	4	21	6	24
	4	24	6	24
	5	24	6	24
	5	24	5	24
㋐	5	24	5	25
	5	25	5	25
	6	25	5	25
	6	25	4	25
㋐	6	25	4	24
	7	25	4	24
	7	25	3	24
㋐	7	25	3	21
	8	25	3	21
	8	25	2	21
㋐	8	25	2	16
	9	25	2	16
	9	25	1	16
㋐	9	25	1	9
	10	25	1	9
	10	25	0	9
㋑	10	25	0	9

mの値が7のとき

	m	Mx	n	s
	7	-	-	-
	7	0	-	-
	7	0	3	-
㋐	7	0	3	21
	7	21	3	21
	8	21	3	21
	8	21	2	21
㋐	8	21	2	16
	9	21	2	16
	9	21	1	16
㋐	9	21	1	9
	10	21	1	9
	10	21	0	9
㋑	10	21	0	9

【5】 解説

主な変数の意味

Ken_g：グループ参加の件数　　Ken_k：個人参加の件数
Biko：備考　　Tan：単価　　Ryo：料金

ポイント

(1) 備考の初期値設定
(2) 個人参加か判断
(3) グループ参加の件数カウント
(4) 個人参加の単価の設定
(5) 料金の計算

【6】 解説

主な変数の意味

k：線形探索をするときの添字
Skei：進学希望者数
Per：割合(%)
Sper：進学希望率(%)

ポイント

(1) 線形探索。見つからなければ次の要素へ
(2) 進路希望コードごとの人数カウント
(3) 割合の計算
(4) 進学希望者数に0を入れる
(5) 進学希望率の計算

【7】 解説

主な変数の意味

i：線形探索用の添字
ZHei：全店舗評価平均点
Hei：評価平均点
n：ループの制御用
Hoshi：表示する「☆」の文字列

ポイント

(1) 店舗番号を線形探索する
(2) 全店舗評価平均点を求める
(3) 表示させるデータかを判断する
(4)「☆」の文字列の個数を調整する
(5) 実行結果を表示する

情報処理検定模擬試験プログラミング部門　**第2級**　（第5回）

審　査　基　準

【1】

1	2	3	4	5
ウ	ケ	キ	オ	イ

【2】

1	2	3	4	5
エ	イ	カ	ウ	ク

【3】

1	2	3	4	5
ウ	イ	ウ	ア	ア

各2点 15問　小計 30

【4】

(1)	(2)	(3)	(4)	(5)
16	4回	10	2回	イ

【5】

(1)	(2)	(3)	(4)	(5)
ア	イ	ク	ケ	オ

【6】

(1)	(2)	(3)	(4)	(5)
エ	ケ	コ	イ	キ

各3点 15問　小計 45

【7】

(1)	(2)		(3)	(4)	(5)	
	❶	❷			❶	❷
ケ	イ	ス	セ	カ	ア	サ

※　【7】(2)・(5)は，問ごとにすべてができて正答とする。

各5点 5問　小計 25

合　計
100

【4】 解説

処理の概要

コラッツ予想(どんな正の整数も，偶数なら2で割り，奇数なら3倍して1を足す。この操作を繰り返せば，必ず最後は1になるだろう)を題材としたプログラムである。

入力した値が5の場合，5は奇数なので5を3倍して1を足すと16になる。次に，16は偶数なので16を2で割ると8になる。また次に8は偶数なので8を2で割ると4になる。また次に4は偶数なので4を2で割ると2になる。また次に2は偶数なので2を2で割ると1になり処理を終了する。

入力した値が24の場合は，24→12→6→3→10→5→16→8→4→2→1と10回の繰り返し処理を経て1になり，処理を終了する。

なお，入力した値が1の場合は，繰り返し処理を1度も実行しないで処理を終了する(終了したときのaとcの値はどちらも1である)。

aの値が5のとき

	a	c	e	f	g
	5	—	—	—	—
	5	5	—	—	—
	5	5	2	—	—
	5	5	2	1	—
㋑㋒	5	5	2	1	16
	5	16	2	1	16
	5	16	8	1	16
	5	16	8	0	16
㋐㋒	5	16	8	0	8
	5	8	8	0	8
	5	8	4	0	8
	5	8	4	0	8
㋐㋒	5	8	4	0	4
	5	4	4	0	4
	5	4	2	0	4
	5	4	2	0	4
㋐㋒	5	4	2	0	2
	5	2	2	0	2
	5	2	1	0	2
	5	2	1	0	2
㋐㋒	5	2	1	0	1
	5	1	1	0	1

aの値が24のとき

	a	c	e	f	g
	24	—	—	—	—
	24	24	—	—	—
	24	24	12	—	—
	24	24	12	0	—
㋐㋒	24	24	12	0	12
	24	12	12	0	12
	24	12	6	0	12
	24	12	6	0	12
㋐㋒	24	12	6	0	6
	24	6	6	0	6
	24	6	3	0	6
	24	6	3	0	6
㋐㋒	24	6	3	0	3
	24	3	3	0	3
	24	3	1	0	3
	24	3	1	1	3
㋑㋒	24	3	1	1	10
	24	10	1	1	10
	24	10	5	1	10
	24	10	5	0	10
㋐㋒	24	10	5	0	5
	24	5	5	0	5
	24	5	2	0	5
	24	5	2	1	5
㋑㋒	24	5	2	1	16
	24	16	2	1	16
	24	16	8	1	16
	24	16	8	0	16
㋐㋒	24	16	8	0	8
	24	8	8	0	8
	24	8	4	0	8
	24	8	4	0	8
㋐㋒	24	8	4	0	4
	24	4	4	0	4
	24	4	2	0	4
	24	4	2	0	4
㋐㋒	24	4	2	0	2
	24	2	2	0	2
	24	2	1	0	2
	24	2	1	0	2
㋐㋒	24	2	1	0	1
	24	1	1	0	1

【5】 解説

主な変数の意味

Kei：合計
Sa ：目標点差
Min：最小差
Max：最大差

ポイント

(1) 最小差の初期値設定
(2) 合計が13点未満の場合の目標点差の計算
(3) 最小差の判定
(4) 最大差を記憶
(5) 最大差の表示

【6】 解説

主な変数の意味

Kyori：運賃距離
Wari：割引率
Mei：区分
r：線形探索用添字
Kin：金額

ポイント

(1) 運賃距離を求めるための比較
(2) 定期区分が1のときの割引率
(3) 基本料金を求めるための線形探索の条件
(4) 金額を求めるための式
(5) 実行結果として表示される項目

【7】 解説

主な変数の意味

Hken：粗品配付数
Sken：新入会員の件数
Nnen：入会年
Keika：経過年数
Shin：新入会員
Wari：新入会員の割合

ポイント

(1) 会員番号から入会年を求める
(2) 線形探索の条件
(3) 新入会員かの判定
(4) 配列Suの集計
(5) 新入会員の割合の計算

情報処理検定模擬試験プログラミング部門　**第2級**　(第6回)

審　査　基　準

【1】

1	2	3	4	5
エ	カ	ケ	オ	ク

【2】

1	2	3	4	5
ウ	ア	コ	エ	オ

【3】

1	2	3	4	5
ア	イ	ア	ア	ウ

各2点 15問	小計	30

【4】

(1)	(2)	(3)	(4)	(5)
8	37	6回	74	ウ

【5】

(1)	(2)	(3)	(4)	(5)
ケ	キ	ア	ク	エ

【6】

(1)	(2)	(3)	(4)	(5)
キ	コ	ア	ウ	カ

各3点 15問	小計	45

【7】

(1)	(2)	(3)		(4)		(5)
		❶	❷	❶	❷	
ア	カ	ソ	サ	ク	コ	キ

※　【7】(3)・(4)は，問ごとにすべてができて正答とする。
【7】(4)順不同可。

各5点 5問	小計	25

合　計
100

【4】 解説

処理の概要

入力したaの桁ごとの数値を下位からeに取り出して，交互に2と6を掛け合わせた和bを求めるプログラムである。

例えば，入力したaが37484のとき，各桁を下位から取り出したeは順に4，8，4，7，3となる。交互に2と6を掛けると4×2=8，8×6=48，4×2=8，7×6=42，3×2=6となり，それらの和bは112(8+48+8+42+6=112)となる。なお，出力されるbは各桁を交互に2と6を掛けるので各桁の積は偶数となり，それらの和は偶数ばかりの足し算の和になるので必ず偶数になる。

aの値が37484のとき

	a	b	c	d	e
	37484	—	—	—	—
	37484	0	—	—	—
	37484	0	2	—	—
	37484	0	2	3748	—
㋐	37484	0	2	3748	4
	37484	8	2	3748	4
	37484	8	6	3748	4
㋑	3748	8	6	3748	4
	3748	8	6	374	4
㋐	3748	8	6	374	8
	3748	56	6	374	8
	3748	56	2	374	8
㋑	374	56	2	374	8
	374	56	2	37	8
㋐	374	56	2	37	4
	374	64	2	37	4
	374	64	6	37	4
㋑	37	64	6	37	4
	37	64	6	3	4
㋐	37	64	6	3	7
	37	106	6	3	7
	37	106	2	3	7
㋑	3	106	2	3	7
	3	106	2	0	7
㋐	3	106	2	0	3
	3	112	2	0	3
	3	112	6	0	3
㋑	0	112	6	0	3
㋒	0	112	6	0	3

aの値が408001のとき

	a	b	c	d	e
	408001	—	—	—	—
	408001	0	—	—	—
	408001	0	2	—	—
	408001	0	2	40800	—
㋐	408001	0	2	40800	1
	408001	2	2	40800	1
	408001	2	6	40800	1
㋑	40800	2	6	40800	1
	40800	2	6	4080	1
㋐	40800	2	6	4080	0
	40800	2	6	4080	0
	40800	2	2	4080	0
㋑	4080	2	2	4080	0
	4080	2	2	408	0
㋐	4080	2	2	408	0
	4080	2	2	408	0
	4080	2	6	408	0
㋑	408	2	6	408	0
	408	2	6	40	0
㋐	408	2	6	40	8
	408	50	6	40	8
	408	50	2	40	8
㋑	40	50	2	40	8
	40	50	2	4	8
㋐	40	50	2	4	0
	40	50	2	4	0
	40	50	6	4	0
㋑	4	50	6	4	0
	4	50	6	0	0
㋐	4	50	6	0	4
	4	74	6	0	4
	4	74	2	0	4
㋑	0	74	2	0	4
㋒	0	74	2	0	4

【5】 **解説**

主な変数の意味

NJ：入庫時間から時を取り出す
NF：入庫時間から分を取り出した後，入庫時間を分換算したものを記憶する
SJ：出庫時間から時を取り出す
SF：出庫時間から分を取り出した後，出庫時間を分換算したものを記憶する
Riyou：入庫時間と出庫時間をもとに，利用時間を分換算したものを記憶する
KenA：利用時間が60分以内だった件数を集計する
KenB：利用時間が300分以上だった件数を集計する
Kin：利用料金をもとに計算した料金を記憶する
KinKei：料金の合計金額を記憶する

ポイント

(1) 入庫時間と出庫時間より，利用時間を求める。
(2) 料金の計算の基準となる変数。
(3) 利用時間が300分以上のときの料金。
(4) 60分以下ではない，かつ300分以上ではない場合の処理。
(5) 合計金額の集計。

【6】 **解説**

主な変数の意味

r：講座番号1～30を処理するための添字
Kban：講座番号
Ku：区分
Kei：学生と社会人の合計
Bikou：備考の処理結果を保存する
Soukei：学生合計と社会人合計の総計(申込数合計)
Wari：社会人の割合(%)

ポイント

(1) 申込コードから区分を取り出す
(2) 講座番号の学生に1を加える
(3) 配列を1から30まで順に処理する
(4) 申込数が定員を超えているかの判定
(5) 社会人の割合(%)の計算

【7】 **解説**

主な変数の意味

Goukei：合計人数　　Saikou：最高人数　　SaiMei：最高の小分類名
Dbun：入力データの大分類コード
Sbun：入力データの小分類コード
Bikou：備考　　d：大分類用の添字　　a：余り

ポイント

(1) 最高人数の初期値設定
(2) 大分類用の添字を計算　※sが6の倍数のときに注意すること
(3) 備考に ○ を記憶
(4) 余りが1かを判定(大分類の1件目か)
(5) 合計人数の表示

情報処理検定模擬試験プログラミング部門　**第２級**　(第７回)

審　査　基　準

【1】

1	2	3	4	5
オ	ア	イ	エ	カ

【2】

1	2	3	4	5
カ	イ	ク	ケ	オ

【3】

1	2	3	4	5
ウ	イ	ア	ア	ア

各２点 15問　小計　30

【4】

(1)	(2)	(3)	(4)	(5)
30	90	28	44	ウ

【5】

(1)	(2)	(3)	(4)	(5)
カ	コ	ケ	キ	ウ

【6】

(1)	(2)	(3)	(4)	(5)
ク	ウ	ケ	イ	カ

各３点 15問　小計　45

【7】

(1)	(2)		(3)		(4)	(5)	
	❶	❷	❶	❷		❶	❷
ク	ト	ア	ケ	チ	コ	オ	ウ

※　【7】(2)・(3)・(5)は，問ごとにすべてができて正答とする。

各５点 ５問　小計　25

合　計
100

【4】 解説

処理の概要

入力したaの値の9割をbで割った値d(小数点以下切り捨て)に，入力したbの値を掛けた値fを求めるプログラムである。

例えば，入力したaが100でbが3の場合，dは30となり，fは30×3=90となる。

fはdをb回足した値，つまりd×bで求まるので，bが偶数の場合必ず偶数になる。なお，fはbが奇数の場合はdが偶数のとき偶数となるので必ず奇数になるとはいえない。

入力されるaの値が100，bの値が3のとき

	f	a	b	d	c	e
	0	—	—	—	—	—
	0	100	3	—	—	—
	0	100	3	10	—	—
㋐	0	100	3	30	—	—
	0	100	3	30	1	—
㋑	0	100	3	30	1	100
	30	100	3	30	1	100
	30	100	3	30	2	100
㋑	30	100	3	30	2	70
	60	100	3	30	2	70
	60	100	3	30	3	70
㋑	60	100	3	30	3	40
	90	100	3	30	3	40
㋒	90	100	3	30	4	40

入力されるaの値が50，bの値が4のとき

	f	a	b	d	c	e
	0	—	—	—	—	—
	0	50	4	—	—	—
	0	50	4	5	—	—
㋐	0	50	4	11	—	—
	0	50	4	11	1	—
㋑	0	50	4	11	1	50
	11	50	4	11	1	50
	11	50	4	11	2	50
㋑	11	50	4	11	2	39
	22	50	4	11	2	39
	22	50	4	11	3	39
㋑	22	50	4	11	3	28
	33	50	4	11	3	28
	33	50	4	11	4	28
㋑	33	50	4	11	4	17
	44	50	4	11	4	17
㋒	44	50	4	11	5	17

【5】 解説

主な変数の意味

Min：最小売上
Nissu：30度以上の日数
Bikou：「＊」を表示する備考欄

ポイント

(1) 最小売上の初期化
(2) 気温が30度以上の判定
(3) 日数のカウント
(4) 最小売上の判定
(5) 日数の表示

【6】 解説

主な変数の意味

Dai：最大料金
Kei：人数計
ROtona：大人の料金
RKodomo：子どもの料金
Syu：種別
Kin：料金
DaiHi：最大料金の日付

ポイント

(1) 子どもの人数集計
(2) 作業対象の判断
(3) 料金体系の判断
(4) 料金体系が2のときの子ども料金
(5) 最大料金の日付を保存

【7】 解説

主な変数の意味

Max：最高得点
MHoz：最高得点者の名簿番号
n：処理する名簿番号
k：線形探索用の添字

ポイント

(1) 得点の集計
(2) 名簿番号順に表示等の処理
(3) 判定を実施
(4) 最高得点の判断
(5) 最高得点者名と最高得点の表示

情報処理検定模擬試験プログラミング部門　**第2級**　(第8回)

審　査　基　準

【1】

1	2	3	4	5
キ	オ	カ	エ	ア

【2】

1	2	3	4	5
ウ	オ	エ	カ	キ

【3】

1	2	3	4	5
ア	イ	ウ	イ	ア

各2点 15問　小計 30

【4】

(1)	(2)	(3)	(4)	(5)
6	2回	16	20	イ

【5】

(1)	(2)	(3)	(4)	(5)
オ	ク	コ	ア	ウ

【6】

(1)	(2)	(3)	(4)	(5)
ケ	カ	イ	ウ	コ

各3点 15問　小計 45

【7】

(1)	(2)		(3)	(4)	(5)
	❶	❷			
コ	ソ	シ	ク	ア	カ

※　【7】(2)は，すべてができて正答とする。

各5点 5問　小計 25

合　計
100

【4】 解説

処理の概要

1から入力したxまでの奇数の合計kと偶数の合計gと合計tを求めるプログラムである。

例えば，入力したxが5のとき，kは1+3+5=9，gは2+4=6，tは1+2+3+4+5=15となる。ここで，gは偶数の和なので必ず偶数になる。

xの値が3のとき

	t	g	k	z	x	b	Am
	0	—	—	—	—	—	—
	0	0	—	—	—	—	—
	0	0	0	—	—	—	—
	0	0	0	1	—	—	—
	0	0	0	1	3	—	—
	0	0	0	1	3	0	—
	0	0	0	1	3	0	1
	0	0	1	1	3	0	1
	0	0	1	2	3	0	1
	0	0	1	2	3	1	1
	0	0	1	2	3	1	0
㋐	0	2	1	2	3	1	0
	0	2	1	3	3	1	0
	0	2	1	3	3	1	0
	0	2	1	3	3	1	1
	0	2	4	3	3	1	1
	0	2	4	4	3	1	1
㋑	6	2	4	4	3	1	1

xの値が5のとき

	t	g	k	z	x	b	Am
	0	—	—	—	—	—	—
	0	0	—	—	—	—	—
	0	0	0	—	—	—	—
	0	0	0	1	—	—	—
	0	0	0	1	5	—	—
	0	0	0	1	5	0	—
	0	0	0	1	5	0	1
	0	0	1	1	5	0	1
	0	0	1	2	5	0	1
	0	0	1	2	5	1	1
	0	0	1	2	5	1	0
㋐	0	2	1	2	5	1	0
	0	2	1	3	5	1	0
	0	2	1	3	5	1	0
	0	2	1	3	5	1	1
	0	2	4	3	5	1	1
	0	2	4	4	5	1	1
	0	2	4	4	5	2	1
	0	2	4	4	5	2	0
㋐	0	6	4	4	5	2	0
	0	6	4	5	5	2	0
	0	6	4	5	5	2	0
	0	6	4	5	5	2	1
	0	6	9	5	5	2	1
	0	6	9	6	5	2	1
㋑	15	6	9	6	5	2	1

xの値が8のとき

	t	g	k	z	x	b	Am
	0	—	—	—	—	—	—
	0	0	—	—	—	—	—
	0	0	0	—	—	—	—
	0	0	0	1	—	—	—
	0	0	0	1	8	—	—
	0	0	0	1	8	0	—
	0	0	0	1	8	0	1
	0	0	1	1	8	0	1
	0	0	1	2	8	0	1
	0	0	1	2	8	1	1
	0	0	1	2	8	1	0
㋐	0	2	1	2	8	1	0
	0	2	1	3	8	1	0
	0	2	1	3	8	1	0
	0	2	1	3	8	1	1
	0	2	4	3	8	1	1
	0	2	4	4	8	1	1
	0	2	4	4	8	2	1
	0	2	4	4	8	2	0
㋐	0	6	4	4	8	2	0
	0	6	4	5	8	2	0
	0	6	4	5	8	2	0
	0	6	4	5	8	2	1
	0	6	9	5	8	2	1
	0	6	9	6	8	2	1
	0	6	9	6	8	3	1
	0	6	9	6	8	3	0
㋐	0	12	9	6	8	3	0
	0	12	9	7	8	3	0
	0	12	9	7	8	3	0
	0	12	9	7	8	3	1
	0	12	16	7	8	3	1
	0	12	16	8	8	3	1
	0	12	16	8	8	4	1
	0	12	16	8	8	4	0
㋐	0	20	16	8	8	4	0
	0	20	16	9	8	4	0
㋑	36	20	16	9	8	4	0

【5】 解説

主な変数の意味

Saidai：最大　　Kei：合計

Han：判定　　Hozon：最大の大陸名の保存

ポイント

(1) 最大の初期設定
(2) 合計の計算
(3) 判定に ！ を記憶
(4) 最大値の判定
(5) 大陸名を保存

【6】 解説

主な変数の意味

n：商品コードの線形探索で使用する添字
p：発注用配列で使用する添字
f：作業中の集計結果を示す添字
Biko：備考を示す
Fusoku：在庫数が不足している数量
Rotto：発注するロット数
k：発注一覧を表示するのに使用する添字

ポイント

(1) 線形探索の準備
(2) 出庫数量の集計
(3) 出庫数が0の場合の判断
(4) 不足数の計算
(5) 発注用配列の添字の計算

【7】 解説

主な変数の意味

k，w，p，f：ループ制御
Ritsu：比率
Atari：1万人あたり

ポイント

(1) Jin(0) へ人口合計を集計する(処理条件2)
(2) 区別人口一覧の表示を行うループ制御。入力した区別人口データはJin(1)からデータの件数分となる。ループ1が終了した段階でkはデータの件数＋1のため，w＜kまで繰り返すことになる
(3) キー入力した区Noを用いて，区名を参照する(Kumei(Kodo))。Tenpoデータの区名(TKumei)と比較し，処理対象の判断を行っている
(4) 店舗種類ごとの件数をカウントする
(5) 1万人あたりの件数を求める(処理条件3)

情報処理検定模擬試験プログラミング部門　**第2級**　(第9回)

審　査　基　準

【1】

1	2	3	4	5
エ	イ	キ	ク	カ

【2】

1	2	3	4	5
オ	ケ	イ	カ	ア

【3】

1	2	3	4	5
ウ	イ	ア	イ	ウ

各2点 15問	小計	30

【4】

(1)	(2)	(3)	(4)	(5)
2回	110	3回	309	ウ

【5】

(1)	(2)	(3)	(4)	(5)
オ	カ	エ	イ	ア

【6】

(1)	(2)	(3)	(4)	(5)
オ	ク	イ	カ	キ

各3点 15問	小計	45

【7】

(1)		(2)	(3)	(4)		(5)
❶	❷			❶	❷	
エ	イ	ケ	シ	ク	キ	セ

※　【7】(1)・(4)は，問ごとにすべてができて正答とする。

各5点 5問	小計	25

合　計
100

【4】 解説

処理の概要

入力したnから1ずつ減らして，そのつど2桁の数sを作って，その和をtに求めるプログラムである。

なお，2桁の数sは，例えば，nに4が入力された場合，4→3→2→1と1ずつ減るごとに，44→33→22→11を作り，さらに，それらの数を交互に1増減させた，「44 + 1」→「33 − 1」→「22 + 1」→「11 − 1」つまり45→32→23→10となる。

nの値が4のとき

	n	x	f	t	a	b	s
	4	—	—	—	—	—	—
	4	4	—	—	—	—	—
	4	4	1	—	—	—	—
	4	4	1	0	—	—	—
	4	4	1	0	0	—	—
	4	4	1	0	0	0	—
	4	4	1	0	0	0	40
	4	4	1	0	0	0	44
	4	4	1	0	0	0	45
㋐	4	4	1	0	1	0	45
	4	4	1	45	1	0	45
	4	4	0	45	1	0	45
	4	3	0	45	1	0	45
	4	3	0	45	1	0	30
	4	3	0	45	1	0	33
	4	3	0	45	1	0	32
㋑	4	3	0	45	1	1	32
	4	3	0	77	1	1	32
	4	3	1	77	1	1	32
	4	2	1	77	1	1	32
	4	2	1	77	1	1	20
	4	2	1	77	1	1	22
	4	2	1	77	1	1	23
㋐	4	2	1	77	2	1	23
	4	2	1	100	2	1	23
	4	2	0	100	2	1	23
	4	1	0	100	2	1	23
	4	1	0	100	2	1	10
	4	1	0	100	2	1	11
	4	1	0	100	2	1	10
㋑	4	1	0	100	2	2	10
	4	1	0	110	2	2	10
	4	1	1	110	2	2	10
㋒	4	0	1	110	2	2	10

nの値が7のとき

	n	x	f	t	a	b	s
	7	—	—	—	—	—	—
	7	7	—	—	—	—	—
	7	7	1	—	—	—	—
	7	7	1	0	—	—	—
	7	7	1	0	0	—	—
	7	7	1	0	0	0	—
	7	7	1	0	0	0	70
	7	7	1	0	0	0	77
	7	7	1	0	0	0	78
㋐	7	7	1	0	1	0	78
	7	7	1	78	1	0	78
	7	7	0	78	1	0	78
	7	6	0	78	1	0	78
	7	6	0	78	1	0	60
	7	6	0	78	1	0	66
	7	6	0	78	1	0	65
㋑	7	6	0	78	1	1	65
	7	6	0	143	1	1	65
	7	6	1	143	1	1	65
	7	5	1	143	1	1	65
	7	5	1	143	1	1	50
	7	5	1	143	1	1	55
	7	5	1	143	1	1	56
㋐	7	5	1	143	2	1	56
	7	5	1	199	2	1	56
	7	5	0	199	2	1	56
	7	4	0	199	2	1	56
	7	4	0	199	2	1	40
	7	4	0	199	2	1	44
	7	4	0	199	2	1	43
㋑	7	4	0	199	2	2	43
	7	4	0	242	2	2	43
	7	4	1	242	2	2	43
	7	3	1	242	2	2	43
	7	3	1	242	2	2	30
	7	3	1	242	2	2	33
	7	3	1	24	2	2	34
㋐	7	3	1	242	3	2	34
	7	3	1	276	3	2	34
	7	3	0	276	3	2	34
	7	2	0	276	3	2	34
	7	2	0	276	3	2	20
	7	2	0	276	3	2	22
	7	2	0	276	3	2	21
㋑	7	2	0	276	3	3	21
	7	2	0	297	3	3	21
	7	2	1	297	3	3	21
	7	1	1	297	3	3	21
	7	1	1	297	3	3	10
	7	1	1	297	3	3	11
	7	1	1	297	3	3	12
㋐	7	1	1	297	4	3	12
	7	1	1	309	4	3	12
	7	1	0	309	4	3	12
㋒	7	0	0	309	4	3	12

【5】 解説

主な変数の意味

Kkei：乗車距離の合計(m)を集計する
Ukei：運賃の合計を集計する
Ken ：データ件数を集計する
Un ：運賃を記憶する
Kyo ：運賃計算用の残り距離
Biko：深夜料金の場合に表示する ○ を記憶する
Khei：乗車距離の平均(m)を記憶する

ポイント

(1) 乗車距離251mごとに運賃に90円を加える
(2) 深夜料金である条件(5時以前または22時以降)
(3) 深夜料金ではない場合，備考欄を空白とする
(4) 運賃の合計を集計する
(5) 乗車距離の平均(m)を計算する

【6】 解説

主な変数の意味

Kazu ：利用施設数
Tan ：料金の単価
Wari ：割引額
Kubun：「大人」「子ども」の表示用
Ryo ：料金

ポイント

(1) 利用施設数の初期化
(2) 施設を利用するか判断
(3) 施設を利用しないときの処理
(4) 利用施設が3つのときの割引処理
(5) 施設名と利用者数の合計の表示

【7】 解説

主な変数の意味

m：優勝チーム番号を記憶する
n：比較対象のチーム番号

ポイント

(1) ホームチームとアウェイチームの得点を比較する
(2) 引き分けの場合には，どちらのチームにも勝ち点1を加える。(2)ではホームチームに1を加える
(3) アウェイチームの得失点差を集計する
(4) n番目のチームと現時点の優勝候補チームの勝ち数を比較する
(5) n番目のチームと現時点の優勝候補チームの得失点差を比較する

情報処理検定模擬試験プログラミング部門　**第２級**　（第10回）

審　査　基　準

【1】

1	2	3	4	5
キ	オ	ア	ク	ウ

【2】

1	2	3	4	5
コ	エ	キ	ウ	ア

【3】

1	2	3	4	5
ウ	イ	ア	イ	ウ

各２点 15問	小計	30

【4】

(1)	(2)	(3)	(4)	(5)
4 回	400	850	70	イ

【5】

(1)	(2)	(3)	(4)	(5)
ケ	キ	コ	ア	エ

【6】

(1)	(2)	(3)	(4)	(5)
ア	エ	ク	オ	ウ

各３点 15問	小計	45

【7】

(1)		(2)		(3)	(4)	(5)	
❶	❷	❶	❷			❶	❷
ス	テ	オ	ク	キ	エ	ソ	ツ

※　【7】(1)・(2)・(5)は，問ごとにすべてができて正答とする。
【7】(5)順不同可。

各５点 5問	小計	25

合　計
100

【4】 **解説**

処理の概要

ｊの値は，ある一定の速度ａが与えられときに時間ｔの間に進む距離，ｋの値は時間ｔの間に加速度的に進む距離を想定して作成したプログラムである。

なお，進む距離は，ある時刻ｔを超えるとｋの方がずっと大きくなる。

ａの値が 10 のとき

	a	t	f	j	k
	10	—	—	—	—
	10	10	—	—	—
	10	10	0	—	—
㋐	10	10	0	100	—
	10	10	0	100	25
	10	20	0	100	25
㋐	10	20	0	200	25
	10	20	0	200	100
	10	30	0	200	100
㋐	10	30	0	300	100
	10	30	0	300	225
	10	40	0	300	225
㋐	10	40	0	400	225
	10	40	0	400	400
㋑㋒	10	40	1	400	400

ａの値が 17 のとき

	a	t	f	j	k
	17	—	—	—	—
	17	10	—	—	—
	17	10	0	—	—
㋐	17	10	0	170	—
	17	10	0	170	25
	17	20	0	170	25
㋐	17	20	0	340	25
	17	20	0	340	100
	17	30	0	340	100
㋐	17	30	0	510	100
	17	30	0	510	225
	17	40	0	510	225
㋐	17	40	0	680	225
	17	40	0	680	400
	17	50	0	680	400
㋐	17	50	0	850	400
	17	50	0	850	625
	17	60	0	850	625
㋐	17	60	0	1020	625
	17	60	0	1020	900
	17	70	0	1020	900
㋐	17	70	0	1190	900
	17	70	0	1190	1225
㋑㋒	17	70	1	1190	1225

【5】 解説

主な変数の意味

Kijun　：基準摂取カロリー
Gokei　：合計カロリー
Kensu　：データ件数
Heikin：平均カロリー
Over　：超過カロリー
Fun　　：分(散歩のおすすめ時間)

ポイント

(1) Kensuの初期化
(2) Kijunを変更するための条件
(3) Gokeiの計算
(4) 平均カロリーの計算
(5) 超過カロリーの計算

【6】 解説

主な変数の意味

Rkei：利用金額の集計
Ikei：飲食代金の集計
Ukei：売上金額の集計
Nin　：利用人数(データ件数)の集計
Nji　：処理条件1をもとに入店時間の時の記憶
Nfun：入店時間を分に変換したものを記憶
Tji　：処理条件1をもとに退店時間の時の記憶
Tfun：退店時間を分に変換したものを記憶
Rfun：利用時間(分)を記憶(実行結果を表示する際には時を除いた分について再度計算する)
g　　：ループ2において配列Pfunの線形探索を行い，Pfun，Pkinの添字として用いる
Rkai：10分あたりの利用回数の計算
Rkin：利用金額の記憶
Ukin：処理条件4より，売上金額の計算
Rji　：利用時間の時の計算
Rhei：利用金額の平均の計算
Ihei：飲食代金の平均の計算
Uhei：売上金額の平均の計算

ポイント

(1) 退店時間が入店時間よりも小さい場合，日をまたいで利用しているため，退店時間に24時間(2400)を加える
(2) 配列Pfunの線形探索。g番目の要素が利用時間より小さい間繰り返す
(3) 利用時間以上で最小パック料金と，利用時間未満で最大のパック料金に超えた10分あたり70円を加算した金額の比較
(4) 利用時間の時を計算して求める
(5) 飲食代金の平均を計算して求める

【7】 解説

主な変数の意味

Riyo　：総利用者数
Ryokin：料金

ポイント

(1) 出発地の利用者数集計
(2) 距離の探索
(3) 総利用者数の計算
(4) エコノミー料金の設定
(5) 利用者数一覧を表示させる条件

情報処理検定模擬試験プログラミング部門　**第２級**　(第11回)

審　査　基　準

【1】

1	2	3	4	5
エ	ア	ウ	コ	オ

【2】

1	2	3	4	5
ケ	ウ	エ	オ	カ

【3】

1	2	3	4	5
ア	ア	イ	イ	ウ

各２点 15問	小計	30

【4】

(1)	(2)	(3)	(4)	(5)
52	3	64	8	イ

【5】

(1)	(2)	(3)	(4)	(5)
カ	オ	コ	イ	キ

【6】

(1)	(2)	(3)	(4)	(5)
キ	コ	カ	ケ	ウ

各３点 15問	小計	45

【7】

(1)	(2)		(3)	(4)		(5)
	❶	❷		❶	❷	
キ	オ	ク	ソ	セ	シ	ケ

※　【7】(2)・(4)は，問ごとにすべてができて正答とする。
　　【7】(2)順不同可。

各５点 5問	小計	25

合　計
100

【4】 解説

処理の概要

入力したａとａの十の位と一の位を入れ替えた数の差は必ず９の倍数になることを確かめているプログラムである。

例えば，ａに25が入力された場合，十の位と一の位を入れ替えた52との差が９の倍数になるか大きい方の52から９を何回か引いて（何回引くかをｃに求めている）25と等しくなれば，差が９の倍数である。つまり，52 − 25 = 27（差が９の倍数になる）ことを52 − 9 − 9 − 9 = 25となることで確かめている。

ａの値が25のとき

	a	j	i	x	y	c	s
	25	—	—	—	—	—	—
	25	2	—	—	—	—	—
	25	2	5	—	—	—	—
	25	2	5	52	—	—	—
	25	2	5	52	25	—	—
	25	2	5	52	25	0	—
㋐	25	2	5	52	25	0	0
	25	2	5	43	25	0	0
㋐	25	2	5	43	25	1	0
	25	2	5	34	25	1	0
㋐	25	2	5	34	25	2	0
	25	2	5	25	25	2	0
㋐	25	2	5	25	25	3	0
㋑	25	2	5	25	25	3	1

ａの値が91のとき

	a	j	i	x	y	c	s
	91	—	—	—	—	—	—
	91	9	—	—	—	—	—
	91	9	1	—	—	—	—
	91	9	1	91	—	—	—
	91	9	1	91	19	—	—
	91	9	1	91	19	0	—
㋐	91	9	1	91	19	0	0
	91	9	1	82	19	0	0
㋐	91	9	1	82	19	1	0
	91	9	1	73	19	1	0
㋐	91	9	1	73	19	2	0
	91	9	1	64	19	2	0
㋐	91	9	1	64	19	3	0
	91	9	1	55	19	3	0
㋐	91	9	1	55	19	4	0
	91	9	1	46	19	4	0
㋐	91	9	1	46	19	5	0
	91	9	1	37	19	5	0
㋐	91	9	1	37	19	6	0
	91	9	1	28	19	6	0
㋐	91	9	1	28	19	7	0
	91	9	1	19	19	7	0
㋐	91	9	1	19	19	8	0
㋑	91	9	1	19	19	8	1

【5】 解説

主な変数の意味

Zkei：前年度売上金額合計を集計する
Kkei：今年度売上金額合計を集計する
Max ：増加率(%)の最大を記憶する
Zou ：売上金額増加の店舗数を集計する
Ritu：処理条件１の計算式によって，増加率(%)を記憶する
Mmei：増加率(%)が最大の店舗名を記憶する

ポイント

(1) 増加率(%)の最大を初期化する
(2) 処理条件１の計算式によって，増加率(%)を計算する
(3) 増加率(%)が最大である条件
(4) 増加率(%)が最大の店舗名を記憶する
(5) 売上金額増加の店舗数を集計する

【6】 解説

主な変数の意味

Tsuki ：日付から月を計算して記憶する
t ：ループ２内部で配列用の添字(月)として使用する
Max ：販売量(L)が最大の月を記憶する
Heikin：１Lあたりの販売金額を記憶する
y ：ループ３内部で配列用の添字(油種番号)として使用する

ポイント

(1) 日付を 100 で割って月を求める
(2) 販売金額の合計に，販売金額を加算する
(3) １月から 12 月までの月別販売量を表示するための条件
(4) 合計の１Lあたりの販売金額を求める
(5) 油種ごとに油種名，販売量(L)，販売金額，１Lあたりの販売金額を表示する

【7】 解説

主な変数の意味

Sukei ：客数の合計を集計する
Kinkei ：利用金額の合計を集計する
Hitori ：一人あたりの利用料金を求める
Zhitori：全利用者の一人あたり料金を求める
n ：配列 Hban の添字(ルームタイプ番号)として使用する
Hkei ：部屋数の合計を集計する
Rkei ：利用部屋数の合計を集計する
t ：配列 Hmei や Hsu，Hkazu の添字(ルームタイプ番号)として使用する
Ritu ：利用率を求める
Biko ：備考の表示用として使用する

ポイント

(1) 一人あたり料金を求める
(2) 線形探索。部屋番号をもとに配列 Hban を探索する
(3) ルームタイプごとの利用状況を表示するためのループの条件
(4) 備考に ※ を表示する条件(利用率が 80 未満)
(5) 全体の利用率を求める

情報処理検定模擬試験プログラミング部門　第２級　（第12回）

審　査　基　準

【1】

1	2	3	4	5
イ	カ	ク	エ	ア

【2】

1	2	3	4	5
エ	ア	ケ	コ	カ

【3】

1	2	3	4	5
ウ	ア	ア	ウ	イ

各２点 15問　小計　30

【4】

(1)	(2)	(3)	(4)	(5)
6	46	7931	2	ウ

【5】

(1)	(2)	(3)	(4)	(5)
ア	イ	コ	ク	キ

【6】

(1)	(2)	(3)	(4)	(5)
ウ	エ	ア	オ	コ

各３点 15問　小計　45

【7】

(1)	(2)		(3)	(4)		(5)	
	❶	❷		❶	❷	❶	❷
セ	サ	エ	カ	ソ	ト	テ	ア

※　【7】(2)・(4)・(5)は，問ごとにすべてができて正答とする。
【7】(4)順不同可。

各５点 ５問　小計　25

合　計
100

【4】 解説

処理の概要

入力したnをb乗した値の下1桁を求めるプログラムである。

例えば，7をべき乗した値の下1桁は，7→9→3→1→7→9→3→1→…と7→9→3→1を循環する。7を2022乗した値の下1桁は，7→9→3→1の順に4通りを循環するので，2022乗は，2022 ÷ 4 = 505余り2から7→9→3→1を505回循環したあとの7→9→3→1と循環する2番目の数字9となる。この場合，プログラムで出力されるmは循環する数値7931，出力されるdは循環する数値のうちのb乗したときの下1桁は前から何番目にあるかを示す2である。

nの値が4，bの値が10のとき

	n	b	k	m	c	s	a	d
	4	—	—	—	—	—	—	—
	4	10	—	—	—	—	—	—
	4	10	4	—	—	—	—	—
	4	10	4	4	—	—	—	—
	4	10	4	4	1	—	—	—
	4	10	4	4	1	0	—	—
	4	10	16	4	1	0	—	—
㋐	4	10	16	4	1	0	6	—
	4	10	16	46	1	0	6	—
	4	10	16	46	2	0	6	—
	4	10	64	46	2	0	6	—
㋐	4	10	64	46	2	0	4	—
	4	10	64	46	2	1	4	—
	4	10	64	46	2	1	4	0
㋑	4	10	64	46	2	1	4	2

nの値が7，bの値が2022のとき

	n	b	k	m	c	s	a	d
	7	—	—	—	—	—	—	—
	7	2022	—	—	—	—	—	—
	7	2022	7	—	—	—	—	—
	7	2022	7	7	—	—	—	—
	7	2022	7	7	1	—	—	—
	7	2022	7	7	1	0	—	—
	7	2022	49	7	1	0	—	—
㋐	7	2022	49	7	1	0	9	—
	7	2022	49	79	1	0	9	—
	7	2022	49	79	2	0	9	—
	7	2022	343	79	2	0	9	—
㋐	7	2022	343	79	2	0	3	—
	7	2022	343	793	2	0	3	—
	7	2022	343	793	3	0	3	—
	7	2022	2401	793	3	0	3	—
㋐	7	2022	2401	793	3	0	1	—
	7	2022	2401	7931	3	0	1	—
	7	2022	2401	7931	4	0	1	—
	7	2022	16807	7931	4	0	1	—
㋐	7	2022	16807	7931	4	0	7	—
	7	2022	16807	7931	4	1	7	—
㋑	7	2022	16807	7931	4	1	7	2

【5】 解説

主な変数の意味

Gdai　：ゴール数の最大
Tdai　：得点数の最大
Goal　：ゴール数
Toku　：得点数
Hantei：40 点以上に ○ を記憶する判定

ポイント

(1) ゴール数の最大の初期値設定
(2) 得点数の計算
(3) 得点が 40 以上かを判定
(4) 得点数最大の判定
(5) ゴール数の最大と得点数の最大を表示

【6】 解説

主な変数の意味

h　　：線形探索用の添字
k　　：分類別売上集計表表示用の添字
Esu　：営業日数
s　　：曜日別売上集計数表示用の添字
Bikou：備考

ポイント

(1) 線形探索の条件
(2) 曜日別の販売額集計
(3) 分類別売上集計表の表示ループ条件
(4) 営業日数を 1 減らす
(5) 備考に ○ を記憶

【7】 解説

主な変数の意味

HanKei：販売数の合計
KinKei：売上金額の合計
Max　：割合の最大
j　　：線形探索用の添字
Uri　：1 件のデータの売上金額
k　　：データ表示用の添字
Wari　：割合

ポイント

(1) 売上金額合計の初期値
(2) 線形探索の準備
(3) 券種の判定
(4) 割合の計算
(5) 割合の最大値判定

（令和５年９月24日実施）

主催　公益財団法人 全国商業高等学校協会

令和５年度（第69回）情報処理検定試験プログラミング部門　第２級

審査基準

【1】

1	2	3	4	5
カ	オ	コ	キ	イ

【2】

1	2	3	4	5
ケ	ウ	キ	オ	ク

【3】

1	2	3	4	5
イ	ア	ウ	ア	イ

各２点 15問　小計 30

【4】

(1)	(2)	(3)	(4)	(5)
3	2 回	27	3 回	ア

【5】

(1)	(2)	(3)	(4)	(5)
ア	ウ	ク	オ	ケ

【6】

(1)	(2)	(3)	(4)	(5)
キ	カ	エ	ケ	コ

各３点 15問　小計 45

【7】

(1)	(2) ❶	(2) ❷	(3)	(4)	(5)
シ	セ	サ	カ	ス	エ

※　複数解答問題は，問ごとにすべてができて正答とする。順不同。

各５点 ５問　小計 25

得点合計
100

令和６年１月21日実施）

主催　公益財団法人 全国商業高等学校協会

令和５年度（第70回）情報処理検定試験プログラミング部門　第２級

審　査　基　準

【１】

1	2	3	4	5
ア	ク	ケ	エ	イ

【２】

1	2	3	4	5
ク	コ	オ	ウ	キ

【３】

1	2	3	4	5
イ	ウ	ア	イ	ア

各２点 15問　小計 30

【４】

(1)	(2)	(3)	(4)	(5)
5 回	325	14	322	イ

【５】

(1)	(2)	(3)	(4)	(5)
ケ	エ	キ	カ	ア

【６】

(1)	(2)	(3)	(4)	(5)
ア	ウ	ク	オ	コ

各３点 15問　小計 45

【７】

(1)	(2)	(3) ❶	(3) ❷	(4)	(5)
シ	エ	ケ	カ	ソ	オ

※　複数解答問題は，問ごとにすべてができて正答とする。

各５点 ５問　小計 25

得点合計
100

24(3)